中日神话传说比较研究

刘玉宏／主编

社会科学文献出版社
SOCIAL SCIENCES ACADEMIC PRESS (CHINA)

目录 CONTENTS

第二编　神话与文化

第三编　盘古神话

序　言

文化中国的生活美学

——兼谈中日文化比较

刘玉宏[*]

中华民族是一个古老的民族，中国的文化、文明源远流长。要认识和读懂中国就必须了解中国的历史文化。我想，这一观点对日本民族、日本历史与文化同样适用。

中国自古以来是一个喜欢文化，并喜欢谈论文化的国度。遥远的祖先就有神话思维，敬神拜祖，认为天地混沌之时，盘古开辟了天地，女娲用泥土仿照自己的身体创造了人类，火是燧人氏发现的，八卦是伏羲画的，舟车是黄帝造的，文字是仓颉造的……当然这些神话传说也不是凭空想象出来的，而是受到天地万物和自我身体的启示。中国古老的《易经》里就有古代圣人造物的方法："仰则观象于天，俯则观法于地，观鸟兽之文与地之宜，近取诸身，远取诸物。"值得一提的是，中国文化给予日本神话影响极大，日本神话从天地开辟的阴阳五行思想、宇宙卵神话到人与神及世界万物的诞生神话，甚至黄泉国思想等，都留下了很多中国文化影响的烙印。①

《易经》最早给出了"文化"和"文明"的定义："刚柔交错，天文也。文明以止，人文也。观乎天文，以察时变；观乎人文，以化成天下。"这里的文指文采、纹理，引申为纹饰与秩序。因为有刚、柔两种力量的交

---

* 刘玉宏，中国社会科学院文学研究所党委书记、副所长。

① 〔日〕谷口雅博：《比较视野下的日本神话与中国文化：谷口雅博教授访谈录》，《外国语文研究》2019年第5期，第39页。

汇作用，宇宙摆脱了混沌无序，于是有了天文。天文焕发出的光明被人类效法取用，于是人类摆脱了野蛮，有了人文。[①]

中国的文化，是以农业生产和农村聚落为基础的文明系统。从新石器时代开始，中国就出现了定居的耕种农业，春秋战国以后，陆续出现了精耕细作的小农制度，这种建立在差序格局基础之上的社会，人与人之间有一定的义务和权利关系。[②] 因为农业生产、生活的缘故，人与自然建立了不可分割的关系，不管是定居的生活，或是游牧的生活，都与四周的环境、气候变化有着相互的关联。在这种情况下，人与自然朝夕相伴，人与自然同声相应，使得我们的生产、生活丰富多彩。人们在大自然中的发明创造、经验总结，在历史长河的延续中，汇聚成了涓涓不断的文化溪流，随着时空的转换变成了一个又一个的生活之美学。

中国人制定的历法，就是一个智慧的结晶。它与大自然季节变化的周期有着惊人的一致，这是农耕文化的特有现象。在中国古代史料的记载中，有“月令”一项，历法中有每个月天象和物候的安排，其中《礼记·月令》就是一种农历。如：“孟春之月，日在营室，昏参中，旦尾中。”再如“仲春之月，日在奎，昏弧中，旦建星中。”《诗经·豳风》的《七月》，反映了周代早期的农业生产情况和农民的日常生活情况：

“七月流火，八月萑苇。蚕月条桑，取彼斧斨，以伐远扬，猗彼女桑……”这段诗文虽然是文学作品，但是按照季节的次序，错落有致。反映了当时人们对天象气候、物候关系的理解，让我们知道了古代一年四季时序的流转，以及人与事之间的密切关系。[③]

中国的“二十四节气”，就是按照太阳年的长度，分成十二个节和十二个气。这种农历的安排至今还在使用。在季节变化方面有：立春、春分，立夏、夏至，立秋、秋分，立冬、冬至。在气温变化方面有：小暑、大暑、处暑、小寒、大寒。在降水量变化方面有：雨水、谷雨、白露、寒露、霜降、小雪、大雪。在物候和农事更替方面有：惊蛰、清明、小满、芒种。这些节气是中国古代生活中的重要内容，先祖们按照季节、时序、

---

① 王子今：《王霸之道》，江苏人民出版社 2017 年版，第 3 页。

② 许倬云：《中国文化的精神》，九州出版社 2018 年版，第 19 页。

③ 许倬云：《中国文化的精神》，九州出版社 2018 年版，第 20—22 页。

物候和气候的变化、动植物的活动周期，有规律地生活、耕作，过着渔歌互答、放牧南山、日出而作、日落而息的人与自然和谐的生活，那个时候可以说处处皆是今天我们心中的世外桃源。

中国人对大自然的变化很敏感，对于哪个季节花草树木的变化以及鸟兽的迁移行为也格外注意。于是，中国人对大自然的感受，也成为生活之中不可分割的一部分。在文学和艺术领域，对自然界的感受和反应，更是如此，比如宋代范成大的《四时田园杂兴》诗中写道：昼出耘田夜绩麻，村庄儿女各当家。童孙未解供耕织，也傍桑阴学种瓜。[①] 我们可以看出，诗中作者没有用散文的叙述和解释，而是以声韵的和谐，表情达意，编织了生活的画卷，构成了声音回环的美。

再看日本生活之美学，其审美概念中“物哀”与“知物哀”等就比较有代表性。“物哀”与“知物哀”是感物而哀，亦即对万事万物的包容、理解、同情与共鸣，尤其是对思恋、哀怨、寂寞、忧愁、悲伤等使人挥之不去、刻骨铭心的心理情绪有充分的共感力。[②]

如果追溯日本人审美意识之起源，可以说是对自然美的感悟，具体地说就是对森林植物的生命姿态和日月星辰风花雪雾等自然物的同情和欣赏。这些自然物生命形态、色彩的变化导致了人们对季节变化的深切感受和对生命本质的理解。这种由自然生命感和季节感所生发出来的上述美学范畴被日本美学家称为“植物的美学”或“风的美学”，由此而形成的美学范畴不同于西方美学那种逻辑范畴的形态，它们是“诗性的范畴”。[③]

在中国文学生活中，利用诗词的韵文体，几乎都可以把自然界环境里的变化呈现给人们，想要表达的意境和感受生动传神。甚至很多时候，很多地方到了只可意会，不能言传的妙境。

天人合一，时间、空间、人三者息息相关。王维有一对诗联：“大漠孤烟直，长河落日圆。”前面五个字，是一横一直，后面五个字是在地平线上有一个大圆圈。大漠是一片广阔的空间，长河是无穷无尽的时间上的

---

① 王力：《诗词格律》，中华书局1977年版，第4页。

② 相关内容参见王向远《感物而哀——从比较诗学的视角看本居宣长的“物哀”论》，《文化与诗学》2011年第2辑。

③ 邱紫华、王文戈：《日本美学范畴的文化阐释》，《华中师范大学学报》（人文社会科学版）2001年第1期，第58页。

流动。同时草原上烟火直上云霄，可以想象那是风干气燥的季节，隐含了一种季节性的描述；落日是黄昏时候，在流动的时间上，描绘了一个太阳起落的景象，虽然只有十个字，但精简有力，内涵无尽。[①] 苏东坡曾这样评价王维的作品："味摩诘之诗，诗中有画；观摩诘之画，画中有诗。"诗画之间相依相辅。

提起苏东坡这位旷世奇才，他的《赤壁赋》和《念奴娇·赤壁怀古》，一赋一词，抒写了身在赤壁之下的长江，明月徘徊，江声呜咽。面对此情此景，诗人不禁想起在这里曾经发生过的一场大战，进而联想到历史的兴亡盛衰，历史人物的胜负成败，都已逐波而去。自己人生的坎坷，也与万古流动的江水一起凝结为人间如梦的感慨。他的诗句"一尊还酹江月"，也许是无奈，也许是潇洒。他的一生，官职是越当越小，最后的心愿，想在有生之年见亲弟弟一面都未能如愿，他只好用诗句"人有悲欢离合，月有阴晴圆缺，此事古难全。但愿人长久，千里共婵娟"来自我慰藉。值得点赞的是，这位智者没有怨恨命运。他超越变化，了解"变化"即是不变的永恒："盖将自其变者而观之，则天地曾不能以一瞬；自其不变者而观之，则物与我皆无尽也。"这一认识，正是中国文化的精髓。[②]

元代词人虞集在《风入松·寄柯敬仲》中这样写道："报道先生归也，杏花春雨江南。"大家看，这里一个动词未用，几个名词累加起来却准确地表达了我国江南的风景。如此语言，如此意境，如此之妙，如此之美。

我们再看唐代诗人鱼玄机的《江陵愁望有寄》："枫叶千枝复万枝，江桥掩映暮帆迟。忆君心似西江水，日夜东流无歇时。"

我们再看元代杨维桢的《题雨后云林图》："浮云载山山欲行，桥头雨余春水生，便须借榻云林馆，卧听仙家鸡犬鸣。"

这些诗文仿佛把我们带到了从前，带到了大江南北，带到了思君忆君的记忆里，带到了与世隔绝、鸡鸣犬吠、炊烟袅袅的人间仙境……生活如此之美。

我们还常说境由心造，触景生情。我们不妨将上述诗词的美学思维，引申到绘画。中国的山水画，数唐宋最盛。尤其是宋代的山水，达到了中

---

① 许倬云：《中国文化的精神》，九州出版社 2018 年版，第 29 页。

② 许倬云：《中国文化的精神》，九州出版社 2018 年版，第 31 页。

国绘画史上极高的境界。元代画家黄公望的《富春山居图》大家都不陌生。这幅名作曾经被割裂成两部分，一部分存于浙江省博物馆，一部分现存于台北“故宫博物院”。前几年，这幅画卷终于千里合璧，完整地展现给世人。在这幅画卷里，从右至左，顺着富春江的江水，沿江的山水风景被完整地呈现给我们，我们仿佛身在扁舟中，一路观赏山光水色，舟行山水间，人在画中游。

还有北宋张择端的《清明上河图》，可谓世界闻名，家喻户晓，这幅画卷将宋代东京汴梁城的风景描绘得生动形象：从郊外田野，岸边溪柳开始，一路随汴水进入城市，沿途汴水之桥、码头船运、皇家宫殿、沿岸街市、商家店铺，人声鼎沸、熙熙攘攘，好一派帝都之繁华。[①]

根据加藤周一的研究，日本的文学创作一般是基于具体的、个别的日常性行为。比如，敕撰集《古今和歌集》是由贵族编撰的和歌选集。采集全国诗歌编撰成集的理念源自中国，受中国影响，日本人编撰了自己的和歌选集。《怀风藻》同样受中国诗歌的影响，这些日本人用汉语写作的诗文近似于一种模仿。[②]

我平时有个爱好，喜欢中国书法。从中日文化交流的角度看，中国书法自汉代传入日本后，一直影响着日本书坛。如，圣德太子于615年书写的《法华义疏》运笔畅达，扁平而略带圆形的结构，很明显是受到六朝时期北魏写经体的影响，被日本书法界称为日本书道史上的第一块里程碑，从此也就开启了中日书法文化交流的先河。[③] 再如，《东大寺献物帐》[④] 载有书法二十卷，其中王羲之草书十卷、书卷七卷，其中有真草千字文，还有行书两卷，扇书一卷，这么多的东西一次性纳入，可以想象当时船舶贸易的情形。在鉴真带去的物品中，有王羲之的行书一帖，王献之的行书三帖，也可以作为王羲之被推崇的旁证。奈良时代王羲之书风也广为流行，抄经人随手模仿的有“羲之顿首”字样等纸片，现在仍有留存。《万叶集》中的“羲之”二字被训为“てし”，这些都可以证明，当时文书之类的抄

① 许倬云：《中国文化的精神》，九州出版社2018年版，第33页。

② 〔日〕加藤周一：《中国文学与日本文学：差异与共赏（一）》，《国际中国文学研究丛刊》（第二集），第33页。

③ 朱卫新：《日本书道与中日书法的文化交流》，《东北亚论坛》1998年第2期，第85页。

④ 其中详细记述了以圣武天皇遗物为首的宝物向东大寺大佛献纳时的目录。

写都是模仿王羲之的。[①]

总体来看，历史上中国书法对日本是作为母体与“根”而存在的。但近代以来“逆向回输”的现象亦并非鲜见。清末，中国书法界出现了一个被称为“日本书道近代化之父”的杨守敬。他赴日本四年，为日本近代书坛带去了北碑篆隶风的同时，也从事向中国书法界介绍日本书法的工作。比如其《学书迩言》提到日本书法“自以空海为第一，殊有晋人风”。杨守敬的《邻苏园帖》第八卷还郑重收集了日本《光明皇后乐毅论》《空海风信帖》《藤原平事奉纳香灯读经料文》等四种法帖。[②]

最后，我还想强调一点，在中日文化比较研究相关成果中，作为文化传承载体之一的村志研究亟须拓展与深化。在这里，我向大家介绍两本书，一本是中国志书《下姜村志》[③]，另一本是日本志书《御薗村志》[④]，分别是中国淳安县西南部下姜村和日本三重县中部御薗村的村志，在悠悠历史长河中，世世代代的下姜人与御薗人积淀了深厚的乡村文化。

《论语·为政》有云：“温故而知新。”以史为鉴，启迪后人。每一个村庄的历史，都蕴含着独特的文化和品格；每一个村庄的变迁，都印证了时代和社会的发展。在中日两国国内建设日新月异的今天，编修村志，全方位记录包括乡村生活美学在内的自然、文化、社会等方面的历史与现状，已成为保护传统村落和传承文明的重要方式。有鉴于此，今后中日两国学术界应加大对村志这一特定文化载体的相关研究。

总而言之，中国文化中，无时无处不充满了生活之美学，人、时间、空间的关系三者合一。人随时间流动，人与空间融为一体，人与自然息息相关，人是自然的一部分，人不能离开自然，人也不能自我异化于自然之外。在如此的美学原则之下，中国文化中才出现了儒释道的思想，才有了灿烂的文化、悠久的文明。在多文明共存的今天，中日互鉴、和合共生是人心所向，期待能取得更大的发展。

---

① 〔日〕尾上柴舟：《日本书道与日本精神》，《名作欣赏》2017年第2期，第17页。

② 陈振濂：《当代中国对日本书法之引进、融汇与扬弃》，《浙江社会科学》2002年第6期，第1—2页。

③ 杭州市人民政府地方志办公室编：《下姜村志》，浙江人民出版社2016年版。

④ 御薗村誌編纂室『御薗村誌』、第一法規出版株式会社、1989年。

致　辞

文明互鉴历久弥新　人文对话恰逢其时

——在“中日人文对话：神话传说”国际学术研讨会上的致辞

王伟光*

（2019年10月7日，河南南阳）

尊敬的各位来宾：

大家好！

金秋十月，在这个美好的季节里，非常高兴来到历史文化名城南阳市，参加由中国社会科学院日本研究所和河南南阳师范学院、桐柏县人民政府共同主办的“‘中日人文对话：神话传说’国际学术研讨会”。首先，请允许我对本届研讨会的隆重开幕表示诚挚祝贺！对各位中日朋友的到来表示热烈欢迎！

当前的中日关系正保持进一步改善发展的势头，就在几天前，我们刚刚举行了盛大的庆祝中华人民共和国成立70周年阅兵式和群众游行，再过半个月日本也将隆重举行令和新天皇即位大典，两国关系正站在新的历史起点。回望过去几年的中日关系，可谓历经风雨重回正轨，深思现在来之不易的改善向好局面，其中的重要原因在于中日从未间断的人文交流。从20世纪五六十年代开始，两国民间就积极开展形式多样的友好交流活动，对中日邦交正常化发挥了不可或缺的重要作用。积极开展中日人文交流，有利于增进双方友好感情，有利于正确引导民众理性客观看待对方，为两国关系进一步改善发展营造适宜的社会环境。我相信，今天我们举行的中

* 王伟光，全国政协民族和宗教委员会主任。

日人文对话会，功在当代，利在千秋。

中日人文交流和对话不仅有利于两国关系，更在亚洲文明交流互鉴过程中具有区域示范效应。今年 5 月 15 日，中国举行了亚洲文明对话大会，习近平主席在大会开幕式的主旨演讲中指出，文明因多样而交流，因交流而互鉴，因互鉴而发展。我们要加强世界上不同国家、不同民族、不同文化的交流互鉴，夯实共建亚洲命运共同体、人类命运共同体的人文基础。在此背景下，6 月底举行的二十国集团领导人大阪峰会期间，习近平主席与安倍晋三首相就在年内启动中日高级别人文交流磋商机制达成共识，为两国人文交流下一步发展指明了方向。此次中日人文对话会的召开，可谓恰逢其时。

女士们、先生们、朋友们！

“纸上得来终觉浅，绝知此事要躬行。”加强中日人文交流和对话，更需要我们每个人行动起来，共同努力，相互推动，用心交流。作为一名多年从事人文社会科学研究的学者，去年上半年我曾经访问日本，与日本各界人士交流，特别是有幸受邀在长崎大学做演讲，长崎人民对中国人民的友好感情给我留下了深刻印象，也让我亲身感受到了中日友好源远流长的历史传统。今天主要想借此机会与各位分享我对于文明交流互鉴和中日人文对话的几点认识。

第一，神话传说是人类文明的独特遗产。人类之所以为人类，是因为我们不仅是地球的适应者，更是历史和未来的探索者。远古人类在极其有限的条件下，渴求破解天地之谜、万物之谜和自身存在之谜，由此产生了异彩纷呈的原始文化，神话即为其中之一。人类文明的自我表达，最早可以追溯到神话时代，神话是人类文化的共同原型。神话不仅作为一种文化基因与今天息息相通，并且赋予原始文化以当代存在的价值，是人类文明的独特遗产。

神话的本质是信仰，它以信仰的力量为人类共同体提供根本性的价值判断。每个民族的发展都是与其民族神话联系着的，神话作为民族文化传统因子，伴随历史的延伸代代相传。神话传说不仅存在于古籍和民间口头文化中，更凝结在纷繁多样的祭祀礼俗中。今天上午我们在盘古之乡——桐柏县参加的祭拜盘古仪式，就是神话赋予仪式以文化之根和精神本源的生动事例。作为民族精神的活化石，神话在未来还将继续为人类文明延续发展赋予新的价值。

第二，文明互鉴是人类智慧的宝贵经验。历史上，文明的发展都是在交流碰撞、冲突融合的过程中进行的。中国的四大发明及亚洲文明成果通过古丝绸之路传入欧洲，促使了欧洲资产阶级革命的到来。及至近代，西方文明大规模向东方传播，"神话"一词正是其典型例子。神话源自古希腊词"myth"，日本把"myth"译为"神话"。1903 年蒋观云在《神话历史养成之人物》中使用的"神话"一词，正是从日本借用过来的。这个例子说明，文明形成是人类长期进程的结果，并在交流互鉴中历久弥新。

"流水不腐，户枢不蠹"，中华文明是在同其他文明不断交流互鉴中形成的开放体系。如果说古丝绸之路是人类文明互动与交往历史的见证，"一带一路"则是文明对话的新时代实践。在全球化时代，利用好文明交流互鉴这一人类经验智慧，有助于发展更加紧密、稳定和长远的中日关系。

第三，人文交流是文明互鉴的有效形式。中日两国同处东亚文明圈，两国文明交流历史源远流长。中日文明交流史上的重要事件，如遣唐使和鉴真东渡等历史经验告诉我们，人文交流是文明互鉴的有效形式。过去几年，面对中日关系的复杂形势，包括福田康夫前首相和在座的各位嘉宾在内，两国政界和学界的有识之士为消除双方的隔阂和误解、促进民心相通，奔走于两国之间，是当代中日人文交流的典范，值得我们尊重和敬佩。

古人云，求木之长者，必固其根本；欲流之远者，必浚其泉源。神话是人类文明的源头，是人类群体的精神故乡。在现代社会陷入科技理性主宰下的精神困境时，为人类命运共同体提供根本性价值判断的神话，正在重构中不断获得新的活力。因此，加强不同文明、不同民族神话的起源、传播和演变的比较研究，有助于促进人类社会融合，探索人类前进方向，构建人类命运共同体。

第四，深化人文交流是构建契合新时代要求中日关系的基本路径。中日关系进入新时代，坚实牢固的社会和民意基础不可或缺。中日两国要建立彼此客观理性、可预期的相互认知。在 2018 年北京－东京论坛上发布的《2018 年中日关系舆论调查报告》显示，中国公众对日本的印象及两国关系的评价持续好转，显现出积极态度，对日本总体印象持“很好”和“相对较好”的比例为42.2%，比2017年上升了10.8个百分点，同时超过74%的中国公众认为中日关系“重要”或“比较重要”。然而与中国受访者对日本好感度持续回升相比，日本受访者对中国持有好印象的比例仅为13.1%，与上一年相差不大。因此，新时代应该进一步加强人文交流，增进中日双方尤其是日本民众对中国的客观了解。一方面，中日双方通过多平台多路径推动两国人文交流的深化；另一方面，推出更多适合中日普通民众可以理解、接纳的传播方式。新时代我们应拿出新的方略，大力推动两国人文交流走向深入，走向成熟，从而促进两国关系健康稳定发展。

女士们、先生们、朋友们！

“国之交在于民相亲，民相亲在于心相通。”人文交流是推动中日关系发展的根基，特别是中日知识界、智库间的交流合作，可以对两国社会产生引领性效果。中国社会科学院与日本社会各界长期保持友好合作关系，希望以此次会议为契机，推动中日高级别人文对话机制逐步确立，继续为中日人文交流贡献力量。

“春种一粒粟，秋收万颗子”，人文交流犹如春之播种，令人带着愉悦并期盼秋之收获。希望中日两国有识之士携手播下每一颗交流的种子，致力于共同发展中日关系，共同打造人类命运共同体，共同创造亚洲和世界的美好未来。

祝本次会议取得圆满成功。

谢谢大家。

贺　辞

人文对话　相向而行

福田康夫*

我对于河南的向往由来已久。那里有记述汉字起源的殷墟，有佛教释源的白马寺，也是神话与史实浑然一体的名作《西游记》中三藏法师的故里。更令人感叹的是，中国近年的考古研究成果表明，大禹治水的相关史迹也在河南得以印证。上述人物都在日本的教科书中直接或间接有所描述。

很遗憾我因公务难以成行，谨遥祝本次会议成功。

福田康夫

* 福田康夫，日本前首相。

第一编　中国神话与日本神话

从神话传说看中日国民性特点

张建立*

中国和日本，比邻而居，彼此间既有深厚的历史文化渊源，亦有着广泛的共同利益。中国由于改革开放带来经济迅猛发展，综合国力与国际地位不断提高，成为国际社会与对外交往中独立自主的一极。如今，两国间的人员往来和经济合作虽然日益密切，但媒体以及各研究机构所做的舆论调查结果均显示，两国人民之间的互信度并不是很理想。特别是近些年来，中日关系更是给人一种“居相近，心相远”之感。中日关系集中体现了国家关系的复杂性。它既是周边邻国关系，又是大国关系。在当下全球化和逆全球化交错的国际形势下，中国和日本作为东亚地区最重要的国家，作为世界第二、第三大经济体，能否正确看待、妥善处理中日关系，事关东亚乃至世界和平稳定与发展。中国国家主席习近平 2019 年 6 月 27 日在大阪会见日本首相安倍晋三，两国领导人达成最新共识，决定在 2019 年内启动“中日高级别人文交流磋商机制”。该机制的启动，意味着继中日海洋事务高级别磋商、中日高级别政治对话、中日经济高层对话机制、中日海空联络机制后，中日政府间又一双边对话模式确立。它将传统政治、经济、安全领域的直接交流延伸至文化领域。直面中日文化差异，求同存异，有利于加强两国交流和文化认同，提高两国间互信，夯实中日关系发展根基。作为人类历史上一种十分重要的文化现象，神话传说不仅是文学艺术的沃土，是诸多文化形态的原始质料，对人类自我意识和各种观念形态的形成有着不可忽视的作用，而且也深深烙印着中日间思想文化交流的诸多印记。追根溯源，通过对中日神话传说的比较研究，不仅能从其

* 张建立，中国社会科学院日本研究所研究员。

内容之同，了解彼此交流之密切和深入程度，而且能从其内容之异，了解彼此国民性特点的差别。这对增进中日两国国民的相互理解，深入开展人文交流具有重要现实意义。

一 《古事记》中记述的日本上古诸神

日本安万侣奉敕编纂，成书于公元712年的《古事记》，是日本最早的历史和文学著作之一。全书由日本古代神话、英雄传说、民间故事、民间歌谣与帝王家谱编成，分序和上、中、下卷。序和正文的散文部分用汉文撰写，诗歌借用汉字作日语标音。上卷是神话和传说，中、下卷神话和史料兼有。日本被广为周知的神话，大多记录在《古事记》和《日本书纪》中，被称为记纪神话。

根据《古事记》上卷记载的内容，可以将日本神话中的神大体分为两大类：第一类是不明缘由诞生的神，第二类是诞生过程清楚的神。由于《古事记》中记载的神名复杂，诞生过程纷繁多样，为了便于读者阅读理解和比较分析，在此将《古事记》中相关记述尽可能原文照录。

第一类不明缘由诞生的神又可以分为两大类。首先是不男不女无性别的神，包括第1代的5尊神与第2代的2尊神，总计7尊独神；其次是有性别、结对而生的兄妹神，包括第3、4、5、6、7代的男神与女神，总计5对10尊。如上17尊神如何诞生出来的不甚清楚。《古事记》中相关记述如下。

五尊特别天神

天地形成之初，高天原上诞生的神，名号是：天之御中主神，其次高御产巢日神，其次神产巢日神。这三尊神都是独神，而且隐形不现。当时国土幼稚，如同漂浮在水面上的油脂，像海蜇那样浮游时，萌生一个像苇芽那样的东西，化成神，名号是：宇麻志阿斯诃备比古迟神，其次天之常立神，这两尊神也是独神，而且隐形不现。以上五尊神，是特别天神。

神世七代

其次诞生的神，名号是：国之常立神，其次是丰云野神。这两尊神也是独神，而且隐形不现。其次诞生的神是宇比地迩神，其次是妹须比智迩神，其次是角杙神，其次是妹活杙神，其次是意富斗能地神，其次是妹大斗乃辨神，其次是淤母陀琉神，其次是妹阿夜诃志古泥神，其次是伊邪那岐神，其次是妹伊邪那美神。

以上从国之常立神到伊邪那美神，并称神世七代。（最前面的二尊是独神，各为一代，其余成双的十神，每二神合为一代。）①

从以上《古事记》的记述可知，这一类神不仅是如何诞生出来的不甚清楚，而且其中的 7 尊独神男女性别不分、“隐形不现”。其次是有性别、结对而生的 5 对 10 尊兄妹神，其名字的含义分别是：宇比地迩神与妹须比智迩神，是泥土的神格化；角杙神与妹活杙神，是将身体的原型比作木桩，表示从土中生机勃勃萌发新芽的形态；意富斗能地神与妹大斗乃辨神，是表示两性各自的器官都已经齐备；淤母陀琉神，表示身体长成，已经完全成熟，妹阿夜诃志古泥神，表示对长成的身体的赞叹。以上男女神的构成，说明了自然、大地的生成和身体器官的生成，直至最后对长成的身体的赞叹，这一切都成为伊邪那岐神与妹伊邪那美神出场的先导。伊邪那岐和伊邪那美，“伊邪那”是引诱的意思，“岐”是男子的美称，“美”是女子的美称。伊邪那岐神与妹伊邪那美神，有相互引诱、相互邀约的男女之意。这两尊神的作用就是男女相合、繁殖生育。二神的诞生说明大地形成之后出现了男女两性结合，为创造国土和生育万物的根本。②

第二类是诞生过程清楚的神，即从第 7 代神伊邪那岐神、妹伊邪那美神之后诞生的神是如何诞生的，交代得都比较清楚。这类神大体又可以分为三类。首先是父母（即该兄妹）婚育之神 35 尊，另有 14 个岛屿；其次是有父无母之神：伊邪那岐的装饰物品、排泄物等化生成神；最后是有母无父之神：伊邪那美的装饰物品、排泄物等化生成神。《古事记》中的具体记述如下。

国土的形成

于是众天神诏示伊邪那岐命和伊邪那美命二神去修固那漂浮着的

---

① 〔日〕安万侣：《古事记》，邹有恒、吕元明译，人民文学出版社 1979 年版，第 2—3 页。

② 〔日〕阪下圭八：《日本的神话》，李濯凡译，新星出版社 2019 年版，第 3—5 页。

国土，并赐给一支天沼矛。二神站在天浮桥上，把矛头探入海中，咕噜咕噜地搅动海水。提起矛时，从矛头滴下来的海水，积聚成岛。这就是淤能基吕岛。

二神结婚

二神降到岛上，树起“天之御柱”，建立起“八寻殿”。于是，伊邪那岐命问他的妹子伊邪那美命：“你的身体是怎样长成的？”她回答说：“我的身体已经完全长成了，只有一处没有合在一起。”伊邪那岐命说道：“我的身体也都长成了，但有一处多余。我想把我的多余处，塞进你的未合处，生产国土，你看怎样？”伊邪那美命回答说：“这样做很好。”伊邪那岐命接着说道：“我和你围绕这个天之御柱走，在相遇的地方结合。”这样约定之后，又说：“你从右边，我从左边，绕着相遇。”当绕着柱子走时，伊邪那美命先说：“哎呀！真是个好男子！”伊邪那岐命接着说：“哎呀！真是个好女子！”互相说完之后，伊邪那岐命对他的妹子说：“女人先说不吉利。”虽然在交合之后生了孩子，却是个水蛭子。把这个孩子放进芦苇船里，任其顺水流去。其次生淡岛，也没有算在所生孩子的数内。

大八岛的产生

二神商议说：“我们这次生的孩子不好，应该禀报天神。”于是便一同去向天神请教。天神让他们占卜神意。占卜之后指示说：“因为女人先说话了，不好，回去重新说。”二神回来，像先前那样绕着天之御柱走。伊邪那岐命首先说：“哎呀！真是个好女子！”然后伊邪那美命说：“哎呀！真是个好男子！”

这样说过之后，又实行交合，生子淡道之穗之狭别岛。其次生伊豫之二名岛。这个岛是一个身体四张面孔，每张面孔都有名称，伊豫国称爱比卖。赞岐国称饭依比古，粟国称大宜都比卖，土左国称建依别。其次生隐伎之三子岛，又名天之忍许吕别。其次生筑紫岛，这个岛也是一个身体四张面孔，每个面孔都有名称，筑紫国称白日别，丰国称丰日别，肥国称建日向日丰久士比泥别，熊曾国称建日别。其次生伊伎岛，又名天比登都柱。其次生津岛，又名天之狭手依比卖。其次生佐度岛。其次生大倭丰秋津岛，又名天御虚空丰秋津根别。因为以上八岛是最先产生的，所以日本被称为大八岛国。

回去之后，生了吉备儿岛，又名建日方别。其次生小豆岛，又名大野手比卖。其次生大岛，又名大多麻流别。其次生女岛，又名天一根。其次生知诃岛，又名天之忍男。其次生两儿岛，又名天两屋。自吉备儿岛到天两屋岛，共六岛。

诸神的诞生

生完国土之后，又生诸神。最初生的神，名叫大事忍男神，其次生石土毗古神，其次生石巢比卖神，其次生大户日别神，其次生天之吹男神，其次生大屋毗古神，其次生风木津别之忍男神，其次生海神，名叫大绵津见神，其次生水户神，名叫速秋津日子神，其次生妹速秋津比卖神。自大事忍男神到秋津比卖神，共十神。

速秋津日子和速秋津比卖二神，分别掌管河川和海洋。他们所生的神，名叫沫那艺神，其次沫那美神，其次颊那艺神，其次颊那美神，其次天之水分神，其次国之水分神，其次天之久比奢母智神，其次国之久比奢母智神。从沫那艺神到国之久比奢母智神，共八神。

其次生风神，名叫志那都比古神。其次生木神，名叫久久能智神。其次生山神，名叫大山津见神。其次生野神，名叫鹿屋野比卖神，又名野椎神。从志那都比古神到野椎神，共四神。

大山津见神和野椎神这二神，分别掌管山岳和原野。他们所生的神，名叫天之狭土神，其次国之狭土神，其次天之狭雾神，其次国之狭雾神，其次天之暗户神，其次国之暗户神，其次大户惑子神，其次大户惑女神。

其次生的神，名叫鸟之石楠船神，又名天鸟船。其次生大宜都比卖神。其次生火之夜艺速男神，又名火之炫毗古神，又名火之迦具土神。伊邪那美命因为生了这个孩子，阴部被烧伤而卧床不起。她呕吐之物化成神，名叫金山毗古神，其次金山毗卖神。她的粪便化成神，名叫波迩夜须毗古神，其次波迩夜须毗卖神。她的尿化成神，名叫弥都波能卖神，其次和久产巢日神。和久产巢日神的儿子是丰宇气毗卖神。伊邪那美神因生火神而病死。从天鸟船到丰宇气毗卖神，共八神。

伊邪那岐和伊邪那美二神，共生岛屿十四，生神三十五。这些都是伊邪那美神死去之前生的。惟独淤能基吕岛不是她生的，水蛭子和淡岛也不列入所生子女之内。

火神被杀

伊邪那美命死后，伊邪那岐命说道："我亲爱的妻呵！竟因为一个儿子的缘故，就丧失了你吗?"他匍匐在女神的枕边，又匍匐在女神的脚旁，悲痛地哭泣时，由泪水化成的神，住在香具山亩尾的木本地方，名叫泣泽女神。死去的伊邪那美神则埋葬在出云国和伯耆国交界的比婆山上。

于是，伊邪那岐命拔出所佩的十拳剑，砍他的儿子迦具土神的脖颈。沾在剑锋上的血，溅在岩石上，化为神，名叫石折神、根折神、石筒之男神，共三神。沾在剑背上的血，溅在岩石上，化成神，名叫瓮速日神；樋速日神；建御雷之男神，别名建布都神，又名丰布都神；共三神。积聚在剑把上的血，从手指间流出，化成神，名字叫暗淤加美神和暗御津羽神。

从石折神到暗御津羽神，共八神，都是因剑而生的神。

被杀的迦具土神的头化成神，名字叫正鹿山津见神。他的胸部化成神，名叫淤縢山津见神。他的腹部化成神，名叫奥山津见神。他的阴部化成神，名叫暗山津见神。他的左手化成神，名叫志艺山津见神。他的右手化成神，名叫羽山津见神。他的左脚化成神，名叫原山津见神。他的右脚化成神，名叫户山津见神。从正鹿山津见神到户山津见神，共八神。杀死火神所用的剑，叫做天之尾羽张，又名伊都之尾羽张。

黄泉国

伊邪那岐命很想见他的妻子伊邪那美命，便一直追到黄泉国。女神从殿内开门相迎。这时伊邪那岐命和女神商量说："我亲爱的妻呵，我和你创造的国土还没有完成，请跟我回去吧!"伊邪那美命回答说："可惜呀！你没有早些来，我已经吃了黄泉的饭食。既然我亲爱的夫君特意来找我，我也愿意回去啊！让我和黄泉的神商量商量。但是在这期间不要看我呀。"这样说过之后，就回到殿里。时间过了很久，实在等待不得，伊邪那岐命取下左发髻上戴着的多齿木梳，折下一个边齿，点起火来，到殿里去看。只见女神满身蛆虫蠕动，气结喉塞，头上有大雷，胸上有火雷，肚子上有黑雷，阴部有拆雷，左手有若雷，右手有土雷，左脚有鸣雷，右脚有伏雷，共化成八雷神。

伊邪那岐命看到这种景象害怕起来，往回逃跑。他的妻子伊邪那美命说："你让我受了羞辱！"立即派黄泉丑女在后面紧紧追赶。伊邪那岐命取下头上的黑发饰，扔到地上，长出野葡萄，并乘丑女摘葡萄吃的时候逃脱了。丑女又追了上来。伊邪那岐命取下插在右髻上的多齿木梳，折下梳齿扔到地上，长出竹笋，乘丑女拔食竹笋的时候又逃脱了。伊邪那美命又派八雷神，率领一千五百名黄泉军追赶上来。伊邪那岐命拔出所佩的十拳剑，一边向后面挥动，一边逃跑。一直被追到黄泉的边界比良坂。这时，伊邪那岐命从坂下的桃树上摘下三个桃子，等黄泉军追到时，向他们打去。黄泉军便逃了回去。伊邪那岐命对桃子说："像方才帮助我那样，将来苇原中国的众生遇到患难的时候，你也去救他们吧！"于是赐给它们名号叫意富加牟豆美命。

最后，伊邪那美命亲自追来。伊邪那岐命用千引石堵住黄泉的比良坂。他们隔着千引石面对面地站着，发出了夫妻诀绝的誓言。伊邪那美命说："我亲爱的夫呵，你既然这样对待我，我就在你国每天杀死千人。"伊邪那岐命说："我亲爱的妻呵，你如果那样做，我呀，就每天建立一千五百个产房。"这样每天必死千人，每天也必生一千五百人。因此，伊邪那美命就被称为黄泉津大神。另有一说：因为她追赶到这里，所以又叫做道敷大神。堵住黄泉坂的千引石，名叫道反大神，又名塞坐黄泉户大神。所谓黄泉比良坂，就是现在出云国的伊赋夜坂。

祓禊和诸神的诞生

于是伊邪那岐大神说道："我曾经到非常丑恶而又极其污秽的地方去过，所以必须清净一下我的身体。"于是便来到竺紫的日向国桔小门的阿坡岐原，在那里举行祓禊仪式。在祓禊中他扔掉的手杖化成神，名叫冲立船户神；他扔掉的衣带化成神，名叫道之长乳齿神；他扔掉的下裳化成神，名叫时量师神；他扔掉的上衣化成神，名叫和豆良比能宇斯能神；他扔掉的裤子化成神，名叫道俣神；他扔掉的冠化成神，名叫饱咋之宇斯能神；他扔掉的左手上的手串化成神，名叫奥疏神，其次是奥津那艺佐毗古神；其次是奥津甲斐辨罗神。他扔掉的右手上的手串化成神，名叫边疏神，其次是边津那艺佐毗古神，其次是边津甲斐辨罗神。从船户神到边津甲斐辨罗神等十二神，都是由扔掉的随身衣物化成的神。

伊邪那岐大神这时说："上游水流太急，下游水流缓慢。"便来到中游，钻进水里洗涤时，化成的神，名叫八十祸津日神，其次大祸津日神。这二神都是去到污秽之国时，所沾染的污秽形成的神。其次是洗净这次灾祸所化成的神，名叫神直毗神，其次大直毗神，其次伊豆能卖神，共三神。在水底洗涤时化成的神，名叫底津绵津见神，其次底筒之男命。在水中间洗涤时所化成的神，名叫中津绵津见神，其次中筒之男命。在水面上洗涤时所化成的神，名叫上津绵津见神，其次上筒之男命。这三尊绵津见神是阿昙连等作为祖先神来祭祀的神。而阿昙连等就是绵津见的儿子宇都志日金拆命的子孙。而底筒之男命、中筒之男命和上筒之男命等三神，是墨江的三尊大神。

伊邪那岐命洗左眼时化成的神，名叫天照大御神。洗右眼时化成的神，名叫月读命。洗鼻子时化成的神，名叫建速须佐之男命。

以上从八十祸津日神到速须佐之男命等十四神，是因为洗涤身体而生的神。

三贵子分治

这时候，伊邪那岐命非常高兴地说："我生了不少孩子，最后终于得到三个贵子。"于是取下脖子上戴的玉串，摇动得琮琮作响，赐给天照大御神，并对她说："去治理高天原！"因此这个玉串就叫做御仓板举之神。又对月读命说："你去治理夜之国。"最后对建速须佐之男命说："你去治理海洋。"①

一般提到日本的神话，很多人对天照大神的名号或许很熟悉，但对天照大神之前的诸神存在以及天照大神是如何诞生的却未必很熟悉。为了便于读者全面理解日本诸神的诞生以及分析其所反映的日本人宇宙生成论及日本人的思维模式特点，虽然引用文献比较长，还是如上尽量全面引用了《古事记》中的相关记述。

① 〔日〕安万侣：《古事记》，邹有恒、吕元明译，人民文学出版社 1979 年版，第 4—15 页。

二 从神话的宇宙生成论看中日两国思维模式特点

一般认为，“神话思维是一种有象思维，一种始终保持着鲜明的直观性和有象性的思维模式”。[①] 在这一思维模式中，物的因素与心的因素相互渗透，天的因素与人的因素相互感应，形成了在神话里特有的超自然和超现实的深层秩序。神话思维的基本功能就在于，“通过对神话世界中虚构的规律与秩序的描述，去解释自然界与生活里可观察感知的表层秩序”。[②] 在这一点上，中日两国神话具有很多的共性，但基于这种神话思维对自然界的解释却不尽相同。

日本《古事记》序文中称：“臣安万侣言。夫混元既凝，气象未效，无名无为，谁知其形。然乾坤初分，参神作造化之首，阴阳斯开，二灵为群品之祖。所以出入幽显，日月彰于洗目，浮沈海水，神祇呈于涤身。故太素杳冥，因本教而识孕土产岛之时，元始绵邈，赖先圣而察生神立人之世。实知悬镜吐珠，而百王相续，吃剑切蛇，以万神蕃息欤。议安河而平天下，论小滨而清国土。”[③] 通过前文对《古事记》中诸神的分类记述可知，《古事记》序文可谓对日本诸神的精要概括，而且，从上述《古事记》中各类神的诞生所主张的宇宙生成与演变次序来看，依次是“混沌（元气）→天地（乾坤）→国土→万物”，都是非常具象化的。

与之相对，在中国神话中，盘古开天地之后谁、如何安排山河大地万物，多为抽象化的东西。例如，道家在中国早就有天地诞生于混沌的思想。战国时代的伟大诗人屈原曾在《天问》中以质疑的口吻，对天地的起源推测说：“遂古之初，谁传道之？上下未形，何由考之？冥昭瞢暗，谁能极之？冯翼惟象，何以识之？”[④] 儒家经典《周易·系辞上》则说：“易

① 赵仲牧：《序言——思维的分类和思维的演化》，载邓启耀著《中国神话的思维结构》，重庆出版社 2004 年版，第 18 页。

② 赵仲牧：《序言——思维的分类和思维的演化》，载邓启耀著《中国神话的思维结构》，重庆出版社 2004 年版，第 12 页。

③ 〔日〕安万侣：《古事记》，邹有恒、吕元明译，人民文学出版社 1979 年版，第 1 页。

④ 姜亮夫：《屈原赋校注》，人民文学出版社 1957 年版，第 274—276 页。

有太极，是生两仪。”“两仪”即天地，由“太极”生出天地。唐初孔颖达（574—648）主编《五经正义》中的《周易正义》对“易有太极，是生两仪”解释称：“太极谓天地未分之前，元气混而为一，即是太初、太一也。故老子云道生一，即此太极是也。又谓混元既分，即有天地，故曰太极生两仪。”[①] 同时代的长孙无忌的《进五经正义表》和《进律疏议表》的开头也分别有“臣闻混元初辟，三极之道分焉”“臣闻三才既分”的说法。“三极”或“三才”都是“天地人”之义。[②] 可见由混沌元气生天地的思想，在唐代后儒间十分流行。日本《养老律令・学令》虽规定《周易》用郑玄、王弼注，但《五经正义》在《古事记》成书前已传入日本，安万侣在写作序文时又可能参考了《进五经正义表》，因而，认为《古事记》的天地诞生论也受到《周易》以及唐儒注释的影响，大体应无误。[③]

另外，汉初博采道、儒诸家学说而成的《淮南子・精神训》称：“古未有天地之时，惟像无形；窈窈冥冥，芒芠漠闵，鸿蒙鸿洞，莫知其门。有二神混生，经天营地，孔乎莫知其所终极，滔乎莫知其所止息。于是乃别为阴阳，离为八极，刚柔相成，万物乃形。”也就是说，上古还没有天地时，也没有具体形象。宇宙间只是一团元气，深沉幽暗，迷迷茫茫，混混沌沌，谁也不知其底蕴。后来有两位神同时出来，经营开天辟地的事业，在时间上久远得没有尽期，在空间上广大得没有边际。他们把元气分为阴阳二气，划分了四面八方，阳刚阴柔，两气相互作用，于是形成了万物。《淮南子・精神训》的这段传说，与《古事记》宇宙生成与演变的神话，极其相似，都是讲作为第一推动力的神从混沌元气中开天辟地。

《古事记》虽然深受中国儒道哲学抽象思维的影响，不仅采纳了《淮南子・精神训》《周易》等阐述的阴阳范畴，也“采纳了中国儒家宇宙结构说的原则，却未使用同样的表达方式”，而是把抽象的、具有普遍性的阴阳这对哲学范畴，还原为更具直观性与个别性的两种性别的神，即男性的伊邪那岐神和女性的伊邪那美神，把他们说成“万品之祖”。[④] 此外，

---

① 《十三经注疏》，中华书局 1979 年影印本，第 812 页。

② 《全唐文》卷 136，中华书局 1982 年影印本，第 1374—1375 页。

③ 王家骅：《试论儒家思想对日本〈古事记〉的影响》，《南开学报》（哲社版）1986 年第 2 期。

④ 王家骅：《儒家思想与日本文化》，浙江人民出版社 1990 年版，第 323—324 页。

《古事记》象征宇宙元初状态和生成原理的特别天神，都是“独神”，无性别，而象征具体事物的神却大都成双成对，也是阴阳相交化育万物思想的曲折反映。《古事记》以男女性别相当阴阳范畴，将“阴阳斯开”的抽象原则与“二灵为万品之祖”的具体描述相结合，用以说明宇宙万物的生成，既表现了儒家典籍的影响，又表现了当时日本人对哲学抽象的理解力的局限。

“混沌”——人类的原始的思维方式或前综合思维方式，曾是早期人类共有的心理和思维现象，但随着不同文化的成型，思维的分化之路却不尽一致了。“所谓神话的结构，其实是文化结构及思维结构的显层体现。人类在认识发生或思维的初级阶段的共同特性，使神话结构具有与思维结构相对应的共相。当然，各民族文化的结构总是有差异的，这不能不与思维结构产生互动关系或相互作用。神话作为人类思维初期阶段的产物，固然已相对凝化于一定的文化规范之中，但各民族神话除了自身的差别和变异之外，它对文化发展趋向的影响或文化对它的认同趋向，却暗透出一个民族的文化结构或思维结构形成的轨迹。一个民族是以分化了的思维，或理性地，或审美地，或宗教地对待神话，还是依然将神话或神话的思维方式有意无意地‘整合’（仍有几分混沌地）于自己的文化之中，实际已显示了文化的不同与思维结构的差异。例如，混沌的、直观的和整体性领悟的思维方式，是早期古代社会人们思维的共同特征。但希腊发展的是一种有限整体观，是将质料与形式相分离的实体观，以及属性分析方法，正是着眼于物质与能量的分别研究和基质（元素）——属性（结构、形式）的分析方法，它导致了近代科学传统的思维渊源。中国古代则发展了一种连续无限整体观或万物相遇、大化流行的有机整体意识，对于具体对象则重于功能的分析和把握。很显然，由此而分道的所谓东西方文化结构的差异之一，不能不与思维结构的差异相关联。”①

从中日神话中的宇宙国土生成论所体现的思维模式特点以及两国的社会发展历程来看，概言之，中国的思维模式擅长抽象思维，其优点在于提纲挈领，格局宏大高远，缺点在于凡事不拘小节，疏于落实，易坠空谈；日本的思维模式擅长具象思维，其优点在于格物致知，小巧精致，务实有

---

① 邓启耀：《中国神话的思维结构》，重庆出版社 2004 年版，第 28—29 页。

效，缺点在于过拘小节，格局小，机心重。从中日社会发展历程来看，日本的思维模式还具有介乎东西方文化之间的半欧半亚的特点，对当代日本社会文化仍有着很大的影响。篇幅所限，就不展开论述了。

三　从内容近似的传说看中日两国社会规范、价值取向的特点

中日两国不仅在神话思维上有很多近似之处，而且在传说内容方面也有很多近似之处。其中，人与异类婚恋传说较为典型。例如，描写人妖恋的中国的白蛇传与日本的道成寺传说，虽然内容相似，但其相异的部分恰恰反映出了中日两国社会规范、价值取向的特点。

中国的白蛇传与日本的道成寺传说描述的都是男人与女蛇妖的恋情故事。所不同的是，白蛇传讲述的是苦修千年终于得以幻化人形的女蛇妖与凡人许宣的爱情故事；道成寺传说记述的则是女性因爱不成、恨极成蛇妖，与年轻僧人的爱情故事。在中国，不同时代，白蛇传一直是文学作品、文艺影视作品的主要素材；在日本，道成寺传说也一直是日本传统文化能与歌舞伎的重要素材。

关于道成寺传说，日本平安时代的代表性传说集、比叡山首楞严院沙门镇源（生卒年不明）长久年间（1040—1044）撰写的《大日本国法华经验记卷下》“第百廿九　纪伊国牟娄郡恶女”的记载较具代表性。

有二沙门，一人年若，其形端正；一人年老。共诣熊野。至牟娄郡，宿路边宅。其宅主寡妇，出两三女从者。宿居二僧，致志劳养。爰家女夜半至若僧边，覆衣并语僧言：“我家从昔不宿他人。今夜借宿非无所由，从见始时，有交卧之志，仍（乃）所令宿也。为遂本意所进来也。”僧大惊怪，起居语女言：“日来精进出立遥途，参向权现宝前如何有此恶事哉？”更不承引。女大恨怨，通夜抱僧扰乱戏笑。僧以种种词语诱：“参诣熊野只两三日，献灯明御币，还向之次，随可君情。”约束作了仅遁此事，参诣熊野。女人念僧还向日，时致种种储，相待僧不来过行。女待烦僧，出路边，寻见往还人，有从熊野出僧，女问僧曰：“其着衣色若老二僧来否？”僧云：“其二僧早还向，

既经两三日。”女闻此事，打手大嗔，还家入隔舍笼，居无音，即成五寻大毒蛇身，追此僧。行时人见此蛇，生大怖畏，告二僧言：“有希有事，五寻许大蛇，过山野走来。”二僧闻了，定知此女成蛇追我，即早驰去到道成寺。事由启寺中，欲遁蛇害。诸僧集会，议计此事。取大钟件，僧笼居钟内，命闭堂门。时大蛇追来。道成寺围堂一度二度，则到有僧户以尾叩扉数百遍，叩破扉户，蛇入堂内，围卷大钟，以尾叩龙头。两三时计，诸僧惊怪，开四面户集见之恐叹，毒蛇从两眼出血泪，出堂举颈动舌，指本方走去。诸僧见大钟为蛇毒所烧，炎火炽燃敢不占可近。即汲水浸大钟，冷炎熟，见僧皆悉烧，盖骸骨不残，才有灰尘。经数日之时，一臈老僧梦前大蛇直来白（白）老僧言：“我是笼居钟中僧也，遂为恶女被领成其夫。感弊恶身今思拔苦，我力不及，我存生时虽持妙法，薰修年浅末及胜利，决定业所牵，遇此恶缘，今蒙圣人恩，欲离此苦，殊发无缘。大慈悲心清净书写法华经如来寿量品，为我等二蛇拔苦。非妙法力，争得拔苦哉，就中为彼恶女拔苦当修此善。”蛇宣此语即以还去。圣人梦觉，即发道心，观生死苦，手自书写如来寿量品，舍衣钵蓄，设施僧之营，屈请僧侣，修一日无差大会，为二蛇拔苦。供养既了，其夜圣人梦一僧一女，面貌喜色安稳，道成寺来，一心顶礼三宝及老僧，曰：“依清净善，我等二人远离邪道，趣向善趣。女生功利天，僧升兜率天。”作是语了，各各相分，向虚空齿手而去。①

上述日本文献中只是提到“若僧”即年轻僧人与女子，并未有明确的名字。在后来的流传中，虽然给男女主人公分别加上了名字“安珍”和“清姬”，但故事情节并没有多大改动。“清姬”依旧是一个因爱不成反生恨的“恶女”形象，与心爱的人不能同生，那就同死。最后，在道成寺僧人供养法华经超度之下，二人得出色界苦海，无善亦无恶，更无人间烟火气。

关于白蛇传，在中国从最开始时的口头传播，到后来以民间评话、说

① http://www.asahi-net.or.jp/~ue1k-ootn/046dozyo.html. 编校过程中对原文中的断句、误字做了更正，并补充了标点符号。——编者注

书、弹词等多种形式出现，又逐渐演变成戏剧表演，及至现代也有根据白蛇传拍成的电影、编排成的现代舞、新编的小说等广为流传。另外，这个故事之前并没有一个固定的名字，以“白蛇传”的名字出现大抵是在清朝后期。而且，故事的版本与细节也不尽相同。最初的版本，故事讲到白素贞被镇压到雷峰塔下就结束了，后来的版本逐渐增添了白蛇产子情节，甚至还有版本增添了白蛇之子得中状元后祭塔救母的皆大欢喜结局。

目前，一般认为，白蛇传的最早成型故事记载于明末冯梦龙的《警世通言》“第二十八卷白娘子永镇雷峰塔”。据其记载，传说南宋绍兴年间，有一千年修炼的蛇妖化作美丽女子叫白素贞，她和侍女青青，在杭州西湖邂逅药店之主管许宣，同舟避雨，一见钟情。白蛇遂生欲念，欲与书生缠绵，乃嫁与他，结为夫妻。婚后，经历诸多是非，白娘子屡现怪异，许宣不能堪。于是，镇江金山寺高僧法海赠许宣一钵盂，令罩其妻。白、青被钵罩后，显露原形，乃千年修道成人形的白蛇、青蛇。法海遂携钵盂，置雷寺峰前，令人于其上砌成七级宝塔，名曰雷峰，永镇白蛇、青蛇于塔中。并且，法海禅师还留偈四句：

西湖水干，江湖不起。
雷峰塔倒，白蛇出世。

后又题诗八句以劝后人：

奉劝世人休爱色，爱色之人被色迷。
心正自然邪不扰，身端怎有恶来欺。
但看许宣因爱色，带累官司惹是非。
不是老僧来救护，白蛇吞了不留些。

许宣听后心有所感，遂决意出家，拜法海为师，在雷峰塔下修行。数年后许宣坐化，众僧买龛烧化，造一座骨塔，千年不朽。许宣临去世时，亦有诗八句留以警世，诗曰：

祖师度我出红尘，铁树开花始见春。

化化轮回重化化，生生转变再生生。
欲知有色还无色，须识无形却有形。
色即是空空即色，空空色色要分明。①

后世在此传说基础上又添加了一些情节，使得故事更加符合大众口味，得以流传至今，内容大致如下：在宋朝时的镇江市。千年修炼的蛇妖白素贞，化为人形欲报答书生许仙前世的救命之恩。白素贞施展法力，巧施妙计与许仙相识，并嫁与他。婚后，金山寺和尚法海告知许仙，白素贞乃蛇妖，许仙将信将疑。后来许仙按法海的办法在端午节让白素贞喝下含有雄黄的酒，白素贞不得不显出原形，却将许仙吓死。白素贞上天庭盗取仙草灵芝将许仙救活。法海将许仙骗至金山寺并软禁。白素贞同小青一起与法海斗法，水漫金山寺，却因此伤害了其他生灵。白素贞因为触犯天条，在生下孩子后被法海收入钵内，镇压于雷峰塔下。后白素贞的儿子长大得中状元，到塔前祭母，将母亲救出，全家团聚。还有可爱的小青也找到了相公。于是，蛇精已经完全由单纯迷惑人的妖怪，变成了有情有义的女性。故事情节中，虽然仍然有法海之类的僧人存在，但实质上宗教色彩已经大大淡化，并且融入了大量社会伦理的内容。

总体而言，无论在中国还是日本，妖怪有善恶，在中国的白蛇传中的蛇妖被描绘成善念的代表，而且随着时代变化，在该传说故事情节的演化过程中逐渐淡化了冯梦龙《警世通言》中的佛教色彩，增加了很多传统的家庭伦理观念。在日本的道成寺传说中的蛇妖则是一种恶念的代表。无论时代如何变化，日本人都未从家庭伦理的角度去思考过该传说，自始至终带有一种警示贪执色界修行者的味道。

四　结语

以上，主要分三大部分对中日神话传说做了简要的分析。神话传说的确是我们了解两国上古时代文化交流情况的很好的文本素材。但是，日本

① （明）冯梦龙：《警世通言》第一至四十卷影印本，http://www.guoxuemi.com/gjzx/255684wpxm/36486/。

古代就曾有“神国”的思想，将神话世界与历史现实世界混同对待，甚至称天皇为“现人神”。日本神话与历史现实混同的影响，以致在被部分国学家、政治家炮制的“家族国家观”影响下发动对外侵略战争等，早已众所周知。日本人讲神话传说与历史现实世界混同所造成的种种负面影响与矛盾性也提醒我们，研究神话传说不能仅仅局限于文本的比较，也要关注到历史现实。因为神话传说毕竟不能等同于历史现实，而历史学家忍不住要将神话历史化或合理化。

中日之间虽然都存在将神话与现实混同的问题，但又各具特色。在中国文化中，神仙生活的世界完全不同于人间世界，妖怪、神仙可以自由出入人间世界，甚至中国人的人生理想中有通过刻苦修行得道成神仙的想法。但人妖、人神之间泾渭分明，彼此更不会有血脉相连。日本人则不然，在日本文化里，《古事记》神话将神话世界与人类现实世界进行了同构，现实世界中的日本人与神话世界中的诸神有着千丝万缕的血脉相连。他们将神话与现实混同，可谓人神同格，众生皆有神性或本来大家都是神子神孙，有共同祖先，人们努力的目标也不是做神仙。既然大家都是神的子孙，拥有共同的祖先，按道理也就无所谓贵贱之分才是，但社会现实却恰恰相反。日本不仅曾存在过贱民制度，而且虽在明治时代就已经废除了贱民制度，但日本社会至今仍存在着根深蒂固的贱民歧视意识。其实，这种根深蒂固的贱民意识亦可追溯到《古事记》神话的祓禊观。因此，进一步加深对日本神话的研究以及中日神话的比较研究，不仅有助于深入了解中日两国源远流长的文化交流史，而且对思考当下中日两国所面临的诸多社会文化问题亦具有重要启发意义。

日本神话中的诸神与神社

河野训*

一　日本的神话

（一）日本的古代神话

日本的古代神话由《古事记》《日本书纪》《风土记》《古语拾遗》等记载构成。

《古事记》是安万侣奉元明天皇之命，将稗田阿礼所背诵的《帝纪》《旧辞》整理记录后加以编纂而成的，完成于712年。《日本书纪》则是在天武天皇时代开始编纂的。《日本书纪》汇集了当时诸氏的传承，完成于720年。《风土记》则如《续日本纪》中“五月甲子，制：畿内七道诸国郡乡名，着好字。其郡内所生银铜彩色草木禽兽鱼虫等物，具录色目，及土地沃塉，山川原野名号所由，又古老相传旧闻异事，载于史籍亦宜言上”［《续日本纪》元明天皇和铜六年（713）］所描述那样，是根据元明天皇命令，由畿内及七道的官员各自编撰而成的。

同时，也有学者认为《日本书纪》及《古事记》所收载的日本神话，是在8世纪之初，由当时朝廷官员创作而成的。其资料大多数来自中国，尤其是道教，这或许是在暗示日本并没有独特的神话传说。

日本的记纪神话不能说没有受到来自中国的宗教和传说的影响，但受中国影响之前的本土的成分也确实存在。本论文则认为记纪神话更多的是

---

* 河野训，日本皇学馆大学教授。

源自日本的神话。

（二）《日本书纪》与中国古典文献的关联

《日本书纪》开篇，“神代上”有以下的文字记载：“古天地未剖、阴阳不分、混沌如鸡子、溟涬而含牙。”（《日本书纪》卷一）

上述文字的前半部分参照了《淮南子·俶真训》中的“天地未剖，阴阳未判”之说，而后半则参考了逸文《三五历纪》中的“天地混沌如鸡子”（《艺文类聚》“天部”），“未有天地之时，混沌状如鸡子”（《太平御览》“天部”）。同样，《文选》中也有“夫太极之初，混沌未分”（卷34《七启八首》）的记载。

至于《述异记》及《五运历年纪》里所见盘古的身体化为自然物及自然现象的叙述，在记纪神话中也有类似的记载。

《日本书纪》“神代上”第五段中，在描述日神大日孁贵出生之后的情景时，有以下的记述：“是时，天地，相去未远，故以天柱举于天上也。”文中将天地的形态关系描述为“相去”。天地相分并非日本独有的天地创生观，其背景与盘古神话相关联。① 也就是如古文中所说：“元气蒙鸿，萌芽兹始。遂分天地，肇立乾坤。启阴感阳，分布元气。乃孕中和，是为人也。”（《绎史》第一所引《五运历年纪》）

（三）日本神话与道教的关联

在日本学者中间，有主张日本神道的记纪神话起源于道教的人。②

比如作为与道教的思想、观念相关的问题，象征天皇权威的“镜、剑宝器”、神道、KAMUNAGARA 之道的表现，天皇作为现人神的说法；论证大祓的祝词源于道教思想的文章，黄泉之国、常世之国的说法；天照大

① 关于盘古神话的日本方面的研究有高木敏雄著《比较神话学》（秀英舍、1904 年、第151—177 页），广畑辅雄著《盘古说话和记纪神话》［《汉文学会会报》（24），1965 年 6 月］，广田律子著《中国起源之神——盘古》［《神奈川大学国际经营论集》（37），2009 年 3 月］等。

② 主要的论文有福永光司《天皇和真人》，上田正昭《古代信仰和道教》，上山春平《天皇制和祭祀》（都被《道教と古代の天皇制》所收，德间书店、1978 年），福永光司著《鬼道与神道》［驹泽大学《宗教学论集》（10），1980 年 12 月］，同《天皇与道教》（《泊园》第 23 号，1984 年 6 月），同《古代日本和江南的道教》（《東アジアの古代文化》45—47 号 1985—86 年）等。

神与须佐之男命誓约中的“清明”观念，等等，不胜枚举。

同时，道教的仪礼也是神道的祓禊、祓除仪式的由来之处。日本的天御中主神、高御产巢日神、神产巢日神以及宇摩志阿斯诃备比古迟、天之常立、伊邪那岐、伊邪那美等，其原型均取自道教之神。

从道教文献引用、复制的神话有伊邪那岐、伊邪那美神婚神话中的天之御柱、伊邪那岐的禊神话，天照大神、须佐之男命、月读命的三贵子诞生神话，神武东征传说的八咫乌等。同时，伊势神宫及各处神社的建筑与道教的道观有相似之处。

以上所述，虽然可说明神道与道教有很多类似之处，但是如果放到历史大背景来看，日本当时尚未形成独自体系的文字，当时的日本能使用的文字，只有汉字。因此，如果想要记载日本宗教的状况及神话的时候，与其说使用不“怪力乱神”的儒家文献，还不如采用在5世纪中期已经形成教团形态，具备宗教文献（道藏）道教的用语。

同样的历史现象在中国也发生过，比如佛教刚传到中国的时候，佛教的“觉悟”被翻译成道家的重要概念的“道”等中国本土宗教的概念。这在历史上被称为格义佛教，上述现象也都是在文化移植的初级阶段所常见的。

二　日本的天孙降临神话与神社

（一）与天孙降临神话关联的诸神

在世界各国古代神话中出现的诸神，当下还与现地人们的生活密切相关的例子并不多见。然而，目前日本各地还保留着诸多天孙降临的神话以及基于各种神话传说的神社。

日本神道中占据重要位置的天孙降临神话的概略如下。

1. 天孙迩迩艺命降临苇原中国

天照大神命令自己的孩子天忍穗耳命降临苇原中国，并授予其统治权。但是，在天忍穗耳命准备降临之际迩迩艺命出生了，天照大神就命令其孙迩迩艺命从天而降，统治苇原中国。

迩迩艺命得到了象征统治权的三种神器及斋庭稻穗，降临在筑紫日向高千穗峰。

2. 三神诞生（火照命、火远理命、火须势理命）

迩迩艺命与山神大山津见神之女木花之佐久夜毗卖相遇，娶其为妻。但是，因为木花之佐久夜毗卖一夜之交就怀孕了，迩迩艺命怀疑不是自己的孩子。木花之佐久夜毗卖为证明所怀为迩迩艺命之子，将产殿点燃，在大火之中生了三个孩子。他们分别是火照命（海幸彦）、火远理命（山幸彦）、火须势理命三神。

3. 海幸彦与山幸彦

火远理命（山幸彦）想与其兄火照命（海幸彦）交换猎具和渔具，其后虽然借到了火照命的渔具，但是一条鱼都没有钓到，连鱼钩都弄丢了。火远理命（山幸彦）听从盐椎神的建议去了海神宫。

火远理命（山幸彦）与海神之女丰玉毗卖结婚。三年后，火远理命（山幸彦）想起丢失鱼钩的事情，拜托海神寻找后在鲷的喉部发现了钓钩，火远理命（山幸彦）将其拿回故乡，还给了火照命（海幸彦）。

4. 鹈草葺不合命的诞生与神武东征

丰玉毗卖怀孕后为了生产来到了人世。火远理命（山幸彦）为了迎接妻子的生产打算建造产屋，但还没有来得及用鹈羽毛装修屋顶时孩子已经诞生，于是这个孩子被命名为鹈草葺不合命。

丰玉毗卖因为在生产的时候显示了鲛的原形并被火远理命（山幸彦）看见，于是便回到了海里。为了养育其子，丰玉毗卖派遣其妹玉依毗卖来到人间。此外，鹈草葺不合命娶其姨母玉依毗卖为妻，生了四个孩子。其中最小的孩子叫丰御毛沼命，他也被称为神倭伊波礼毗古命。神倭伊波礼毗古命为使苇原中国保持和平，从日向国向东进行了远征，这就是神武东征的传说。

（二）祭祀及与天孙降临神话关联的诸神的神社

日本现在大约有 79000 座神社，各神社根据其祭神可分为稻荷社（伏见稻荷大社等）、天满（天神）社（太宰府天满宫等）、八幡社（宇佐八幡宫等）、神明社（伊势神宫等）等类别。如同前文所述，日本记纪神话中出现的诸神至今依然在全国各地被祭祀，人们时刻都能感受到诸神的存在。

将日本神话中从神代最后的五代，到人皇之初的神武天皇[①]与天孙降临神话关联的神社，进行归纳后，如表1所示。

表1　与天孙降临神话关联的诸神及其祭祀的神社

诸神名称	日语读法	所属神社
天照大神	amaterasuomikami	伊势神宫
天忍穗耳尊	amenootsipomiminomikoto	英彦山大神宫
琼琼杵尊	niniginomikoto	雾岛神宫
彦火火出见尊	hikohohodeminomikoto	鹿儿岛神宫
鹈草葺不合命	ugayafukiaezunomikoto	鹈户神宫
神日本磐余彦尊	kamuyamatoiwarehikonomikoto	宫崎神宫

上述六神至今仍是日本神道的主要祭祀对象。

（三）日本主要的神社

1. *伊势神宫*

伊势神宫是祭祀日本皇室祖先天照大御神的神社。神社原本安置在皇居内，是在皇宫内殿被祭祀的神。但是，第10代崇神天皇的时候，神社从天皇大殿被移到外面祭祀，到第11代垂仁天皇的时候，倭姬命寻找到了合适祭祀之地，后迁址、镇座于现在的三重县伊势市。

伊势神宫分为内宫和外宫。内宫祭祀着天照大御神，而外宫的主祭神是为天照大御神提供食物的丰受大御神。[②]《延喜式神名帐》（成立于927

① 与天孙降临神话相关的诸神名称根据其所揭载书籍各异。表1所见诸神的异称如下。
天照大神：《古事记》天照大御神，《日本书纪》大日孁贵；天忍穗耳尊：《古事记》天之忍穗耳命，《日本书纪》天忍穗耳尊、正哉吾胜胜速日天忍穗耳尊、天忍穗根尊、天忍骨命；琼琼杵尊：《古事记》天迩岐志国迩岐志天津日高日子番能迩々芸命、日子番能迩迩芸命；《日本书纪》琼琼杵尊、天津彦彦火琼琼杵尊、天津彦火琼琼杵尊、天大耳尊、火琼琼杵尊、天津彦国光彦彦火琼琼杵尊、天国饶石彦火琼琼杵尊、天饶石国饶石天津彦火琼琼杵尊；彦火火出见尊：《古事记》火远理命、天津日高日子穗穗手见命、日子穗穗手见命，《日本书纪》彦火火出见尊、火折尊、火折彦火火出见尊、火火出见尊；鹈草葺不合命：《古事记》天津日高日子波限建鹈草葺不合命，《日本书纪》正文彦波潋武鸬鹚草葺不合尊、彦波潋武鸬鹚草葺不合尊；神日本磐余彦尊：《古事记》神倭伊波礼毗古命、若御毛沼命、丰御毛沼命，《日本书纪》神日本盘余彦尊（神武天皇）、磐余彦尊、狭野尊、神日本磐余彦尊、磐余彦火火出见尊、神日本磐余彦火火出见尊。

② 各神社主祭神的神名根据各神社的规定而定。

年）中将其记载为“太神宫”。[①]

神道与佛教是有所不同的。最为明显的特征就是，神宫的神事都是由神职人员举行的。

在神宫的周围有读诵佛典、演奏舞乐取悦于神的神宫寺及法乐舍。但是在神宫内，神道与佛教有着明确的隔离，神宫的神事都由神职人员举行。神宫周围的与佛教关联的寺院、佛堂在明治维新“弃佛毁释”的时代都被破坏废弃了。

伊势神宫在当代神道中依然具有无比崇高的地位。比如2019年，天皇在进行退位礼之前和即位礼之后，都亲自前往伊势神宫进行了奉告，这也就是所谓亲谒之仪。[②]

2. 英彦山大神宫

镇座于九州北部的福冈县田川郡添田町英彦山的英彦山大神宫，其主祭神为天照御神之子——正胜吾胜胜速日天之忍穗耳命。天之忍穗耳命是太阳神天照大神之子，原本被表述为“日子”（太阳之子），后来改为“彦、英彦”的汉字。“正胜”的意思是正义之胜，“吾胜”是胜我之义，“胜速日”是迅速取胜之神的意思，“忍穗”义为稻穗丰硕，其中“耳”是尊称，表现用丰硕的稻穗的丰饶灵缠绕在身上的样子。

在记纪神话中，天之忍穗耳命原本应该受天照大神之命降临统治苇原中国，但是因为琼琼杵尊的出生，天之忍穗耳命将其职位让给了琼琼杵尊。

英彦山显著体现了神佛习合的习俗，因而被称为彦山（英彦山）三所权现。

从平安时代以后，日本的诸神因佛、菩萨为救日本的众生以变装的形态展现在众人面前（权现），因此也被称为本地垂迹思想，在众多的有名的神社中，神社的诸神被设定为本地佛。英彦山的诸神中，天之忍穗耳尊为阿弥陀如来，伊邪那岐命为释迦如来，伊邪那美命为千手观音。

英彦山在全盛期时，据说有僧3000余人。以灵仙寺为中心，座主支配

---

① 被记载入《延喜式神名帐》的神社称为式内社。一般也是指在10世纪初期即被确认为镇座的神社。

② 平成天皇在2019年4月18奉告退位，令和今上天皇在11月23日奉告即位，与此相随的重要仪式——大尝祭也同时结束。

全山，如同佛教寺院一样。但是，在明治维新时期，灵仙寺被废改为英彦山神社，座主变为大宫司之神职。

3. 雾岛神宫

位于九州岛南部鹿儿岛县雾岛市的雾岛神宫，祭祀着替代天之忍穗耳命降临苇原中国的琼琼杵尊。琼琼杵尊的正式名称为天饶石国饶石天津日高彦火琼琼杵尊，“饶石”代表繁荣，而“火琼琼杵”则义为稻穗丰收，在日本神话中被称为日向三代最初之神。

雾岛神宫中同时还祭祀着与天孙降临神话有着深切关联的木花咲耶姫尊、彦火火出见尊、丰玉姫尊、鸬鹚草葺不合尊、玉依姫尊、神日本磐余彦尊。

雾岛神宫的背后高耸着灵峰高千穗峰。《古事记》及《日本书纪》中所记载的琼琼杵尊从天而降之地就是这里的高千穗峰。山顶上有“天之逆鉾”的景观，山峰崇高、秀丽。

雾岛山麓有被称为雾岛六所权现的场地，围绕雾岛山建有神佛习合典型的神社，到江户时代为止，还有各自的别当寺，非常繁盛。别当寺支配着神社，神社的神事多由别当或由社僧以佛式进行。

现在的雾岛神宫旧称“西御在所雾岛六所权现社”，是真言宗华林寺的别当寺。华林寺境内有着祭祀本地佛、十一面观音的本地堂及多宝塔、护摩堂等，后因1866年萨摩藩废佛政策而成为废寺。

4. 鹿儿岛神宫［式内社（鹿儿岛神社）］

镇座地在鹿儿岛县雾岛市。传说从天而降的迩迩艺命娶了山神大山津见神之女木花之佐久夜毗卖。迩迩艺命与木花之佐久夜毗卖所生的是火远理命，也就是彦火火出见尊。鹿儿岛神宫奉彦火火出见尊与其妻鹈草葺不合命所生丰玉比卖命为主祭神。

“彦”之义为了不起的男子，“火火出”之义为火焰，尊是对神灵的尊称。火或是火焰旺盛的神灵之义，另一方面也为穗或是穗旺盛的神灵之义。稻的灵格体现为稻穗越沉越显神通。

火远理命（彦火火出见尊）是日向三代之中的第二代之神。

到江户时代为止，有过曾作为别当寺的东叡山宽永寺末的天台宗寺院弥勒院。弥勒院是明治维新时神佛分离之际的废寺，该寺的遗迹地现为宫内小学。学校的周围有弥勒堂遗迹及弥勒院的墓地。

5. 鹈户神宫

镇座于宫崎县日南市面向太平洋、日向滩的海蚀洞。

主祭神为日子波潋武鹈草葺不合命。《日本书纪》正文中称其为鹈草葺不合命。神名之义为：在渚边的产屋用鹈羽装饰屋顶还没有完成的时候就出生的勇武之神。

火远理命（山幸彦）向长兄火照命（海幸彦）借了钓钩却丢失了，在盐椎神的劝导之下去了海神的宫殿，在那里，火远理命跟海神之女丰玉毗卖结了婚。回到地上的火远理命（山幸彦）打算为怀孕了的丰玉毗卖准备生产的产屋，但是还在用鹈羽装饰屋顶的时候，孩子已经出生，那个孩子被命名为鹈草葺不合命。鹈草葺不合命也被称为日向三代的第三代神。

直至江户时代末期，此处有一个被称为鹈户山大权现、吾平山、仁王护国寺的寺院，至明治维新止，鹈户山大权现管理了鹈户山全体 59 代的别当。由于明治维新时期的神佛分离运动，仁王护国寺 12 坊被废而成为今天的鹈户神宫。

6. 宫崎神宫

镇座地在宫崎县宫崎市，神日本盘余彦尊作为主祭神被祭祀。鹈草葺不合命和玉依姫命作为相殿神被祭祀。

以鲛的原形生子的丰玉毗卖因为被火远理命（山幸彦）看见回到了大海里。为了养育其子鹈草葺不合命，其妹玉依毗卖被派遣到了人间。鹈草葺不合命以其姨母玉依毗卖为妻，所生四子中最小的孩子就是神日本盘余彦尊（神倭伊波礼毗古命）。神日本盘余彦尊从日向国向东进行远征，在大和国橿原即位并成为初代神武天皇。这也就是所谓神武东征传说的由来。

根据传说，宫崎是初代天皇、神日本磐余彦尊（神武天皇）的皇宫所在之地。社传记载是神武天皇之孙健盘龙命为祭祀神武天皇而创建。到江户时代为止被称为神武天皇社（宫），神佛习合的历史不是很明确。

明治维新后神社完成整修，但是现在的大规模整修则是在 1940 年完成的。

以上六社虽然现在是所在区域比较大的神社，但是在《延喜式神名帐》可确认的神社只有伊势神宫和鹿儿岛神宫。各社的社传中都记载了它们源于远古时代。但是，在史料中可考据确认的内容并不多。

三 结语

综上所述，关于日本神道与神话的特点可归纳为以下三点。

第一，日本是一个充满神话传说的国家，神话中的诸神隐身于国民的日常生活中，与国民同在。

第二，在日本宗教界，神社与寺院分离，这是在约 150 年前由政府强制推行的“社寺分离”造成的。之前则是基于神话而诞生的神社，与从中国传来的佛教寺院相互习合的状态。

第三，现在在日本的神社里被祭祀的诸神都是基于神话传说而来的。

（赵刚* 译）

* 赵刚，中国社会科学院日本研究所副研究员。

先秦神话传说的政治意涵

田嵩燕*

每一个民族的文明源头处，都会产生神话。神话代表了初民对自己身在其中的这个世界的认识和想象，也包含着人类对自身的起源和身份以及人类与外部世界的关系的最初理解。随着文明的演进，原始神话被不断加工改写，内容越来越贴近于人和历史本身，由此便衍生出各种传说。① 神话传说是解读人类早期文明的基本材料，其中蕴含着丰富的历史和文化信息。本文的主题，就是通过对中国先秦时期的始祖神话、英雄神话、圣王神话等不同类型的神话传说的分析，探究中国传统政治的一系列重要观念的起源。

一　始祖神话

始祖神话是关于民族起源的神话传说，广泛存在于世界各地区各民族。中国汉族地区的始祖神话之典型代表，如殷民族先祖契、周民族先祖后稷、夏朝第一位君主禹之生平事迹，在各种古代典籍中都有记载。在这些神话与历史纠缠杂糅的记载中，汉民族的始祖或者王朝创始人都被描述为生而灵异，具有神秘的超自然力量所赋予的神性。这种与生俱来的“神性”首先来自他们特殊的诞生方式——“感生”。

---

* 田嵩燕，中共中央党校（国家行政学院）文史教研部教授。

① 鲁迅在《中国小说史略》中说：“神话大抵以一‘神格’为中枢，……迨神话演进，则为中枢者渐近于人性，凡所叙述，今谓之传说。”历史地看，从“神话”到“传说”确实有一个演进过程，但在大量的具体材料中，二者并非判然两分，而是一种杂糅交织的关系。因此，本文“神话传说”合论，不做细分。

（一）感生：神性的来源

所谓“感生”，是指女性并未与男性交合，而是或感应，或目睹，或接触，或吞食某种动物、植物、无生命物等，竟神奇地怀孕生子。感生几乎是各民族始祖神话的标准模式。

据《诗经》记载，殷民族先祖契是天帝派一只玄鸟（燕子）来留传的后代：

> 天命玄鸟，降而生商，宅殷土芒芒。①

朱熹对此做了详细的解释：

> 高辛氏之妃，有娀氏女简狄，祈于郊禖。鳦遗卵，简狄吞之而生契。其后世遂为有商氏，以有天下。②

《吕氏春秋》则从另一个角度讲述了这个故事：

> 有娀氏有二佚女，为之九成之台，饮食必以鼓。帝令燕往视之，鸣若谥隘。二女爱而争搏之，覆以玉筐，少选，发而视之，燕遗二卵，北飞，遂不返。③

这些关于殷始祖诞生的记述，具体细节虽略有不同，但核心内容是一致的：殷民族的始祖契是天帝派玄鸟（燕子）来留传的后代。所以，契被后世子孙尊称为“玄王”。④ 简狄吞燕卵而生契的感生神话后来被司马迁写进了《史记·殷本纪》，由此成为正史。⑤

---

① 《诗经·商颂·玄鸟》。

② 朱熹：《诗集传》。

③ 《吕氏春秋·音初》。

④ 《诗经·商颂·长发》：“玄王桓拨，受小国是达，受大国是达。”朱熹注：“玄王，契也；玄者，深微之称。或曰，以玄鸟降而生也。”

⑤ 《史记·殷本纪》：“殷契，母曰简狄，有娀氏之女，为帝喾次妃。三人行浴，见玄鸟堕其卵，简狄取吞之，因孕生契。”

周人的先祖后稷（弃）的诞生同样神奇。《诗经》是这样记载的：

厥初生民，时维姜嫄。生民如何？克禋克祀，以弗无子。履帝武敏歆，攸介攸止。载震载夙，载生载育，时维后稷。①

后稷是姜嫄踩了天帝的脚印感应而生。后稷的神性不仅体现于感生，更体现于他出生之后的一系列神奇现象。后稷出生时，形如肉球，② 姜嫄以为怪异，所以准备抛弃他。但是，神奇的事情发生了：

诞寘之隘巷，牛羊腓字之。诞寘之平林，会伐平林。诞寘之寒冰，鸟覆翼之。鸟乃去矣，后稷呱矣。③

牛、羊、大鸟都保护被抛弃的后稷，使得姜嫄意识到了后稷的非同寻常，所以又将他带回家抚养。但因为起初想抛弃他，所以起名为“弃”。这一感生神话同样被完整地载入《史记·周本纪》。④

夏禹的诞生故事也是一个典型的感生神话。《世本》中记载：

禹母修己，吞神珠如薏苡，胸坼生禹。⑤

《三家注史记》的记载也基本相同：

父鲧妻修己，见流星贯昴，梦接意感，又吞神珠薏苡，胸坼而生禹。⑥

---

① 《诗经·大雅·生民》。

② 《诗经·大雅·生民》：“先生如达。”朱熹注：“达，小羊也；羊子易生，无留难也。”后世学者进一步解释说：羊子易生是因为胞衣完整，形如肉球，后稷出生时也是一如胞胎之肉球，所以“如达”。

③ 《诗经·大雅·生民》。

④ 《史记·周本纪》：“姜原出野，见巨人迹，心忻然说，欲践之，践之而身动，如孕者，居期而生子。”“姜原以为神，遂收养长之。初欲弃之，因名曰弃。”

⑤ 《世本·帝系》。

⑥ 《三家注史记·夏本纪》。

另一种关于禹的感生神话来自《吴越春秋》：

> 鲧娶于有莘氏之女，名曰女嬉，年壮未孳，嬉于砥山，得薏苡而吞之，意若为人所感，因而妊孕，剖胁而产高密。①

此外还有禹母吞石珠而有孕生禹的说法，不一而足。

上述感生神话都是意在说明，本民族的始祖并非凡子，而是来自天帝、星宿等超自然力量，具有神性。这些看似不经的神话叙事有着明显的政治意涵，即通过构建本民族神圣的历史起源，树立统治者的神性权威，从而为其奠定政治合法性基础。是所谓“宠神其祖，以取威于民”。② 感生神话的创作者通过神化先祖来构建政治合法性，把人与“天”“帝”的神秘联系作为人间政治权威的来源，其中已蕴含着“君权神授”“受命于天”的观念，中国传统政治中源远流长的“天命观”正是由此发端。因为感生神话具有如此鲜明的政治意涵和政治功能，所以后世帝王屡屡制造此类神话以神化自己或先祖，如秦人始祖，汉代刘邦，前秦苻坚，宋代太祖赵匡胤、太宗赵光义，清代满族始祖等等，都有堂而皇之载入史册的感生神话。

（二）父系血统：正统性的来源

不同于感生神话以母亲为中心展开叙事，始祖神话的另一种类型，是以父亲为中心的。在这类神话中，母亲的形象淡化、地位下降，父亲的身份则至关重要，尤其强调父系血统的明确传承。为了彰显父亲的中心地位，父亲甚至可以替代母亲拥有生育功能。

一个典型的例子就是“鲧复（腹）生禹”的神话。关于大禹的诞生，古籍历来有“母生说”与“父生说”两种记载。③ “母生说”是典型的感生神话，前文已述。“父生说”则更具奇思妙想。《山海经》中这样记载：

---

① 《吴越春秋·越王无余外传》。

② 《国语·楚语下》。

③ 《竹书纪年》《世本》《史记》等书持“母生说”，《山海经》《归藏》《楚辞》等书持“父生说”。

洪水滔天。鲧窃帝之息壤以堙洪水，不待帝命。帝令祝融杀鲧于羽郊。鲧复（腹）生禹。帝乃命禹卒布土以定九州。①

《归藏》的描述情节更为丰富：

鲧殛死，三岁不腐，副之以吴刀，是用出禹。②

《楚辞》的说法也基本相同：

永遏在羽山，夫何三年不施？伯禹腹鲧，夫何以变化？③

在这些古籍的记述中，鲧因盗窃息壤被杀于羽山，但精神不死，因而身体三年不腐。不但如此，鲧的腹中还孕育了禹，禹是鲧的血脉、精神，以及治水事业的继承者。显而易见，鲧腹生禹的神话，强调的是父系血统的传承。

对父系血统的高度重视，使得后世史家对早期的始祖神话进行了相当程度的改写，并且以父系传承为中心精心编排了上古帝王的世代次序。例如，司马迁在《史记》中把吞玄鸟之卵而生契的简狄，感应天帝之脚印而生后稷的姜原（嫄），以及放勋（尧）和挚的母亲，一起安排成了帝喾四妃。

殷契，母曰简狄，有娀氏之女，为帝喾次妃。④
周后稷，名弃。其母有邰氏女，曰姜原。姜原为帝喾元妃。⑤
帝喾娶陈锋氏女，生放勋。娶娵訾氏女，生挚。⑥

---

① 《山海经·海内经》。
② 《归藏·启筮》。
③ 《楚辞·天问》。
④ 《史记·殷本纪》。
⑤ 《史记·周本纪》。
⑥ 《史记·五帝本纪》。

按照《史记·五帝本纪》叙述的上古帝系：五帝（黄帝、颛顼、帝喾、尧、舜）是一家系，皆为姬姓，颛顼是黄帝之孙，帝喾是黄帝曾孙，尧是第五代孙，舜是第六代孙。禹是颛顼之孙，黄帝第四代孙，建立夏朝之后，独立为姒姓；商之始祖契为帝喾次妃简狄所生，也是黄帝第四代孙，姓子；周之始祖弃为帝喾正妃姜原所生，也是黄帝第四代孙，姓姬。因此，五帝是夏商周共同的祖先神灵。[①] 其中，周的始祖姓姬，这实际上是暗示了周王朝的正统性。

司马迁所整理的上古帝系与同时期的其他著作可相互参证。成书于西汉末至东汉中期的《大戴礼记》如是记载：

> 少典产轩辕，是为黄帝。
>
> 黄帝产玄嚣，玄嚣产蟜极，蟜极产高辛，是为帝喾。
>
> 帝喾产放勋，是为帝尧。
>
> 黄帝产昌意，昌意产高阳，是为帝颛顼。
>
> 颛顼产穷蝉，穷蝉产敬康，敬康产句芒，句芒产蟜牛，蟜牛产瞽叟。
>
> 瞽叟产重华，是为帝舜；及（又）产象敖。
>
> 颛顼产鲧，鲧产文命，是为禹。
>
> ……
>
> 帝喾卜其四妃之子，而皆有天下。上妃有邰氏之女也，曰姜嫄氏，产后稷；次妃有娀氏之女也，曰简狄氏，产契；次妃陈锋氏之女也，曰庆都氏，产帝尧；次妃娵訾氏之女也，曰常仪氏，产帝挚。[②]

从《史记·五帝本纪》与《大戴礼记·帝系》关于上古帝系的记述中可以看到，始祖神话从以母系为中心发展到以父系为中心，体现的正是从先秦至秦汉时期中国传统政治观念的发展变化。以父系为中心的始祖神话，更为强调父系血统的传承，实际上也就是在强调父系血统与政治合法

① 《史记·五帝本纪》。

② 《大戴礼记·帝系》。有学者认为，司马迁是据《大戴礼记·帝系》才写出了《五帝本纪》。无论《五帝本纪》和《帝系》孰先孰后，都说明司马迁关于上古帝系的记述并非一家之言，而是已经有着相当范围的共识。

性的关系。将父系血统确认为政治合法性的重要来源，直接影响了中国传统政治的一系列重要观念和制度设计的产生，包括以父系为中心的祖先崇拜，以血缘为基础的宗法观念，以及以父权为基础的国家、社会权力架构等等。我们回溯源头就会发现，中国传统社会绵延数千年的父权帝系政治架构的基本要素，在先秦时代的始祖神话中就已初露端倪。

二　英雄神话

英雄神话，是关于上古时代具有超凡力量、做出重大贡献的英雄人物的神话传说。这些英雄人物，或能够为本民族之发展进步做出重要的创造发明，或能够抵御灾害、对抗外敌，救生灵于涂炭，他们为维护族群利益做出了重大贡献和牺牲，因此他们能以其伟大精神和丰功伟业获得民众的拥戴和感念，他们的形象和故事也经世代传诵、层层累积，凝结而成一个个承载民族记忆的英雄神话。中国上古时代曾产生了大量的英雄神话，以下仅以神农、后稷、黄帝为例说明此类神话的政治意涵。

（一）神农

神农即上古时代“三皇”之一的炎帝。神农是农业之神、医药之神，他的诸多创造发明为上古时代的社会进步发展做出了巨大的贡献。据说神农诞生之时就出现了神异的现象，他的诞生地周围涌出了九眼井，并且水道相连。

> 神农既诞，九井自穿……汲一井则众水动。①

多种古代典籍记载，神农教会了人类种植五谷，使人类社会从狩猎时代进入到了农耕时代。同时，为了利于耕种，他还发明了农具，制作了耒耜。因为他对农业的发展贡献巨大，所以被尊称为“神农”。

> 古之人民皆食禽兽肉，至于神农，人民众多，禽兽不足，于是神

① 《水经注·漻水》。

农……教民农作，神而化之，使民宜之，故谓之神农也。[①]

神农之时，天雨粟，神农遂耕而种之……然后五谷兴助，百果藏实。[②]

包牺氏没，神农氏作，斫木为耜，揉木为耒，耒耨之利，以教天下。[③]

神农不仅对于古代农业的发展有开创之功，对于医药的发明也居功至伟。据说，他为了辨识百草的药性，亲尝草药，一日中毒七十次之多。

尝百草之滋味，水泉之甘苦，令民知所避就。当此之时，一日而遇七十毒。[④]

除了农业和医药以外，神农还有很多创造发明，比如，他创设了交易市场，[⑤] 还发明了弓箭、乐器、陶器等等。总之，神农仁心爱民，他所有的创造发明都是为了促进人民的幸福安康，他是中国英雄神话中典型的“慈父型”人物。

（二）后稷

英雄神话中的另一位农耕文明的代表是周人先祖后稷（弃）。据《山海经》记载，后稷自天降百谷之种，发明创造了农耕技术，后来后稷的侄子叔均继承了他的事业，并且将之发扬光大。

有西周之国，姬姓，食谷。有人方耕，名曰叔均。帝俊生后稷，稷降以百谷。稷之弟曰台玺，生叔均。叔均是代其父及稷播百谷，始作耕。[⑥]

---

① 《白虎通·号》。
② 《绎史》卷四。
③ 《易·系辞下》。
④ 《淮南子·修务》。
⑤ 《易·系辞下》载：“日中为市，致天下之民，聚天下之货，交易而退，各得其所。”
⑥ 《山海经·大荒西经》。

后稷能令百谷降于人间，足以证明其神性。不过后稷的形象之所以饱满生动，主要是因为他更多地体现着人性。在《诗经》的描述中，后稷是一个务农的行家里手，他能够辨明土质，挑选良种，及时刈除杂草，播种谷物。因为他的精心劳作，谷物长势喜人，大获丰收，足以颐养家室。

诞后稷之穑，有相之道。茀厥丰草，种之黄茂。实方实苞，实种实褎。实发实秀，实坚实好。实颖实栗，即有邰家室。①

后稷教导百姓掌握了农耕技术，提高了人们的生活水平，促进了社会的进步发展。在人民的心目中，大禹平定水灾，使人间恢复安宁；后稷"俾民稼穑"，使大地丰收富饶，后稷是和大禹一样伟大的英雄。

黍稷重穋，稙稚菽麦。奄有下国，俾民稼穑。有稷有黍，有稻有秬。奄有下土，缵禹之绪。②

"稷"是古代重要的粮食作物，号称"百谷之长"，"弃"之所以被尊称为"后稷"，正是为了彰显他在农业生产方面做出的巨大贡献。后稷也因此被后世奉为谷神，成为农业社会最重要的神祇之一，受历代祭祀。

（三）黄帝

黄帝乃五帝之首，是上古时代华夏民族的共主。关于黄帝的神话传说数量颇为繁多，司马迁在考证选检这些神话传说之后，为黄帝作了一部简史：

生而神灵，弱而能言，幼而徇齐，长而敦敏，成而聪明。轩辕之时，神农氏世衰。诸侯相侵伐，暴虐百姓，而神农氏弗能征。于是轩辕乃习用干戈，以征不享，诸侯咸来宾从。而蚩尤最为暴，莫能伐。炎帝欲侵陵诸侯，诸侯咸归轩辕。轩辕乃修德振兵，治五气，蓺五

① 《诗经·大雅·生民》。

② 《诗经·鲁颂·閟宫》。

种，抚万民，度四方，教熊罴貔貅貙虎，以与炎帝战于阪泉之野。三战，然后得其志。蚩尤作乱，不用帝命。于是黄帝乃征师诸侯，与蚩尤战于涿鹿之野，遂禽杀蚩尤。[①]

从司马迁的记述来看，黄帝的主要功绩有二：第一，炎帝德衰之时，黄帝与之大战于阪泉之野，大获全胜，最终取而代之；第二，蚩尤[②]作乱之时，黄帝与之大战于涿鹿之野，擒杀蚩尤，得以平定天下。黄帝之所以能够战胜炎帝和蚩尤，表面上看是因为军事上更为强大，内在的深层次原因是黄帝能够通过“治五气，蓺五种，抚万民，度四方”获得经济优势，树立政治权威。

所谓“治五气，蓺五种”，是说黄帝研究四时节气变化，种植“黍、稷、菽、麦、稻”五种农作物。[③] 前文已述，在上古社会，农耕技术对提高经济发展水平，保障人类社会存续至关重要。黄帝能够“治五气，蓺五种”，说明已经掌握了成熟的农耕技术，因此他的部落也就处于较高的经济发展水平。经济上的优势地位，为黄帝部落的崛起奠定了物质基础，也成为黄帝战胜炎帝、平定蚩尤的有力支撑。

所谓“抚万民，度四方”，是说黄帝能够安抚人民，平定四方。统治者能够让人民安居乐业，社会和平安定，这是政治清明的表现，也就是司马迁所说的“修德”。黄帝内修政德，使得天下归附，人心安顿，说明黄帝获得了广泛的拥护和认同，已经树立起了牢固的政治权威。与已经“德衰”的炎帝和暴虐作乱的蚩尤相比，黄帝在政治上的优势自不待言，这是他能够战胜炎、蚩，一统天下的政治基础。

黄帝是一统天下的英雄，也是为生民造福的英雄，后世流传黄帝有诸多重要的创制发明，如推算历法，兴文字，作干支，发明水井、车辆、房屋、锅甑、冕旒等等。他的臣子们的创造发明也很多，据《世本》记载：雍父作杵臼，共鼓、货狄作舟，挥作弓，牟夷作矢，[④] 胡曹作冕，伯馀作

① 《史记·五帝本纪》。

② 据说蚩尤是炎帝的子孙。《路史·后纪四·蚩尤传》载：“阪泉氏蚩尤，姜姓，炎帝之裔也。”

③ 传说神农氏仅能种植黍、稷，而黄帝则能种植多种粮食作物。

④ 见《世本》茆泮林辑本。

衣裳，夷作鼓，尹寿作镜，巫彭作医，巫咸作铜鼓，伶伦作律吕，隶首作算数，仓颉制文字，史皇作图，[1] 等等。黄帝和他的臣子们几乎包揽了上古时代所有重要的文化、技术发明，他们是推动历史进步、文明昌盛的文化英雄。

从以上关于神农、后稷、黄帝的神话传说中我们可以看到，英雄神话的叙事也包含着“生而灵异”的情节，但已不再刻意渲染英雄们在血缘上如何高贵，如何有神性。与感生神话不同，英雄神话的叙事重心是强调英雄们创造了何等的丰功伟业，以及如何为生民造福、遗泽后世。在叙事重心转移的背后，实际上是政治观念的转换发展：在神性、血缘之后，能力、功绩成为政治合法性的重要来源。

突破神性、血缘的单一标准，以统治者的功绩、贡献，是否能够为生民造福来考量其政治合法性，显然是历史的巨大进步。如果用现代政治学的观念来解释，就是绩效合法性的重要性开始凸显。进一步讲，对绩效合法性的强调，实质上是对民心民意的重视，是对民众认同的追求，是把民心民意看作一个政权的执政之基，正所谓“民为邦本，本固邦宁”。由此看来，中国政治思想中源远流长的民本主义传统在英雄神话时代就已萌发。

三　圣王神话

圣王，就是上古时代以德行著称的伟大君王，家喻户晓者如尧、舜、禹。关于尧、舜、禹的传说大量见载于各种中国传统经史典籍，因而长期以来已被认同为正史。不过以今天的眼光看来，尧、舜、禹传说其实是一种典型的政治神话——圣王神话。

（一）尧

尧是有德之君，他的德行首先体现于“俭”。据《韩非子》记载，尧在生活上极端简朴，穿的是粗布衣，住的是茅草屋，吃的是糙米饭，喝的是野菜汤，衣食住行比之守门小官尚且不如。

---

① 见《世本》张澍稡集补注本。

尧之王天下也，茅茨不翦，采椽不斫，粝粢之食，藜藿之羹，冬日麑裘，夏日葛衣，虽监门之服养不亏于此矣。①

尧自己的奉养如此俭薄，他对民众的生活却念念在心，他认为天下民众如果吃不饱、穿不暖、有罪行，国君就要反思自己的责任。

尧存心于天下……有一民饥则曰此我饥之也，有一人寒则曰此我寒之也，一民有罪则曰此我陷之也。②

作为君王的尧，似乎并未建立什么惊天动地的功业，尧在位期间还经历了大旱灾，自然也算不得太平盛世。但尧俭朴自律，仁德爱民，所以百姓视之为“父母日月”。秦汉时期的很多典籍都对尧的德行赞美有加：

尧有德，干戈不用三苗服。③

尧眉八彩，九窍通洞，而公正无私。④

后世各种神话志怪古籍还记载了很多尧在位期间出现的祥瑞，以此佐证尧的仁德：

尧为仁君，一日十瑞。宫中刍化为禾，凤凰止于庭，神龙见于宫沼，历草生阶，宫禽五色，鸟化白，神木生莲，萐蒲生厨，景星耀于天，甘露降于地。是为十瑞⑤

尧在位七十年，有鸾雏岁岁来集，麒麟游于薮泽，枭鸱逃于绝漠。⑥

---

① 《韩非子·五蠹》。

② 《说苑·君道》。

③ 《荀子·成相》。尧为国君时，南方部族“三苗”作乱。《吕氏春秋》记载：“尧战于丹水之浦以服南蛮。”但《荀子》说尧不用干戈，当然是为了强调尧是有德之君，所以能以德服之。

④ 《淮南子·修务》。

⑤ 任昉：《述异记》卷上。

⑥ 《拾遗记》卷一。

尧作为有德之君的最高尚的行为，是他没有把君位传给自己的儿子丹朱，而是传给了贤德的舜，由此开启了儒家最为崇尚的君权传承模式——“禅让制”。“禅让制”是否真实存在于历史，尧是主动传位还是被迫让位，迄今见仁见智。但从政治哲学的角度来看，“禅让制”中所蕴含的“天下为公”“选贤与能”的政治原则，代表着数千年来中国传统政治的最高理想。从现实的角度来看，这一套尚贤的政治原则不仅是一种深入人心、传之久远的政治理想，事实上也深刻影响了后世现实政制的选择与安排。

（二）舜

舜也是著名的有德之君，与尧不同的是，他的德行首先体现于“孝”。据说舜幼年丧母，父亲瞽叟（瞽瞍）另娶妻生子。舜的父亲、后母、弟弟都品性不良，“父顽、母嚚、象傲”，他们不能善待舜，但是舜一直对父亲孝心不改，对弟弟友爱有加。《史记》中记载，舜的孝名远播，闻达于尧，所以尧考虑将舜培养为自己的接班人。他先是把两个女儿嫁给舜，又派自己的九个儿子去和舜共同生活，借以考察舜是否真的有德行和才干，同时尧还赐予舜各种财物。可是瞽叟却总是想加害于舜。

> 舜年二十，以孝闻。三十，而帝尧问可用者，四岳咸荐虞舜，曰可。于是尧乃以二女妻舜，以观其内；使九男与处，以观其外……尧乃赐舜絺衣与琴，为筑仓廪，予牛羊，瞽叟尚复欲杀之。①

舜的父亲瞽叟和弟弟象屡次欲置舜于死地，但舜总能够化险为夷，并且对待弟弟始终友爱如初。《孟子》绘声绘色地记载了这段故事：

> 父母使舜完廪，捐阶，瞽瞍焚廪。使浚井，出，从而揜之。象曰：“谟盖都君咸我绩，牛羊父母，仓廪父母，干戈朕，琴朕，弤朕，二嫂使治朕栖。”象往入舜宫，舜在床琴。象曰：“郁陶思君尔。”忸怩。舜曰：“惟兹臣庶，汝其于予治。”……象忧亦忧，象喜亦喜。②

---

① 《史记·五帝本纪》。

② 《孟子·万章章句上》。

舜经历的诸多考验，都证明了他的确是一个贤德之人，所以尧最终决定传位于舜。但是舜非常谦恭，他一再避让于尧之子丹朱，可是天下人都拥戴舜而不拥戴丹朱，所以舜不得已才登上天子位。

> 尧崩，三年之丧毕，舜避尧之子于南河之南，天下诸侯朝觐者，不之尧之子而之舜；讼狱者，不之尧之子而之舜；讴歌者，不讴歌尧之子而讴歌舜，故曰，天也。夫然后之中国，践天子位焉而居尧之宫。①

舜继位之后，对父亲瞽叟依然恭敬孝顺，并且封弟弟象为诸侯，象也终于被舜的宽大仁厚所感化。舜年老以后，也没有传位给自己的儿子商均，而是挑选了治理洪水有功于人民的禹做继承人，这也可见舜的大公无私。综合舜的一生事迹来看，作为君王的舜，他的“德”远超于“绩”，他最突出的特点就是仁德宽厚，所以《史记》说：“天下明德皆自虞帝始。”可以说，从尧、舜时代开始，“德”已经成为评判君王的第一标准。

（三）禹

禹以治水有功而载入史册。据说尧的时代，曾发生一场历时长久的大洪水，人民深受其苦，天下鸟兽横行，人烟稀少。

> 当尧之时，天下犹未平，洪水横流，泛滥于天下，草木畅茂，禽兽繁殖，五谷不登，禽兽逼人，兽蹄鸟迹之道交于中国。②

尧忧心忡忡，征询四岳谁可治理洪水，四岳推荐了鲧，可是鲧治水九年而无功。

> 帝曰：“咨！四岳，汤汤洪水方割，荡荡怀山襄陵，浩浩滔天。

---

① 《孟子·万章章句上》。

② 《孟子·滕文公章句上》。

下民其咨，有能俾乂？”佥曰：“於！鲧哉。”帝曰：“吁！咈哉，方命圮族。”岳曰：“异哉，试可乃已。”帝曰：“往！钦哉。”九载，绩用弗成。[①]

鲧之所以治水失败，是因为他用了“堙”和“障”的方法，[②] 也就是用泥土堵塞洪水，结果洪水越涨越高。后来舜派禹去治理洪水，禹改用疏导的方法，[③] 终于平息了洪水。

关于禹的神话传说类型多样，他的出生故事是典型的感生神话，他的治水事迹又可归入英雄神话，不过儒家典籍更强调禹作为“圣王”的品质。孔子曾这样赞美大禹：

禹，吾无间然矣。菲饮食而致孝乎鬼神，恶衣服而致美乎黻冕，卑宫室而尽力乎沟洫。禹，吾无间然矣。[④]

这显然是一个克己奉公、敬天爱民、心系天下的仁德之君的形象，这样的人当然是民心所向，天命所归。因此，舜选择了禹作为自己的继承人。不过禹仍然以谦恭的态度避让舜之子，可是人民都拥戴禹而不拥戴舜之子。

舜荐禹于天，十有七年，舜崩，三年之丧毕，禹避舜之子于阳城，天下之民从之，若尧崩之后不从尧之子而从舜也。[⑤]

禹老年之后，依循尧舜故事准备传位给益。可是禹之子启非常贤明，而益辅助禹的时间短，对人民的恩泽少，所以人民不拥戴益而拥戴启。

禹荐益于天，七年，禹崩，三年之丧毕，益避禹之子于箕山之

① 《尚书·尧典》。
② 《尚书·洪范》“鲧堙洪水”。《国语·鲁语上》“鲧障洪水”。
③ 《国语·周语下》：“伯禹念前之非度，厘改制量……疏川导滞。”
④ 《论语·泰伯》。
⑤ 《孟子·万章章句上》。

阴。朝觐讼狱者不之益而之启，曰："吾君之子也。"讴歌者不讴歌益而讴歌启，曰："吾君之子也。"……启贤，能敬承继禹之道。益之相禹也，历年少，施泽于民未久。舜、禹、益相去久远，其子之贤不肖，皆天也，非人之所能为也。莫之为而为者，天也；莫之致而至者，命也。①

孟子的这番解释，不仅为禹为何传位给启做了辩护，更重要的是，孟子提出了一个观点：谁能够继承君位，不是个人选择的结果，而是"天""命"所决定的。尧、舜、禹、启能有天下，都是天命所归。

在这里我们看到，先秦儒家的天命观与殷商时代的天命观有了很大的不同。在殷商时代，"天""帝"代表的是某种超自然的神秘力量，君王必须要通过与"天"的联系确立其神性权威。但在先秦儒家的天命观中，天命所归的君王，一定是有德之君，君王必须以人格、德行的力量确立其道德权威。君王具有了德行的力量，才能获得天命的青睐，是所谓"皇天无亲，惟德是辅"。先秦儒家对德行的强调，说明此时道德权威已经高于神性权威，成为政治合法性的重要来源。尧、舜、禹之所以被神化为中国圣王神话的图腾，正是因为他们的道德光辉足以"以德配天"。

四　结语

从上述关于始祖神话、英雄神话、圣王神话的分析中可以看到，先秦神话传说孕育了中国传统政治中的一系列重要观念。

第一，神性、血缘、绩效、道德都是重要的合法性资源，先秦时代的君王们就已深谙此理，后世王朝的统治者更是各取所需，运用自如。一般而言，一个新王朝的开创者都会强调自己是"天命所归"。他们对于"天命"的解释，或者借用神话、祥瑞、谶纬等来强调其神性权威，或者以"仁德爱民"强调其道德权威。相较而言，强调道德权威、尊崇德行，是历代儒家尊奉的正统观念，其重要性及对后世的影响远超各种"怪力乱神"的政治神话。所以，王朝的继承者也不能仅仅靠血缘（如嫡长子身

① 《孟子·万章章句上》。

份）来证明其正统性，还必须以“有德”和“有为”来证明其合法性。概而言之，中国传统政治更为重视道德和绩效对合法性的支撑。

第二，对道德和绩效的重视，实质上就是对统治者的德行和能力的强调。从中国传统政治的发展来看，虽然君位的传承在禹之后就由“家天下”取代了“公天下”，但官僚集团的选拔、评价却越来越强调“选贤与能”，并且在制度安排上日益完善。“选贤与能”理念的深入人心及其制度化，使得包括君王和各级官僚在内的整个统治集团都以德行和能力作为选人用人的核心指标，这当然有力地支撑了政治的稳定和王朝的延续。

第三，统治者的德行，并非一种抽象的道德标准，而是一系列具体的施政理念和措施。在先秦儒家的观念中，有德之君最重要的一条标准就是“仁政爱民”。君王能够行仁政、爱人民，才能人心所向、得道多助、天下顺之。[①] 赢得了民众的拥戴，也就赢得了天命的青睐，因为“天视自我民视，天听自我民听”。[②] 在孟子的论述中，民心、民意事实上已经成为政治合法性最重要的基石。

第四，当民心、民意成为获得“天命”的决定性力量，那么，政权的转移、王朝的兴替就都得到了合理的解释：得民心者得天下。一代又一代旧秩序的挑战者们也总是打着“解民倒悬”“替天行道”“有道伐无道”的旗帜，为造反、革命论证其合理性。由此，儒家的“天命观”就成为了解释中国传统王朝循环更替的一个自洽而稳定的理论框架。

---

① 《孟子·公孙丑章句下》。

② 《孟子·万章章句上》。

中国的传说与日本的祭礼

川岛将生[*]

日本京都，正如这座城市的名字所表示的那样，从延历十三年（794）到庆应四年（1868）是日本的首都。延历十三年，京都（时称平安京）建城时，受到了唐朝长安、洛阳等中国都城的影响。[①] 本文拟从传说和祭礼入手，探讨京都和中国河南省在历史上的关联和交流。

在日本各地，有许多祭礼历史悠久并传承至今。2016 年，举办地范围北到青森县，南到九州的 33 件“山、鉾、屋台行事”一起被列入联合国教科文组织非物质文化遗产名录。

“山、鉾、屋台”，以饰有各种装饰的屋台[②]（被称为山车）游行为特征，[③] 而这些装饰物的制作多从日本和中国的故事、传说中取材，从中可以看出中国和日本交流之密切。本文将以延续至今的京都祇园祭为例，探讨中国的传说和日本祭礼的具体关系。

一　京都的祇园祭

每年 7 月，在京都八坂神社（八坂神社曾被称为祇园社或是祇园感神

---

* 川岛将生，日本立命馆大学名誉教授。

① 平安京，之前学界认为该城是以长安为原型建造的。现在，则多从大和国（现奈良县）的藤原京中寻找其原型。另外，平安京是未完成的古城。

② 屋台是祭礼等活动中的游行车辆，饰有装饰，载有舞者或演奏者。——译者注

③ 植木行宣所著《山、鉾、屋台之祭——风流的开花》（白水社、2001 年），是这一领域综合性的研究著作。根据此书考证，日本现存的山、鉾、屋台的祭礼超过 1500 个，在这些祭礼上巡游的山车、鉾车、屋台的数目有 7000—8000 辆。

院[①]）都会举行祇园祭。祇园祭古称祇园御灵会，其目的是祛除疫病。关于御灵会，最早的史料记载可以追溯到《日本三代实录》中所记贞观五年（863）五月朝廷举办的御灵会，但并不能认定它和祇园御灵会有直接关系。据八坂神社的社志记载，祇园祭的起源时间可以追溯到贞观十一年（869），[②] 此外还有多种说法，但可以认为它是日本历史最悠久的祭礼之一（下文统称为祇园祭）。祇园祭是日本三大祭之一，本已被单独列入联合国教科文组织的非物质文化遗产名录。之后，它又和其他32个祭礼一起，再次被列入保护名录之中。

祇园祭，按照举办“行事”的主体不同可分为两大类。其一是以神社为主体举行的“行事”，也就是神事；其二是由信奉祇园社的信者（氏子），以居住地町为单位，单独举办的“行事”。在神社举办的诸多神事中，规模最大的是将三台神舆（a portable shrine）从神社送至位于神社外的神舆暂时安置所（称御旅所）的“神舆渡御”和一周后举行的把神舆从安置所迎回神社的“神舆还幸”。而信者所举办的活动主要是“山鉾巡行”。

“山鉾巡行”是在“神舆渡御”和“神舆还幸”当天举行，它是祇园祭的最高潮。“山鉾”，尤其是“鉾”车，还要围绕信者所住的区域（氏子圈）巡行以祛病除灾。据文献考证，14世纪以后就已经出现了类似于我们现在在祇园祭上所看到的“山鉾”。到了15世纪，每年有数十辆由各町制作的“山鉾”参加巡行。后来，经过种种变迁，现在还余33辆。

虽然前文将其统称为“山鉾”，但是“山”车和“鉾”车是有区别的。“山”车依靠人力肩挑背扛，而“鉾”车上则载有被称为“真木”的供神灵降临的装置（即依代），不靠人力抬，而是装有车轮被牵引前行。此外，“鉾”车上还载有供演奏“祇园囃子”的人员所乘坐的囃子方台。是否载有“真木”，是“山”车和“鉾”车最大的区别。每一辆“山鉾”，

---

① 正殿的祭神是以素盏鸣尊为首的十三尊神佛。其中，素盏鸣尊曾和牛头天王相融合（日语写作习合——译者注）。牛头天王是祇园精舍的守护神，为渡来神，疫病的镇守神，因此成为了祈求疫病清消的祇园祭祭神。另有14世纪祇园社神官所著的《簠簋内传金乌玉兔集》（该书主要以日时方位的吉凶禁忌为主，简称《簠簋内传》）中记载，牛头天王还曾和盘古神相融合。

② 《二十二社注式》中记载祇园御灵会的起始时间是元禄元年（970），13世纪的《社家条々记录》则记为天延二年（974），除此之外还有多种说法。

都有一个主题。特别是“山”车，每年，制作“山”车的町都会商量当年的制作主题。15世纪下半叶，制作主题基本固定下来，而这些固定下来的名称也都留有记录（下文将探讨其具体事例）。制作主题多选自故事或传说。源自日本故事和传说的“山鉾”固然最多，但目前保留下来的33辆中，有8辆主题选自中国的故事和传说。8辆中2辆（“孟宗山”和“郭巨山”）来自中国的二十四孝，余下的孟长（尝）君、白乐天等则来自《史记》或其他中国故事。下文将围绕具体事例进行分析。

二　菊水鉾和菊慈童

祇园祭中有名为“菊水鉾”的“鉾”车。① “菊水鉾”这一名称，得名自古时町内的一口水井。但是，“鉾”车主题取材自能乐剧目《菊慈童》（亦称《枕慈童》），所以“鉾”车正面放置有菊慈童的人偶，“真木”中间放置有彭祖像。

能乐剧目《菊慈童》是根据14世纪的军记物语《太平记》卷13“龙马进奏事”中的“慈童故事”改编而成。② 由于故事比较重要，故引用原文的主要部分如下。

> 慈童事周穆王，有宠，常伴王侧。一日，慈童欲越王席，误跨王枕。群臣议之，以旧例，其罪非浅。然虑其过失，故恕其死罪，处以流放。王未能拒群臣之议，故将慈童流于南阳郡郦县深山。郦县，距帝都三百里，山深鸟不鸣，云暝虎狼伏，入此山者无生还矣。王愈怜慈童。王有释迦传法偈八句，密授慈童普门品法偈两句，命其每朝十方顶礼唱诵。慈童流至深山，遵王命，每朝唱诵。因恐忘却，故记于菊叶之上。既而有露汇为溪流，其水成灵药。慈童饮之，极甘美，另

---

① “鉾”由车轮、屋台和屋台上的“真木”构成。“鉾”车（含“真木”）的高度约为25米，重约12吨，由30—40人牵引前行。

② 能乐剧目《菊慈童》的创作时期不详，据能乐研究者天野文雄考证：“作者不详，16世纪初《自家传抄》记载为金春禅凤所作的《慈童》可能是其原曲。”［参见天野文雄著《能乐手贴》（角川智慧文库、2019年）］。另外，“菊慈童”的名称只是能乐诸流派中观世流的叫法，金春、宝生、金刚、喜多流称之为“枕慈童”。

有天人献花，鬼神侍奉，遂不惧虎狼，羽化成仙。下流之民三百余家，饮之皆得上寿。时过境迁，八百年岁月，慈童仍少年之姿，不见衰老。魏文帝时，慈童易名彭祖，传帝长寿之术。文帝传菊花之缶，以祈万年寿，今为重阳之宴。

故事大意是：传说周穆王有一侍童，名慈童，深受宠爱。因误从周穆王枕上越过，被贬至郦县深山。被流放后，慈童受王命每早诵读《普门品》的经文。为了不遗忘经文，慈童将经文写在菊花叶子上，从菊叶上滴落下来的露水成为了灵水，饮用了灵水的村民300余家均无病无灾，活到了百岁。① 慈童在此后的800余年，不见衰老，仍保有少年之姿。后来，慈童改名为彭祖，将长生之术传于魏文帝。文帝习得此术后，传下菊花之缶，之后演变成重阳宴。

菊水的传说是和重阳节有关，这一点不言自明。“菊水鉾”得名于町内的菊水井，然而菊水井的名字也是以这个传说为依据的。这个传说可以说是九月九日重阳节祈祷长寿这一习俗的来源，同时也是神仙思想。

经伊藤正义考证，② 慈童传说可能早在14世纪《太平记》成书前就由佛僧等传入日本。据他考证，在《太平记》成书之前的《天台御即位法》(神宫文库藏) 等文献中也可见到几乎同样的记载。在伊藤正义的研究基础上，阿部泰郎指出“真言宗僧人赖瑜在1260年所著的《真俗杂记》中有一节名为‘郦县菊水事’，文中虽未出现菊慈童的名字，但记载了周朝五代穆王和其侍童的故事”。③ 可见菊慈童的故事，早在《太平记》成书前的13世纪中叶就已经传入日本。

传说中的郦县，位于河南省内乡县东北，传说由菊叶滴下来的露水汇流成河的灵水，也就是菊水，是流经南阳市的河流白河的支流。综上所述，菊慈童的传说发生于南阳市附近。这一传说在13—14世纪时传入日

① 据中村乔《中国岁时史研究》(朋友书店、1993年、第386—387页) 考证，后汉末应劭所著《风俗通》中记为“三十余家”。

② 参见伊藤正义《慈童传说考》(《国语国文》第49卷11号、通卷555号、1980年)。其论文主要论述了以能剧“菊慈童”为代表的诸多传统艺能。

③ 参见阿部泰郎《慈童传说的形成——以天台即位法的成立为中心》(上・下)，(《国语语文》第600号、601号、1984年) 和《神秘的灵童——以儿物语和灵山之缘起为中心》(载《澡堂的皇后——中世的性和神圣之物》，名古屋大学出版社，1998年)。

本，之后演变为能乐剧目《菊慈童》，为“菊水鉾”所传承。除了祇园祭，日本各地还存有若干以菊慈童为主题的“山”车，例如熊本县八代市的八代妙见祭中的“伞”鉾中，就可见该题材。

三　重阳宴和王权

菊花是中国原产的植物，日本本来没有，所以《古事记》《日本书纪》《万叶集》这类日本最古老的文献中没有菊花的存在。菊花在史料中出现，大概是京都成为日本首都（794 年）之后的事了。

如前文所述，菊慈童的传说传入日本至少在13 世纪中叶前后，但是菊花所具备的驱邪功能和象征长寿的文化意义应在更早时期就已传入日本。所以，菊慈童传说传入日本的时间，也极有可能随着文献的考证而继续提前。

最能够体现菊花具有驱除邪气这一功能的活动就是菊花宴。朝廷虽在九月九日举办重阳宴（菊花宴），但据平安后期大江匡房（1041—1111）所著的有职故实书[①]《江家次第》[②] 卷 9“九月九日平座”一栏记载“上卿着左仗座，令藏人奏可给二侍臣菊酒由”，并注有“可停节会由，前日被仰下，仍存其由，进申请也，进例虽不被仰件由，彼例可申也”。可见到了平安后期，大江匡房也已不完全了解菊花宴的历史发展经过和变迁。

13 世纪中原师光（1206—1265）所著的《师光年中行事》[③]“九月九日”一栏下，先是引用了《日本书纪》天武十四年（685）九月壬子“天皇宴于旧宫安殿之庭，是日，皇太子以下至于忍壁皇子，赐布各有差”的记载，此处未见菊花宴或重阳宴的文字表述。但随后《师光年中行事》所引用的文献就是出自弘仁年间（9 世纪上半叶），也就是京都成为首都后平安时期的文献了。

那么，是否就可以认为菊花宴始于平安时期呢？学界虽仍有不同意见，但大多数学者认为，8 世纪末期菊花宴虽作为宫廷仪式存在，但直至9

① 有职故实，义为做事必问遗训，而取其对者之义，即日本历代朝廷公家、武家的法令、仪式、装束、制度、官职、风俗、习惯的先例及其出处的研究。——译者注

② 参见《增订故实丛书》17。

③ 参见《续群书类从》第 10 辑上。

世纪下半叶才传承固定下来。嵯峨天皇（786—842）敕撰的汉诗集《文华秀丽集》[①] 中，录有仲雄王汉诗《奉和重阳节书怀》一首：

> 寰中农时涝旱事　帝念黔首不登年　强乘客檐文雄罢　却□伶人侍乐悬。
>
> 菊浦早花霜下发　荷潭寒叶水阴穿　灾不胜德古来在　况乎神衷辅自天。

另有野岑守所作《奉和卧病重阳节之作》一首收录其中。

由此可见，当平安时期公家政权进入平稳期时，菊花宴就已作为朝廷仪式固定下来。换言之，这一仪式是从 9 世纪开始固定举行的，这说明此时菊花可以驱邪并象征长寿的文化意义已经传入日本，且至少已在公家社会得到普及[②]。此外，以喜爱菊花而著称的后鸟羽天皇（1183—1198 年在位）之时，菊花开始作为日本皇室的纹章固定下来。

四　郭巨山和孟宗山

下文将探讨“郭巨山”和“孟宗山”。[③] 正如开篇部分所述，京都的祇园祭中，除了“菊水鉾”之外，还有数辆“山鉾”的主题和中国的传说相关。“郭巨山”和“孟宗山”就是其中之一。“山”车由人肩挑背扛，

---

① 参见《群书类从》第 8 辑“文笔之部”。

② 由朝廷举办的菊花宴，之后也并非一直持续举办，没有间断。根据 14 世纪后醍醐天皇所著《建武年中行事》九月九日项所记，重阳宴中断许久，鸟羽天皇（1107—1123 年间在位）时期，就已经不举办了。九月九日重阳宴的前一天，在内宫庭院种植菊花，在菊花上覆盖菊棉（也称被棉）。经过一晚，菊棉上沾满了菊花的露水。九日早晨，用沾满菊花露水的菊棉擦拭皮肤以求长寿。朝廷还会赐下菊酒，还举办延寿祓恶的仪式。后来，这一仪式不仅在宫廷，还在武家幕府延续了下来。该仪式刚开始在宫廷举办时的情形，因史料缺乏尚不明确。但据 15 世纪的史料记载，重阳节时，负责给宫廷和幕府进献菊花的是在身份上饱受歧视的下等阶层，正是这些最下等阶层人民的劳动满足了天皇、将军祈祷长寿和健康的精神需求。

③ “山”车除了个别情况之外，基本上没有车轮和“真木”，巡行时由十五六人至二十四五人肩挑背扛，重量约为 1.5 吨。

未载有“真木”。[①]“郭巨山”和“孟宗山”是源自在中国各类孝子传中出现的郭巨和孟宗的故事。

郭巨其人，家贫，乃至时缺母食，为了节省口粮，郭巨欲将其三岁的儿子活埋。正当他挖土时，见到黄金一釜，上云“天赐孝子郭巨”。“郭巨山”就是源于这个故事。

郭巨是东汉时期河南温县人，也有学者认为他是更晚时期的人。郭巨的故事最早见于刘向《孝子传》。刘向是公元前77—前6年人，《太平御览》所载的逸文刘向《孝子传》也没有确为刘向所写的证据，所以也有学者认为其成书可能在六朝早期。[②]

但是郭巨的故事出现和流传时期相当早。据黑田彰考证，美国明尼阿波利斯美术馆所藏的4—6世纪魏朝的石棺上，就刻有郭巨的图画和“孝子郭巨赐金一釜”[③]的文字，所以可以认为，公元1世纪初郭巨的故事就已经出现并流传开来。

孟宗（即孟仁）的故事大意如下。孟宗病中的母亲想吃竹笋，当时正值寒冬，并非竹笋生长的季节，但是孟宗还是前往竹林寻找。此刻冰雪突然消融，出现了大量竹笋，孟宗母亲吃后得以痊愈并颐享天年。孟宗（？—271）即孟仁，荆州江夏郡人，曾师从河南省南阳李肃。

郭巨和孟宗，虽然传记中均多有不明之处，但是公元后不久，这类孝子故事就在中国社会流传开来，到了4世纪北魏时期，石棺上就已刻有此类故事。赵超[④]所指出的“《晋书》之后，在官方编纂的史书中首次出现了孝子传的专门类别”的情况，就是在这样的社会背景下产生的。

日本有大量关于孝子传的先行研究，难以总括其全貌，且本文的目的

---

① 但是“北观音山”“南观音山”这两辆“山”车，不用人力，而是像“鉾”车一样装有车轮，并载有演奏囃子的人。和“鉾”车有着几乎相同形态的“山”车虽为少数，但依旧存在。这种“山”车上也没有“真木”。

② 参见黑田彰《孝子传图研究》（汲古书院、2007年）。除该书外，黑田彰还著有《孝子传研究》（思文阁出版、2001年）一书。另有中岛和歌子的《四系统的孝子传·郭巨传说——兼论中古·中世时期的受容》（载于《语学文学》39、2001年），将郭巨传说分为四个系统进行了详细分析。

③ 参见黑田彰《孝子传图研究》（汲古书院、2007年）。书中还附有陕西历史博物馆所藏、8世纪时期“三彩四孝塔式缶”的彩色照片，上刻有“郭巨为母生埋儿共妻抱儿将向田中穿得深三尺妻更交深一尺取得天赐黄金赠之是为孝也”。

④ 参见赵超为黑田彰《孝子传图研究》一书所写的序文。

在于探寻中国的传说和日本祭礼的具体关系。另外，笔者认为日本学者的孝子传研究，多集中在中国的孝子传给日本文学带来了何种影响上。

五　日本孝子谈的受容

8世纪后期成书，日本现存历史最悠久的和歌集《万叶集》中，已收录有受中国孝子传影响的和歌。《万叶集》卷16“竹取翁歌”（第3791番歌）就是一例。原文由万叶假名[①]书写如下：

古部之　贤人藻　后之世之　坚监将为迹　老人矣　送为车　持还来。

译为“古人亦若然，故有箴世传。送老至荒山，谏父还其车”。[②]

早有学者指出这首和歌是和“孝孙原谷”的故事密切相关。[③]“孝孙原谷”讲述了这样一个故事：原谷的父亲不孝，想和原谷一起把他的父亲，即原谷的祖父扔到深山中。当原谷把用来载祖父的推车拿回来时，原谷的父亲斥责他为何要拿回来，原谷说，我已经知道作为人子会把自己的父亲扔进深山，等你老了，我也要用这辆推车把你扔进去。原谷父亲听了以后幡然醒悟，将祖父又接回家中奉养。正如诸多先行研究所指出的那样，这首和歌是以“孝孙原谷”的故事为背景，甚至可以说没有这个故事，就没有这首和歌。这说明，至少在8世纪时，中国的孝子故事就已经传入日本。到了9世纪中叶，《养老令》的注释书《令集解》[④]中，就已经收入了以“孝子顺孙”“孝孙原谷”“孟宗”为代表的若干孝子故事。

9世纪上半叶成书的日本最早的佛教故事集《日本灵异记》，[⑤] 984年

① 万叶假名是古代日本将汉字用作表音文字来表示日语的一种文字。

② 钱稻孙：《万叶集精选》，上海人民出版社2012年版。原译为“送老至荒沙”。——译者注

③ 工藤茂《姨舍传说探讨——从异文化交流的角度》（《别府大学亚洲历史文化研究所报》15号、1997年）。

④ 私撰的注释书，据说全书共50卷，现存35卷，收录于《新订增补国史大纲》。

⑤ 正确名称为《日本国现报善恶灵异记》，景戒著。有822年成书一说，但实际成书时间不明。

成书的《三宝绘词》，以及12世纪下半叶成书的《宝物集》这些佛教故事书中，已经收录了从中国传入的诸多孝子谈。在这类佛教相关书籍中，据考证，已经出现了后来“二十四孝”中十四人的故事。① 可见，在8—9世纪，中国的孝子谈已经较为深入地渗透到了日本知识分子阶层中。

（一）孝子谈在民间的普及

这些孝子故事是如何从知识分子阶层普及到被统治阶级的广大民众，乃至后来成为祇园祭的“山鉾”主题，这是本文要研究的关键问题。这一方面，难以寻求直接的史料证明，但这些孝子谈很可能是在11世纪以后，在佛教向民众布教的过程中逐渐传播开来的。

据德田进的统计，8—13世纪日本书籍中出现的中国孝子，孟宗16例，郭巨8例，丁兰7例，董永7例。可以说他们是日本最有知名度的四个孝子。② 另外，虽然具体创作时间不详，但14世纪以后，广受民众喜爱的能乐剧目中就已出现了郭巨的故事。经过这样日积月累的传播普及，至少在15世纪，就已有町人以中国孝子为主题制作“山”车来参加祇园祭了。另外，利用“能”的幕歇时来演出的日本传统艺能“狂言”中，有名为“阄罪人”的曲目，曲目中出现了町人商议“山”车制作主题的场景。到底今年是用龙门瀑布呢，还是用鹊桥呢？众人提出了各种各样的意见。③ 由此可见，在15世纪前后，这一类中国故事已经作为常识性知识扎根于京都市民心中。

（二）《全相二十四孝诗选》和中国禅僧来朝

“二十四孝”这个名称，因元代郭居敬所撰《全相二十四孝诗选》而闻名日本，但这一名称最早出现在《敦煌文书》的《故圆鉴太子二十四孝

① 德田进《孝子传说集研究——以二十四孝为中心》（井上书房、1963年）。

② 德田进《孝子传说集研究——以二十四孝为中心》（井上书房、1963年）。

③ 参见稻田秀雄《狂言中的祇园会风流——以〈阄罪人〉为中心》（《艺能史研究》218号、2017年）。该文研究了狂言《阄罪人》的诸个版本，分析了在该狂言中登场的各种“山”车装饰能否反映出15—16世纪的实际情况。结论指出，根据现存的狂言脚本，难以判定其内容均为当时的现实反映，关于这一点，尚待今后的深入研究。

押座文》中。[①] 桥本草子研究指出"在唐末五代时期就已经汇齐了二十四孝子的故事，当时的佛教讲经僧人很可能是一边指着绘图一边传达教导"。

《全相二十四孝诗选》，和序文中明确显示创作于元至正六年（1346）的《孝行录》不同，成书时间不详。[②] 而二十四孝故事传入日本的时间，有13—14世纪一说。这种情况下，很可能是经禅宗五山僧人注释后普及到民间的。如果这一假设成立的话，加上菊慈童很可能也是同时期传入日本的，就需要结合当时的东亚形势背景加以论述。

这一时期，兰溪道隆、无学祖元、一山一宁、清拙正澄等禅宗名僧，相继从南宋回到日本。村井章介称之为"渡来僧的世纪"。[③] 另一方面，到元朝末期，有超过200位禅僧从日本前往中国，在中国的高僧门下学习。中日之间的交流在这一时期表现得非常活跃。

禅宗和儒教关系密切。例如一山一宁被奉为日本朱子学的创始人，可见当时在禅宗寺院还传授儒教。即使菊慈童传入日本的时间可以追溯到比13—14世纪更早的时间，中国的孝子故事和菊慈童故事，也很可能是在这样的中日交流过程中进一步为禅宗僧人所推广。

上述虽为笔者推论，但最终中国孝子的故事在日本民间广为流传，后来作为祇园祭的"山"车被继承下来。

六 结语

本文主要以日本文献为依据，围绕中国的神话和传说对日本祭礼的影响进行了论述。因论述主要涉及日本古代和中世时期，结语部分将简要论述这些故事之后是如何进一步在日本社会普及并深入民众之中的。

此后，"二十四孝"之所以能在民众中普及，要归功于把"二十四孝"故事进行日本式解读，用假名重新书写的御伽草子版的《二十四孝》。

---

① 桥本草子《〈全相二十四孝诗选〉和郭居敬——二十四孝图研究笔记1》（《京都女子大学人文论丛》43号、1995年）。

② 桥本草子经过史料分析，在论文《〈全相二十四孝诗选〉和郭居敬——二十四孝图研究笔记1》中指出，该书可能成书于1336—1346年。同时，桥本还指出，郭居敬所住尤溪正是朱子的出生地。考虑到儒学和孝子之间的关系，这一论述显得尤为重要。

③ 参见村井章介著《东亚的往来——汉诗与外交》（朝日新闻社、1995年）。

御伽草子，是以16世纪为中心，在日本盛行一时的物语文学，文章简单易读，多配有插图。御伽草子版的《二十四孝》根据《全相二十四孝诗选》的日本版创作而成。二十四个孝子故事和各篇出现的五言诗一一对应，但是故事本身却并非完全一致。[①] 相比之前的汉文版本，以夹杂着假名的文体写出来的御伽草子版的《二十四孝》，更易被广大民众所接受。后来，“二十四孝”故事乘着17世纪出版文化盛行的风潮，为更多的人所喜爱。

17世纪以后的江户时期（德川幕府政权时期），朱子学成为官学，变成了武家社会的必修课，面向庶民的寺子屋[②]等教育机构中也推广儒学的教育，因此“二十四孝”成为人们生活的道德规范得以固定传承下来。

现在还保留的日本各地的祭礼中，有很多源自中国神话和传说的元素，这可能是和15—18世纪，这些故事在日本民众心中打下了深深的烙印有关吧。

（韩旭* 译）

① 参见坪井直子《御伽草子〈二十四孝〉的传说正文探讨——以清原枝贤的研究为中心》（《佛教大学大学院纪要》33号、2005年）。

② 寺子屋，因在寺院教授町人子弟认读书写、算数而得名。17世纪后半叶推广到城市以外的地区，除教授读写之外，还传授儒学等知识。

* 韩旭，中国社会科学院大学日本研究系博士研究生，中国社会科学院大学外国语言文化教学研究中心讲师。

中日神话中的灾害意识

熊淑娥*

一　引言

灾害主要是指由暴风、台风、暴雨、暴雪、洪水、地震、山体滑坡、泥石流、沙尘暴、海啸、火山喷发以及其他异常现象等引起的对人类生命、财产和环境造成破坏的现象或过程。① 灾害具有突发性、颠覆性、不可逆性等特点，严重影响着人类生活和社会秩序。尽管灾害突如其来、不可预测且过程不可逆，但是灾害冲击留下的人类认知以及社会反应，可以在古文献中找到线索。神话便是最好的记录。神话主要讲述的是有关神祇、始祖、文化英雄或神圣动物及其活动的叙事，它解释宇宙、人类（包括神祇与特定族群）和文化的起源以及世间秩序的最初奠定。② 其中，灾害神话的基本主题是自然世界的破坏与人类秩序的重构。

神话是人类文明的记忆，灾害神话承载着一个民族对不幸历史的共同记忆，因此为了寻找文明的共同方向，从跨文化角度研究灾害神话是有必要的。目前国内学界对灾害神话的研究主要聚焦于人类学、社会学、历史地理学、环境史学、管理学和传播学等领域，也有少数学者在跨文化领域

---

* 熊淑娥，中国社会科学院日本研究所助理研究员。

① 参见熊淑娥《从灾难文学透视当代日本社会困境——以第 61 届群像新人文学奖作品〈美颜〉为视角》，《东北亚学刊》2019 年第 6 期，第 124 页。关于灾害、灾难和灾变的概念界定，另可参见闵祥鹏《历史语境中“灾害”界定的流变》，《西南民族大学学报》（人文社会科学版）2015 年第 10 期，第 13—18 页。

② 杨利慧：《神话与神话学》，北京师范大学出版社 2009 年版，第 5 页。

做出了开创性工作。① 值得注意的是，对于如何利用中日神话资源对两国灾害意识进行比较，并分析不同的灾害意识如何塑造不同的灾害文化等问题，仍然有待进一步研究。其实，中国和日本的现存神话中蕴含着丰富的灾害叙事。灾害发生的形式、原因、影响，人类对灾害的认知、应对以及社会秩序的被破坏、恢复是灾害神话的主要内容。中日神话中的灾害叙事，有灾害认知与表达上的相似性，也有民族心理和文化内涵上的独特性。

二 中日灾害神话叙事

当代中日两国自然灾害现象中，地震、台风、洪水和泥石流等是主要灾害形式。中国幅员辽阔，农耕范围广大，干旱也是比较重要的自然灾害。日本位于亚欧板块与太平洋板块交界之处，受两大板块运动影响，容易发生海啸和火山灾害。如果追溯中日两国灾害文化的历史根源，可以从两国古代灾害神话中发现线索。

洪水是中国神话中最常见的灾害类型，也是世界范围内最广为流传的神话故事。根据马克·埃萨克（Mark Isaak）公布的《世界各地洪水故

① 近年国内主要研究有：王鑫：《妖怪、妖怪学与天狗：中日思想的冲突与融合》，社会科学文献出版社2019年版；〔日〕山田仁史：《蟹与蛇：日本、东南亚和东亚之洪水和地震的神话与传说》，王立雪译，《民俗研究》2018年第6期；杨利慧：《世界的毁灭与重生：中国神话中的自然灾害》，《民俗研究》2018年第6期；张多：《灾害的神话表征——“大禹治水”的景观分布及减灾表述》，《民俗研究》2018年第6期；徐海亮、轩辕彦：《龙山时期黄河下游灾害——大禹治水文化的自然背景》，《中原文化研究》2017年第1期；李永祥：《灾害场景的解释逻辑、神话与文化记忆》，《青海民族研究》2016年第3期；王海燕：《从神话传说看古代日本人的灾害认知》，《浙江大学学报》（人文社会科学版）2014年第4期；杜涛：《灾害与文明：中西洪水神话传播比较》，《前沿》2012年第16期等。

日本主要研究有：大林太良『神話学入門』、筑摩書房、2019年；山口えり「日本古代の国家と災害認識」、新川登亀男編『日本古代史の方法と意義』、勉誠出版、2018年；佐藤健・佐藤喜代・戸田芳雄「出雲神話『スサノオとヤマタノオロチ』を用いた防災教材に関する研究開発：自然の災害と恩恵の二面性からの追究」、『安全教育学研究』14巻1号、2014年7月；松村一男『神話思考Ⅱ地域と歴史』、言叢社、2014年；石井正己編『震災と語り』、三弥井書店、2012年。鈴木佑記「創られた災害——洪水神話から出来事としての〈津波〉へ」、『地域研究』Vol. 11 No. 2、2011年3月；陳志勤「中国江南地域の紹興周辺における治水神信仰治水——治水に関する神話伝承を中心として」、櫻井龍彦編『東アジアの民俗と環境』、金壽堂出版、2002年；仲田誠「合理的災害・神話的災害：災害観と人間観」、『哲学・思想論集』第25号、2000年3月。

事》，在全世界180多个国家和地区发现了7609725个洪水故事。[①] 在中国部分收录了最为有名的“共工怒触不周山”和女娲补天神话。中国学者统计结果显示，目前我国41个民族中流传着568个洪水神话故事。[②] “共工怒触不周山”和女娲补天、大禹治水、后羿射日并称中国四大神话，其中三个是与洪水有关的灾害神话。

大禹治水是中国最具代表性的灾害神话。《山海经·海内经》记载：“洪水滔天，鲧窃帝之息壤以堙洪水，不待帝命。帝令祝融杀鲧于羽郊。鲧复（腹）生禹，帝乃命禹卒布土，以定九州。”[③] 灾害具有自然与社会双重内涵，滔天洪水摧毁了鲧禹时代的自然环境和社会环境。大禹治水成功，既划定九州地理，又稳定上古社会秩序。

中国第一部纪传体通史《史记》中也记述了禹的治水事迹。《史记·五帝本纪》：“唯禹之功为大，披九山，通九泽，决九河，定九州，各以其职来贡，不失厥宜。方五千里，至于荒服。南抚交阯、北发，西戎、析枝、渠廋、氐、羌，北山戎、发、息慎，东长、鸟夷，四海之内咸戴帝舜之功。于是禹乃兴九招之乐，致异物，凤皇来翔。天下明德皆自虞帝始。”[④] 《史记·殷本纪》：“古禹、皋陶久劳于外，其有功乎民，民乃有安。东为江，北为济，西为河，南为淮，四渎已修，万民乃有居。”[⑤] 禹通过治水开创君主明德传统，万民从此有安，大禹治水从神话叙事进入历史叙述，进而逐步形成民族灾害叙事。

日本现存最古老的史书《古事记》，成书时间是712年，上卷是神话时代物语，中卷是从神武天皇到应神天皇间的记事，下卷收录仁德天皇到推古天皇间的记事。720年成书的《日本书纪》则使用汉文，以编年体方式记述日本神话时代至持统天皇间的历史。《古事记》《日本书纪》中有大

---

① Mark Isaak, “Flood Stories from Around the World”, May 29, 2018, https://www.curioustaxonomy.net/home/floods.htm [2020—01—05].

② 陈建宪：《洪水神话：神话学皇冠上的明珠——全球洪水神话的发现及其研究价值》，载叶舒宪、李家宝主编《中国神话学研究前沿》，陕西师范大学出版社2018年版，第156页。

③ 袁珂：《中国神话故事》，北京联合出版公司2015年版，第29页。

④ （汉）司马迁撰、（宋）裴骃集解、（唐）司马贞索引、（唐）张守节正义《点校本二十四史修订本　史记一》，中华书局2013年版，第50页。

⑤ （汉）司马迁撰、（宋）裴骃集解、（唐）司马贞索引、（唐）张守节正义《点校本二十四史修订本　史记一》，中华书局2013年版，第126页。

量神话话叙事，因而被称为“记纪神话”。两部文献的共同特点，是从日本列岛起源和天皇统治源流的神话开始，记录王权传承与国家统一的历史。

按照记纪神话叙述，伊邪那岐命、伊邪那美命，即《日本书纪》中的伊奘诺尊、伊奘冉尊男女二神创造了日本列岛和掌管列岛事务的诸神。伊邪那岐命追随因生火神烧伤致死的伊邪那美命赴黄泉国时，身上沾满污秽，便到筑紫日向地方祓禊，在这过程中洗左眼时生出天照大御神，洗右眼时生出月读命，洗鼻子时生出建速须佐之男命。伊邪那岐命分别把高天原委任给天照大御神、夜食国给月读命、海原给建速须佐之男命统治。后来，高天原的统治者天照大御神下达天命，委任其孙日子番能迩迩艺命携带八尺镜、草薙剑和八尺勾玉三种神器到地上统治苇原中国，这个“天孙降临”神话就是日本天皇统治的源流，天照大御神因此被奉为天皇家祖神。

灾害叙事是记纪神话的重要内容。建速须佐之男命即《日本书纪》中的素戋男尊或素戋呜尊，因为性情暴烈、乖张任性，胡作非为时会带来强大破坏力，被日本视为“荒神”，即暴乱之神、灾害神。建速须佐之男命因为不愿意去海原，开始哭闹，“他的哭泣大有将青山哭枯，成为黄山，将河海皆悉哭干之概。以是恶神的声音如五月蝇似的到处起哄，种种灾祸都起来了”。伊邪那岐命大怒，便将其驱逐出高天原。为此，建速须佐之男命去到高天原和天照大御神告别，其时“山川悉动，国土皆震”。[①] 在被驱逐后，建速须佐之男命最终降临的地点是出云国肥河。他发现足名椎命和手名椎命夫妻二神每年都有一个女儿被一条八头八尾的八岐大蛇吞食，便以与国神女儿结婚为条件，答应降伏大蛇。最终建速须佐之男命引诱大蛇醉酒，斩断大蛇后把蛇尾藏的一把神剑献给了天照大御神。

建速须佐之男命降服八岐大蛇是日本洪水神话的一个代表事例。八头八尾大蛇是龙神的化身，龙神据说是以龙的形象住在水中掌管雨水的神，发作时会给人类带来灾难。出云国肥河位于今天日本岛根县斐伊川，根据奈良时代成书的《风土记》复原绘制的古地图，斐伊川自古以来就是一条容易泛滥的河流，上流冲下的泥沙堆积抬升河床，频繁引发洪水，因此，

---

① 〔日〕安万侣：《古事记》，周作人译，上海人民出版社 2015 年版，第 19 页。

在某种程度上可以说这是八岐大蛇神话形成的自然背景。①

除了记纪神话等古文献外，从日本现存的地名变化也可以窥见蛇与洪水、泥石流等灾害神话的联系。2014 年广岛县广岛市安佐南区八木一带遭遇特大洪水，这个地方曾经被称为“八木蛇落地恶谷”，后被改名为“八木上乐地芦谷”，现存地名只剩下“八木”二字。② 其实，日语中蛇与泥石流的读音存在关联，日本人用像蛇一样穿行，即“蛇拔”一词来形容山谷沟壑暴发泥石流时，山体滑坡并携带大量泥沙及石块运动的洪流场景。另外，长野县木曾郡南木曾町读书地区至今保留“蛇拔泽”“蛇拔桥”两个桥名。2014 年附近的梨子泽地区发生了泥石流灾害，“梨子泽”和“蛇拔泽”等地名在明治初期《读书村全图》中均有记载。③ “蛇拔泽”意味着泥石流灾害，而历史上该地区的确屡次遭遇大的自然灾害，桥名是地区灾害记忆的体现。

值得注意的是，不同于中国的洪水神话，日本是地震频发国，同时也是岛国，特殊的地理环境产生了特殊的灾害神话叙事。因为海啸经常伴随地震而来，海啸神话也是日本灾害神话的有机组成部分。日本民俗学家柳田国男是最早注意到冲绳海啸神话的学者，他把当地人称为“海灵”的水生动物命名为“物言鱼”，认为它是海神的化身。明和八年（1771）四月二十四日，当时的琉球王国一带暴发了大海啸，人们认为正是人类对“海灵”不敬的行为引发了海啸。

三　中日灾害解释逻辑

灾害神话叙事与人类对灾害原因的认识有关。神话是灾害的一种解释

① 須藤定久「砂と砂浜地域誌（24）出雲平野と宍道湖・斐伊川の砂」、『地質ニュース』第 671 号、2010 年 7 月、第 41 頁。

② 畑中章宏『天災と日本人——地震・洪水・噴火の民俗学』、筑摩書房、2017 年、第 21 頁。

③ 日本長野県ホームページ「木曽郡南木曽町読書地区蛇抜沢」、https://www.pref.nagano.lg.jp/sabo/manabu/chizu-yomitoku-janukesawa.html［2020—01—07］。关于蛇与洪水、泥石流等灾害的历史传承，另可参见笹本正治『蛇抜・異人・木霊：歴史災害と伝承』、岩田書院、1994 年；小松和彦「洪水怪異伝承の構造と意味」、小松和彦編『進化する妖怪文化研究』、セリカ書房、2017 年。

逻辑，对于水、旱、风、雨、雷、电、火、震等自然灾害，在人类文明早期，各民族对自然灾害原因的认识既有早期文明的共性，也有各自民族的特性。

众神冲突是中日神话对灾害原因的共同解释。中国神话中最为典型的是“共工怒触不周山”故事。《淮南子·天文训》记载：“昔者，共工与颛顼争为帝，怒而触不周之山。天柱折，地维绝。天倾西北，故日月星辰移焉；地不满东南，故水潦尘埃归焉。”① 大意是共工与颛顼争夺天帝之位，共工失败后愤怒地用头撞击不周山，不周山据传是天柱之一，擎天柱被撞断，拴住大地的绳索也断了。于是，天向西北方向倾斜，日月星辰都随之往西北方向移动，大地向东南方向塌陷，江河积水泥沙都流向南角，引发天地异变。

日本创国神话中建速须佐之男命不愿意服从伊邪那岐命治理海原的安排，父子二神的冲突引发了一系列灾害。先是建速须佐之男命上天拜别天照大御神时，使得“山川悉动，国土皆震”，这种描述与地震现象非常相似。接着，建速须佐之男命到达高天原后又开始任性胡闹，感到惊恐的天照大御神于是关闭天之石屋门，闭门不出。高天原、苇原中国因为失去了天光照射，变成永久的黑夜。于是，恶神到处起哄，种种灾祸随之而来。神话是人类童年时代的产物，古希腊神话等西方神话也用众神冲突、天神发怒来解释自然灾害发生的原因，因为早期人类对自然界认识水平低下，在对灾害做出解释时显示出了共同倾向。

中日灾害神话的另一个共性解释，是把灾害原因归结为天或神对人类的惩罚，其中最为典型的是天灾观念。中国古代的天灾既可视为从天而降的自然灾害，也可视为神灵施加的外部灾难，或者是违反天道规律的惩罚。②《山海经·大荒西经》记载了“绝地天通”的故事。天地之间原本有通路，但是蚩尤在下界作乱，背信弃义的做法违背了人神誓约。“颛顼生老童，老童生重及黎，帝令重献上天，令黎邛下地。下地是生噎，处于西极，以行日月星辰之行次。”③ 天帝颛顼命令重和黎两位大神分别抬举和

① 何宁：《淮南子集释》（上），中华书局 1998 年版，第 167—168 页。

② 闵祥鹏：《帝降、天降与天谴：天灾观念源流考》，《世界宗教研究》2018 年第 3 期，第 53 页。

③ 袁珂：《中国神话故事》，北京联合出版公司 2015 年版，第 36 页。

下按天地，断绝天地通路，从此神人无法下地上天。对于中国的天灾观念，汉代董仲舒做出了精辟论述："国家将有失道之败，而天乃先出灾害以谴告之。不知自省，又出怪异以警惧之。尚不知变，而伤败乃至。以此见天心之仁爱人君而欲止其乱也。"①

日本的天灾观念与其神祇信仰有关，认为灾害是神祇作祟的结果，《古事记》《风土记》均有神祇作祟灾害的记载。以《古事记》为例，崇神天皇在位时瘟疫盛行，人民几近绝亡，于是天皇沐浴斋戒，求梦于神，大物主大神现身，说道："这疫病乃是我的意思，去找意富多多泥古（大多田根子）来，给我祭祀，那么神的灾祟不起，国也可以平安了。"②《续日本纪》也曾记载：天平六年（734），大阪大地震时圣武天皇曰"由朕训导不明，民多入罪，责在予一人，非关兆庶"③，进行大赦。中日两国的天灾论和天谴论，都要求人类领袖、国之君主重德守信，当上天或神祇以灾害的方式发出警告时，祭祀就成为人类反省的重要象征，这种灾害原因解释具有东亚文明圈的地域共性。

对于灾害的解释逻辑，中日既有相近的地方，同时也有各自特点。五行说是中国古代灾异的一个重要解释工具。自班固在《汉书》中创立《五行志》以后，天灾地变成为其主要内容。《尚书·洪范》中箕子对武王曰："我闻在昔，鲧陻洪水，汩陈其五行。帝乃震怒，不畀洪范九畴，彝伦攸斁。鲧则殛死，禹乃嗣兴。天乃锡禹洪范九畴，彝伦攸叙。"④ 金木水火土五行是九畴第一畴，尊重五行顺序乃治国安邦第一要务，如果打乱顺序则天地必生异象。《国语·周语上》记载周幽王二年，西周三川皆震，太史伯阳父曰："周将亡矣。夫天地之气，不失其序，若过其序，民乱之也。阳伏而不能出，阴迫而不能烝，于是有地震。今三川实震，是阳失其所而镇阴也。阳失而在阴，川源必塞，源塞，国必亡。夫水土演而民用也。水土无所演，民乏财用，不亡何待！"⑤ 这种用五行学说来解释自然异象，进而与国家兴亡联系起来的思考逻辑，一直为后世所继承。

---

① （汉）班固：《汉书·董仲舒传》，中华书局 1962 年版，第 2498 页。

② 〔日〕安万侶：《古事记》，周作人译，上海人民出版社 2015 年版，第 87 页。

③ 『国史大系第 2 巻　続日本紀』、経済雑誌社、1897 年、第 195 頁。

④ 顾颉刚、刘起釪：《尚书校释译论（第三册）》，中华书局 2005 年版，第 1146 页。

⑤ 徐元诰：《国语集解》，中华书局 2002 年版，第 26 页。

古代日本人对灾害原因的解释中比较有意思的是，认为灾害与佛教行为有关。钦明天皇时期佛教刚刚传入日本，灾害成为拥佛派与排佛派的斗争借口。当时，拥佛派苏我氏祭佛时正值瘟疫流行，排佛派物部氏便指责苏我氏的不当佛事行为带来了灾疫。[①] 天平十九年（747），圣武天皇下诏向各地国司问责，认为国司兴建佛寺不力导致天异地变，灾害频发。当佛教在日本越传越盛，拥佛派占据上风时，事佛不勤、对佛不敬又成为灾害的新解释。其后，孝谦天皇在天平宝字元年（757）废立太子时说："废此，立大炊王。躬自乞三宝。祷神明。政之善恶。愿示征验。"[②] 此时，灾害已然成为是否笃敬佛法的验证。

四　中日灾害意识比较分析

对于人类而言，灾害意味着什么？这是灾害意识研究的基本问题。意识是人类的自觉性思维，在实践层面包括观念、记忆和思想等形式。不同民族、群体和个人对灾害的体验和认识各有差异，形成了不同的灾害意识。需要强调的是，灾害意识与灾害观是一个相近但不相同的概念。灾害观是对灾害的一般性认知，或者说是对灾害的基本观念。相对而言，灾害意识是指对具体的、个别的灾害的认知。本文以神话为考察文本，主要聚焦点是洪水神话，因而采用灾害意识概念作为主要分析对象，同时也涉及中国人和日本人对灾害的基本认知。

神话是"一个道德体系，一种宇宙论，一部历史"[③]，对于宇宙的认识可以为考察中日神话中的灾害意识提供有效的角度。无论是众神冲突，还是天或神对人类的惩罚，把灾害理解为一种颠覆宇宙原有秩序、破坏人类生存环境的力量，是中日两国的基本共识。英语中宇宙有 Cosmos 和 Universe 两个单词，前者指宇宙是一个和谐体系，后者指宇宙包括天地万象。据《淮南子·齐俗训》记载，佚书《尸子》有云："天地四方曰之宇，往

① 平藤喜久「記紀が描く罪と災害」、『宗教研究』86巻4輯、2013年、第116頁。

② 『国史大系第2巻　続日本紀』、経済雑誌社、1897年、第321頁。

③ 〔法〕爱弥尔·涂尔干：《宗教生活的基本形式》，渠东、汲喆译，上海人民出版社2006年版，第358页。

古来今曰之宙。”[1] 宇指一切空间，宙指一切时间，宇宙合起来即为时空的总和。日语中的“宇宙”二字源自中国古典，《日本书纪》将“宇宙”训读为“あまのした”（amanoshita），意思是“天之下”。可以看出，在最初对宇宙的解释中，中国指涉时间和空间，日本主要指涉空间，但都没有秩序的含义。

汉语和日语都有“天”的概念，两国的灾害观念也与对天的理解相关。汉语典籍中，天具有天文、天体、天道、天理、天命、天意等丰富内涵。如同前文“绝地天通”故事所示，神与人可以在天地之间自由往来，人类文明早期天与地是对等的存在。不仅用“天地”二字“结合为词来表示宇宙，这是汉语特有的现象”[2]，天地人三位一体也是中国独特的宇宙观。天灾论、天谴论的字面意思清楚地表明神可以警告和惩罚人类，神是高于人类的存在。当天地断绝通路之后，人神不能相互交流，需要通过祈祷、献祭等手段来安抚神灵。《周礼·春官·大宗伯》曰“掌建邦之天神人鬼地祇之礼”，可以说“天神、人鬼、地祇的三层神灵结构，是三代至少商代已经形成的神灵体系”。[3] 从这个意义上说，灾害是神与人关系不和谐的表现，祭祀是修复神人关系的一种手段。

日语“天”的基本字义是人的上方、上空，多数时候与“空”的字义相互重叠，主要区别在于是否指涉神域，即神空间。日本记纪神话中，众神处于飘浮在海上云间的高天原，人类居住在苇原中国，伊邪那美命死后奔赴地下黄泉国，高天原、苇原中国和黄泉国分别对应天上世界、地上世界和地下世界，构成了日本独具特色的上中下三层神话空间。[4] 古代日本人通过托梦等形式接收神意，祭祀神灵、祈禳灾邪来恢复秩序。前文提到日本灾害观念中存在神灵作祟一说，这种引发自然灾害的神灵被称为“怨灵”。日本全国各地分布着大大小小、祭祀对象众多的神社，其中有不少就是为了镇魂，也就是安抚怨灵而修建的，这些神社是日本灾害观念的一种独特表现形式。

---

① 何宁：《淮南子集释》（上），中华书局 1998 年版，第 798 页。

② 李志超：《中国宇宙学史》，科学出版社 2012 年版，第 23 页。

③ 陈来：《古代宗教与伦理》，生活·读书·新知三联书店 2009 年版，第 106 页。

④ 参见〔日〕山折哲雄《民俗学中的死亡文化——日本人的生死观与丧葬礼仪》，熊淑娥译，社会科学文献出版社 2015 年版，第 46—69 页。

神话是人类文化的基因，也是人类灾害记忆的载体。通常而言，早期人类灾害记忆构建具有口头传承、宗教叙事和祭祀庆典等方式。以大禹治水神话为例，禹采用的疏导治水方式后来被当政者转化为治民手段。《国语·周语上》曰："防民之口，甚于防川。川壅而溃，伤人必多。民亦如之。是故为川者，决之使导；为民者，宣之使言。"① 从灾害记忆的角度来看，大禹治水神话的意义不在于其历史真实性，而在于它所承载的疏通引导的治水理念，由此引申出重视疏通民意的治国安民思想，以及至今仍然在中国民间广为流传的禹王信仰。学者张多指出，《中国洪灾危险程度区划图》所反映的高危地区，恰好与中国大禹祠庙的分布相吻合。黄河中下游、长江中下游、淮河流域、四川盆地正是洪灾高危区，同时也是大禹祠庙分布最密集的区域。②

灾害意识与灾害记忆是灾害文化的重要组成部分。"一个地域的灾害记忆的建构和意义化过程，既是一种针对灾害的应对方式，也是这个社会基本文化逻辑的体现。"③ 大禹受到敬仰的主要原因，是其治理水灾、恢复社会秩序的能力。如果说禹王祠庙是洪水神话记忆的物化形式，禹王信仰是大禹治水深植于中国社会的体现，那么对人类征服自然界的灾害经验的宣扬，则是中国灾害文化的基本特征。"愚公移山""人定胜天"等成语，都是中国人征服自然的精神象征。的确，只有理解"对于不同灾害经验的强调，才能更好地理解不同文化传统的地域社会的灾害记忆、灾害文化"。④

灾害是日本神灵信仰的重要因素。记纪神话中建速须佐之男命因为性格暴躁，动辄给天地自然带来巨大变动，日本人把他当作灾害神来信仰。另一方面，从建速须佐之男命降服八岐大蛇保护出云国安全来看，灾害神也具有守护神的特点。日本信仰灾害神的主要原因在于惧怕其带来的巨大破坏力，以及相信"灾害神"能够转化为"守护神"，换言之相信神的转

---

① 徐元诰：《国语集解》，中华书局 2002 年版，第 11 页。

② 张多：《灾害的神话表征——"大禹治水"的景观分布及减灾表述》，《民俗研究》2018 年第 6 期，第 69 页。

③ 王晓葵：《"灾后重建"过程的国家权力与地域社会——以灾害记忆为中心》，《河北学刊》2016 年第 5 期，第 161 页。

④ 张曦：《灾害记忆·时间——"记忆之场"与"场之记忆"》，《西南民族大学学报》（人文社会科学版）2017 年第 12 期，第 11 页。

变。据不完全统计，日本全国各地以建速须佐之男命为祭神的神社多达数十座。

作为自然灾害频发国，灾害与日本人的生活相伴相生，日本历史也是一部灾难史，日本文化特点与日本民族的灾害心理密切相关。日本灾害神话记忆形成的基础是岛国的自然环境，岛国风土是日本灾害意识的底色。在面对不可抗拒的颠覆性自然灾害时，日本人产生了灾害是人类不可避免的生死命运的观念，即“命运论”。[①] 正是因为灾害不可避免，预防和减少灾害的经验教训是日本灾害记忆的重要内容。“海啸来时分开跑”等谚语是被历史经验证明可以将自然灾害损失降到最小的法宝，至今为日本人所沿用，并被纳入当代日本防灾教育当中。

与中国的大禹治水神话相比，可以说以建速须佐之男命为祭神的神社是日本灾害神话记忆的外在形式，灾害神信仰是灾害神话在日本社会传承和渗透的体现，而对人类征服自然或被自然征服的矛盾心理是日本灾害文化的特征之一。简而言之，这种无可奈何地“被自然征服”的心理和积极主动降低“自然征服”损害的两种心理交织在一起，是日本人与自然关系，或者说日本人自然观的矛盾体现，也是日本文化的一个特点。

五　结语

综上所述，本文通过考察以洪水神话为代表的神话叙事，分析中国和日本在灾害解释逻辑上的共性与特性，进而以宇宙观的异同为切入点，对比中日神灵体系和神话空间结构，在此基础上比较灾害意识、信仰和记忆，并结合人与自然的关系的特点，进一步阐述两国民族心理特征和两国文化特性。神话的本质是信仰，神话信仰如何与价值多元的当代社会持续有机融合是一个现实问题。因此，灾害神话研究的意义，最重要的是为作为灾难共同体的人类社会提供思想资源。

灾害是人类社会的共同课题。全球气候变暖背景下，世界各地气象灾害频发趋势明显。根据世界气象组织（World Meteorological Organization，WMO）测算，2017 年世界各地因灾害造成的经济损失创下 3200 亿美元的

① 広井脩『新版　災害と日本人：巨大地震の社会心理』、時事通信社、1995 年。

历史纪录。[1] 我国是世界上灾害损失最为严重的国家之一，洪涝、地震、干旱、台风、低温冷冻和病虫害等自然灾害，矿山灾害、火灾等事故灾害相当频繁。由于我国经济规模的不断扩大和国民财富积累的增加，灾害可能造成的损失规模也相应扩大。[2] 另一方面，根据日本总务省统计，2016年自然灾害造成85190个家庭60880人受灾，9286栋建筑物全部受损、36709栋部分受损，7124段河流泛滥和830处塌方事故，受灾人员中包含297名死者和3840名伤员。[3]

灾害作为一种破坏性力量，对自然环境和人类社会具有颠覆性影响。因此，当代社会都重视推行全民防灾教育，通过灾害神话的经验传承，把神话与防灾教育结合起来，是构建防灾减灾社会和建立灾难共同体的有益尝试。[4] 基于这种视角，可以说在全球灾害频发的时代，从神话角度对中日灾害神话叙事、灾害解释逻辑、灾害意识以及灾害文化进行比较研究，对于构建一个可持续发展的人类命运共同体具有积极意义。而且，厘清灾害意识的历史根源，有助于理解不同文化背景下的灾害文化，提升跨文化的灾害认知。灾难共同体需要神话发挥信仰的力量，为人类共同体提示价值判断方向。神话是人类文明的基因，全球化时代的灾害会损毁人和物、社会组织，破坏社会活动、社会结构等社会秩序，甚至会跨越国境导致整个现代文明陷入潜在危机，对中日两国灾害意识的比较研究，或许可以为探索两国文明以及人类文明未来提供方向。

---

① 日本内閣府『防災白書』(2018年版)、日経印刷、2018年、第1頁。

② 熊淑娥：《日本灾害治理的动向、特点及启示》，《日本研究》2019年第2期，第51页。

③ 日本総務省『日本の統計』(2019年版)、総務省統計局、2019年3月31日、第272頁。

④ 佐藤健・佐藤喜代・戸田芳雄「出雲神話『スサノオとヤマタノオロチ』を用いた防災教材に関する研究開発：自然の災害と恩恵の二面性からの追究」、『安全教育学研究』14巻1号、2014年7月。

中世日本神佛与“盘古”的融合

松本郁代[*]

一 引言

本文将考察日本对中国开天辟地之创世神——盘古的理解。遣唐使废止后，中国、印度和朝鲜半岛等大陆文化在日本不再是绝对权威。特别是在面对中国时，日本提高了“本朝”意识，这是一种以“唐”为鉴而反映出来的本国意识。

本文所考察的天地国土创世神，中国有相关的神和神话，且与日本的神和神话不同。因为中国文字、宗教等各种文化的传播，日本的神话创造并非从零开始。受中国神话传播的影响，日本形成了本国神话。日本神话中天地国土的创世神，是国常立与伊奘诺、伊奘冉，后二者为阴阳神。这些神受到了中国开天辟地之创世盘古的影响，但是盘古是中国的创世神，所以在日本神话中没有出现。

日本平安时代的佛教经典中出现了盘古。盘古在日本被解释为佛教世界的创造神，不过，中国唐代的佛教经典认为盘古是邪说而予以排除。同样是佛教，日本佛教界和中国佛教界对盘古的解释也有所不同，中世日本宗教理解的特征之一是神佛融合，它吸收了中国的盘古神话。

上述阐释方法，是日本为了让唐文化、佛教文化适应“本朝”，而对大陆文化采取的一种接受方法。比较文化论专家西川长夫在《汉字文化圈的文化研究》一文中指出：“世界存在于不断的交流和变化的相互关系中，

* 松本郁代，日本横滨市立大学教授。

纯粹固有的文化和民族的概念，只不过是国民国家或者国民国家时代产生的幻想而已。”① 近代以前的东亚社会，各国缺乏欣赏相互竞争起源差异和个性的文化。聚焦本国和他国开天辟地创世神话的差异，是为了将本国与他国进行对照。一个国家起源的早晚，并不决定该国的优劣。

基于以上视角，本文将对中世日本所阐释的中国开天辟地的创世神盘古的传承进行考察，论述近代以前日本文化在接受外来文化时所表现出的特征。

二 日本佛教发展中的“盘古”

佛教经典中的盘古，是作为中国开天辟地的创世神，出现在中国唐代的佛典中。② 本节介绍中国唐代和日本平安时代中期（12 世纪）到南北朝时期（14 世纪）佛典中出现的盘古解释。

首先来看中国唐朝的佛典。中国华严宗第四祖即中国唐僧澄观（738—839）所述的《大方广佛华严经随疏演义钞》卷第 42“天”中，引用了记述盘古传说的《三王历》，以及中国三国时期吴国政治家、儒学家韦昭（？—273）撰写的《洞纪》③。

> 然盘古事迹近为虚妄。既无史籍难可依凭。但是古来相传虚妄耳。断曰、诚如所言。亦依稀西域梵天韦纽等。今既破邪叙之无失。
>
> （《大方广佛华严经随疏演义钞》卷第 42）

“盘古”被认为是虚妄的。该经典否认了西域“天”的概念，即梵天（Blafman）和韦纽（Vishun）的叙述，排除了佛教正统的“天”以外的内容。并且，对佛教以外的开天辟地创世神的记述也持否定性解释。

---

① 西川長夫『国民国家論の射程　あるいは〈国民〉という怪物について』、柏書房、1998 年。

② 本文引用的佛典源自《大正新修大藏经文本数据库》（「大正新脩大蔵経テキスト データベース」、http://21dzk. l. u-tokyo. ac. jp/SAT/最终检索时间 2019 年 12 月）。

③ 原文为“韦昭同记”。韦昭的著书包括《毛诗答杂问》《孝经解赞》《辨释名》《吴书》《洞纪》《国语注》。

一方面，在日本撰述的佛典中，盘古出现在12世纪观静所撰的《孔雀经音义》下中。[①] 这部佛典记载着“孔雀经”词句的发音和意义，另附载了日本现存最古老的片假名五十音图。其中，引用了《大唐历帝记》中的盘古，解说如下：

有贤士问难曰。日月是须弥山回为昼夜者也。四州随方有寿身斯所谓盘古是一唐开辟也。若以彼眼身作世界。须弥铁围山等亦可盘古体。以之谓毗卢遮那之变化哉。

（观静撰《孔雀经音义》下）

也就是说，开天辟地后盘古的眼睛和身体，变成了围绕在须弥山周围的太阳和月亮，四州又环绕在它们周围。以须弥山为中心，周围环绕着九山八海，最外侧的“铁围山”是盘古的眼睛和身体。该佛典把盘古的身体解释为整个佛教世界——须弥山，将其理解为主尊毗卢遮那佛的变身。毗卢遮那是须弥山和华严经的中心佛。

根据上文可知，平安时代的佛教界将盘古解释为佛教世界的创世神。另外，日本佛教并没有和中国唐朝华严宗澄观撰述的佛典一样否定“盘古”的存在。

此外，从镰仓时代到南北朝时期，天台宗中甚至出现了与神道相融合的盘古。下文即将展示的是，比叡山延历寺的学僧光宗（1276—1350）撰写，收录于文保二年（1318）《溪岚拾叶集》中的“山门东寺血脉同异事私苗”的记述。其中，说明了印度（=天竺）、中国（=震旦）、日本流传的国土创世缘起（有下划线的是中国部分）。

凡见三国相承国土之缘起、天竺或梵王下生诸有情界、文字言句出生。梵王所制故号梵字也。或又光音天来下有情界出生、世界国土成立也、云云、次见震旦之世次之样。劫初示盘古王出现法界之总

① 小林明美「醍醐寺三宝院に伝わる小冊子本『孔雀経音義』の周辺—五十音図史研究の準備のために」（『密教文化』144頁、1983年）。据此资料，现在最古的醍醐寺本写于1111年。

体。所以头成须弥山。两目成日月。两手两足成四州。腹成大海。四友血脉成江河等。

又一说云。世界成立最初云。三皇五帝等云。此等义势付人王之初云。三皇者。天皇子日本天神七代当也、次地皇子者日本地神五代当也、人皇子者日本人王当也、已上三皇也。

（《溪岚拾叶集》所收“山门东寺血脉同异事私苗”）

换言之，上文中印度在梵王之下产生了“有情界（生物世界）”，并制作了“梵字”。从这个“有情界”中产生了“光”和“音”，“世界国土”得以形成。其次，当中国的“盘古王”在这个世界之初出现时，被表现为“法界”（=全宇宙）的。正因为如此，才把“盘古”的头解释为“须弥山”，“盘古”的双眼为日和月，双手和双脚为须弥山周围浮现的四州，腹部为大海，血管为江河。

《溪岚拾叶集》中盘古的形象，和先前提到的平安时代观静所撰的《孔雀经音义》的记载一样，将盘古的身体和眼睛解释为佛教世界的须弥山。并且作为“一说”，说明世界成立最初“三皇五帝”是人王的开始。通常，三皇指的是天地人三皇氏，或伏羲、女娲和神农。但是，上文把“日本天神七代”① 作为“天之皇子”，“日本地神五代”② 作为“地之皇子”，“日本的人王”（=神武天皇）作为“人之皇子”，这些统称为“三皇”。上文将原本指代中国诸神和皇帝的“三皇”，与日本神话中的诸神联系起来进行解释。

本节就中国和日本佛典中出现的盘古形态进行了说明。佛教在日本发展的过程中，把盘古理解为佛教世界的创世神。然而，在中国唐朝的佛典中，盘古和佛完全区别开来，两者并未融合。原因在于，盘古本来就是中国的天地国土创世神。另一方面，日本对中国盘古和佛教世界进行融合，是因为佛教和盘古都是从大陆传来的异国神佛。中世日本不区分中国和佛

① 日本神话指的是开天辟地之初出现的7代天神。《日本书纪》中的7代是指：①国常立尊；②国狭槌尊；③丰斟渟尊；④泥土煮尊、沙土煮尊；⑤大户之道尊、大苫边尊；⑥面足尊、惶根尊；⑦伊奘诺尊、伊奘冉尊。

② 指天神7代以后神武天皇以前，统治日本的五柱神时代。5代是指：①天照大神；②天忍穗耳尊；③琼琼杵尊；④彦火火出见尊；⑤鸬鹚草葺不合尊。

教（印度）的创世神佛，把中国的盘古理解为大陆天地国土的创世神佛。

三　日本神话中的“盘古”解释

本节就日本神话中盘古的解释进行论述。镰仓时代日本有一个家族专门负责解释《日本书纪》的神代卷，被称为“日本纪之家”。这个家族原本是在朝廷代代专司祭祀龟卜（占卜）的卜部氏。13世纪后半期，卜部兼方（怀贤）根据其父兼文的解说和平安时代的注释书，编撰了《日本书纪》的注释书《释日本记》。《释日本纪》中有这样一段话：

> 大（一条実經）仰云、大日本国者、真言教大日乃本国之心云々、今文符号、殊胜事也、摂（一条家經）问云、异朝者、有巨人盘古、覆则为天、仰则为地、观则为昼、瞑则为夜、寿八万岁、死后目为日月、骨为金石、脂血为江河、毛发为草木、云云、本朝日月者、阴阳二神所生也、然则和汉二朝日月可谓各别欤、如何、先（卜部兼文）师说云、可为各别也、本纪文亦有、伊奘诺尊洗左右眼生日月神之由一说、相似盘古之昔欤、都（源雅言）督云、南赡部州者、是一世界也、二朝日月不可各别欤、大此议当家所存也仰云、寻源、万事虽不可有差别、二朝之起、日月之初、尚可谓各别也、
>
> （《釈日本纪》卷五、述义一　神代上）①

在摄关家出身的一条实经（1223—1284）与其子，即担任后深草天皇摄关的家经（1248—1294）和兼文之间，围绕把天照大神作的本地垂迹当作大日如来一事进行了问答。

换言之，实经把“天照大神的本地垂迹当作‘大日（如来）’”，认为用真言密教的“大日”之“本国”来理解“大日本国”，使“大日如来”和“大日之本国”的意义符号化，这是再好不过的。与此相对，其子家经问道：“太阳和月亮在中国是‘巨人盘古’生出来的，在日本是由‘阴阳（男神伊奘诺与女神伊奘冉）二神’所生。‘和汉二朝”中太阳和月亮由

① 国史大系編修会編『新訂増補国史大系』八（吉川弘文館、1965年）所収。

来的区别是什么呢?”于是，卜部兼文回答:“日（太阳）和月亮的由来是不同的。《日本书纪》存在一种说法：伊奘诺洗左右两眼时生出了太阳神和月神。这种说法和盘古的传承相似。”

进而，大宰权帅源雅言（1227—1300）认为，“南瞻部州（=须弥山）周围四州中浮现的人类世界岛”，“是一世界”。因此，和汉二朝的日月也不是各自分别存在，而是“一世界”。对于这个问题，一条实经的回答是，“起源”有别，各自“不同”，中国和日本“二朝”的“起源”“日月”“肇始”都分别有各自的说法。[①]

以上，介绍了《释日本纪》把盘古身体的一部分解释为中国的太阳和月亮的说法，《日本书纪》中的伊奘诺和伊奘冉阴阳二神生成说，以及《日本书纪》中日月由伊奘诺（《古事记》中为伊邪那岐命）左右双眼产生的说法。《古事记》《日本书纪》的说法与“盘古”具有共性。一条实经对此做了说明，他的解释是中国的和日本的开天辟地创世神不同，各自相互独立。另外，中国的和日本的天地、国土、太阳、月亮的起源缺乏明确的指向性。

上文《释日本纪》中出现的盘古，被理解为中国太阳和月亮之天地创世神。可以说，这和中国史书对盘古的记载相同。根据卜部对日本神话的解释，日本太阳和月亮的由来有日本的说法，与中国太阳和月亮起源、由来之间的差异得以确认。同时，如同第一节资料所示，日本佛教界也没有把盘古解释为佛教世界的创世神。

四　盘古与牛头天王融合而成的“盘牛王”

中世日本是通过神佛融合和本地垂迹，重新建立神佛相互关系的时代。作为中国天地创世神的盘古，自然也是其重构对象。本节介绍在《簠簋内传》一书中登场的“盘牛王”，是由“盘古神”和“牛头天王”[②]融

① 相关资料解释请见：松本郁代「神仏を生む中世の神代巻」（斎藤英喜・山下久夫編『日本書紀 1300 年を問う（仮)』、思文閣出版、2020 年)。

② 京都八坂祇园感神院等供奉的瘟神，以“苏民将来传说”而闻名。有说法称它是朝鲜半岛等大陆起源之神，但是在中国的文献中并未出现。牛头天王被认为是天照大神的弟弟须佐之男的本地神，在佛教中亦被称为药师如来的垂迹神，在阴阳道被称为天道神。它作为祇园祭、天王祭、津岛祭的祭神，至今仍被人们信仰为祛除恶疫、水灾的守护神。

合而成的。《簠簋内传》是一本以牛头天王“缘起谭”为起源，对与方位、历法等禁忌相关的日历进行注释的书。据传它的成书时间在镰仓时代末期至南北朝时期，不过，尚未确定作者是不是与祇园八坂神社相关的人物。神话学者斋藤英喜认为，《簠簋内传》是一部利用人们熟悉的牛头天王传说，向人们传授历法的书。①

接下来，要对《簠簋内传》卷第2中“盘牛王”全身转变为天地和自然的情况进行说明。②

> 熟巨、天元无容貌、地亦非有形像、犹如鸡卵团圝无实、是曰最初伽罗卵耶、于辰天开苍苍、不知厥大几计、地辟广广、不察其博几程、盘牛王生平其中、长大十六万八千由缮那也、头圆为天、足方为地、胸崄崄为猛火、腹荡荡为四海、头逮于阿伽尼咤天、足跨金轮际底狱、过左东弗婆提国、逮右西瞿荼尼国、面掩南阎浮提、尻搓北郁单国、总而三千大千世界、一而罔非盘牛大王体、左眼为日光、右目为月光、睚开为丹睹、睚闭为黄昏、呼而为暑、吸而为寒、吹息为风云、吐声为雷霆。
>
> （《簠簋内传》卷第2）

上文中出现的“盘牛王”并非盘古。但是，在中国《三五历纪》中盘古登场的叙述中，“盘牛王”作为佛教世界的创造神出场。本文第一节介绍了与佛教世界相融合的盘古，而在此将“盘牛王”的全身理解为须弥山世界的集合体——“三千大千世界”。也就是说，“盘牛王”具有中国神话中的盘古与日本佛教世界中的盘古并存的性质。

进而，《簠簋内传》中还提到，“盘牛王”的孩子是“五帝龙王”，这五个王子是阴阳道五方、五色之五行说的神。并且，据说这个“盘牛王”及其子“五帝龙王”是历书禁忌和吉凶的依据，他们创造了一个赋予历法基本概念和吉凶的世界。“盘牛王”被解释为盘古神的传承，同时也是牛

---

① 斎藤英喜『陰陽道の神々』、思文閣出版、2007年。

② 『続群書類従三一輯上　雑部』所収『簠簋内伝金烏玉兎集宣明暦経』。

头天王的垂迹神。[①]

根据中世日本佛教和阴阳道的解释，可以说盘古既是它们的起源，同时也是一个被创造出来的具有不同性质和全新名称的神。

五　日本江户时代的盘古形象

正如前一节所述，盘古作为开天辟地的创世神，平安时代以后在日本与佛教世界和神道相结合，被解释为与中国盘古不同的新神。最后，本节将介绍近世的“盘古”。

中村惕斋编撰的《头书增补训蒙图汇》全20卷于宽文六年（1666）刊行、元禄八年（1695）增补、宽政元年（1789）重新编写，它是江户时代带插图的百科全书。其中，“太极”项目中出现了“盘古王”。该书在左右对开的两页中，运用图画和文字来说明“太极”，右边一页画着“倭国”“国常立”的样子，左边一页画着“唐土”的“盘古氏”，并附有以下说明文字。

> 太极谓未有天地之时，阴阳未开，混沌状如鸡子，溟涬始牙，濛鸿未判，其清阳之物薄靡为天，重浊物沉淀为地，古之天地开天辟地，其间万物不生，开天辟地以前为太极。天地阴阳分开称为两仪。
>
> 国常立尊谓天地已开其中有物，形状为芦苇牙，则化为神，此即国常立尊之人始，日本言之为苇原国亦此义，是此天神七代，地神五代，人之代，唐开辟天地，盘古氏始出，是人乃始，自此三皇五帝三王继为人之代。
>
> （中村惕斋编《头书增补训蒙图汇》卷1、天文）[②]

① 此外，观应元年（1350）三月十一日，小野流僧人所赐的奥书所在地，妙法院收藏的《神像画卷》中，作为从天神7代延续到地神5代的神，描绘了“盘古王”“五王子”“牛头天王像”。盘古神在中国和日本的神话中没有出现，但是中世真言宗小野流中，在神武天皇登场之前的神的系谱中又重新出现了“盘古神”。这份资料收录在藤原重雄的《妙法院所藏〈神像画卷〉（影印、解题）》中（島根県古代文化センター編『神々のすがた・かたちをめぐる多面的研究』、島根古代文化センター、2011年）。

② 横滨市立大学学术情报中心所藏本。

所谓“太极”，是表示天地创造、万物根源的词语。阅读上文，可知即使在江户时代，日本也以中国的古典为基础说明天地之开端。

但是，日本中世和近世对盘古解释之不同在于，佛教世界和牛头天王等神佛与盘古并存。近世也是国学兴盛，彻底排除神佛融合的时代。由此，中世日本排除了神佛融合中所解释的盘古形象。近世时期，原本作为中国开天辟地创世神的盘古存在着被再解释的可能性。关于这一点，有必要在综合其他盘古相关资料的基础上进行研究。

六　结语

本文考察了中世日本对中国开天辟地之神盘古的阐释。中国的盘古神话与《日本书纪》《古事记》中叙述的开天辟地创世神话的形成有关。但是，由于盘古是中国开天辟地的创世神，所以《日本书纪》把国常立作为天地创世之神，把伊奘诺和伊奘冉作为国土创世之神。之后，中世时期，盘古在佛典中再次被解释为佛教世界的创造神。

在佛教界，并不是所有佛典都承认盘古为佛教世界的须弥山及其主尊毗卢遮那。正如第一节介绍的中国唐代佛典一样，也有把盘古作为邪说予以排除的事例。但是，从日本佛教界的立场来看，无论是作为佛教世界起源的须弥山世界和毗卢遮那，还是作为开天辟地创世神的盘古，接受的都是从印度和中国传来的文化。在此意义上，因为近代以前日本把大陆传来的文化作为权威，所以中国与佛教的文化作为优秀的大陆文化，二者是一体的。

日本要理解通过海洋传来的大陆文化，需要与已经扎根的本国文化相比较，进而理解其意义。在现代，与其说以国家为单位来理解文化的起源和由来，不如说通过比照大陆文化与本国文化，才能理解大陆地区的文化。

作为其中一个事例，可以列举日本的改元文化。2019 年 5 月，日本从“平成”改元为“令和”。日本的年号文化是从中国经由朝鲜半岛传来的。2019 年 4 月，日本公布的年号“令和”，选自《万叶集》卷 5《梅花歌卅二首并序》中“初春令月，气淑风和”的“令”“和”二字。据说这个“令和”年号的特征，是打破了历来传统，没有出自中国的经史，而是出自《万叶集》。

然而，众所周知，“令”与“和”并非来自万叶假名短歌，是从汉文体的序文中选出来的。“令和”的原著是《梅花歌》序，由中国东晋政治家、书法家王羲之的《兰亭集序》、东汉张衡《归田赋》等多种汉诗文融汇而成。当时日本的贵族只有掌握大陆文化和教养，擅长文章，才能获得相应的政治评价。《万叶集》是以中国唐朝的文化权威为背景，在将天皇神格化、建立国家的过程中出现的歌集。

日本古代和中世时期，没有“中国”“日本”等近代国家观和国境意识，处于以中国为中心的东亚华夷秩序之中就是其国际性的体现。在此过程中，通过吸收大陆文化，日本形成了作为东亚一个地区的本国意识。正如本文所论述的中世日本对盘古阐释的事例一样，可以说，它是通过传入本国的神佛，借助理解中国盘古的方法实现的。

（熊淑娥* 译）

---

* 熊淑娥，中国社会科学院日本研究所助理研究员。

从中国神话研究中学习*

——传统与革新的意义

西川博史**

一　序言

我既不是研究中国古代史的专家，也不是研究神话的专家，但是我想要思考一下，在中国神话研究中，在形成统一多民族世界的过程当中，人们直面了什么样的问题，解决这些问题的方法对现代社会有什么样的意义。

在中国广袤的大地上，曾经存在着多个民族，他们被称为东夷、南蛮、北狄、西戎。各民族生存在各自适宜的土地上，进行着农、牧、猎等生产活动，并在不同的自然及生活条件下创造了各自的神话和守护神，他们拥戴各自的守护神，围绕着中原相斗争。战败的神被放逐，胜者继续争夺排位。经过这样的过程，到春秋战国时期，确定了在中心位置的神，实现了“天下的世界观（统一的调和世界）”，而神话也对应着这个“天下的世界观”进而组织化。

白川静讲过，在中国，“神话不是某一个民族，或者一个国家的理念的表征，而是春秋战国时代的一个包含多国政治的世界，即作为中华的天下的世界之表象”。在形成这个天下的世界过程中，各自民族神话中被表象的各自民族的传统，经历着反复的“回归和新生”，从而渐渐地迈向文

---

* 本文在译成中文的过程中得到了刘玕、郭倩的帮助。

** 西川博史，日本北海道学园大学教授。

化统一。

“文化”一词在汉代出现。文化的意义是指对非服从者进行文治教化，也就是说，文化是对缺少文化或者文化水平较低的国家、民族进行文教治理的一种手段，也是对对方不行使军事手段而达到使之服从的“成对概念”。

这样以教化对象作为前提条件而成立的文化概念，进入近代，与重视自我价值的价值观（重视个人生活中的幸福感等）的西方概念（Culture，这个语源是自我启发，就是自我开发而获得富裕和幸福）混合在一起，文化就变为“在一个社会和集团内形成共同的信念、价值观、行为方式以及共同的规范和制度”。

但是，应该注意的是，文化的概念从成立之初就含有差别的概念。大家都知道，在中国文化中有“华夷辨别”，在西方文化中，有以“社会进化论”为基础的对国家、民族的“优胜劣败”的差别。像这样文化中固有的差别，就与社会进化论者所说的“自我文化优越感”（Ethnocentrism），也就是以自己民族的文化为基准来评价其他文化，否定或者贬低他者的态度和思想相似。

然而，在中国，对于当事者来说，这个差别并不大。比如，韩愈在《原道》中讲道，“诸侯用夷礼则夷之，进于中国则中国之”，就是说，采用蛮夷礼节的民族，就把他们当作蛮夷看待；蛮夷采用华夏民族之礼，就把他们当作华夏民族看待。对此，在19世纪，以殖民主义手段普及的西方文化加固了列强与殖民地国家及民族之间的对立。即使殖民地民族和国家改宗为基督教，或学会宗主国的语言并能够流利运用，他们也不能被看作是宗主国国民。要逃离这样的差别，只能选择革新这一手段。

秦朝第一次形成了统一国家，中国这一个国家登上了历史的舞台。这个帝国实现了文字和度量衡等的统一，并以此为基础进行了法制的完善，完成了国家体制的建设。商鞅落实法治意义从而巩固了作为秦朝帝国的基础，在《商君书·更法》中讲道：“治世不一道，便国不必法古。汤武之王也，不循古而兴；殷夏之灭也，不易礼而亡。”这说明要治理国家有各种各样的方法，只要对国家来说是好的方式，就不一定要必须沿袭传统的方法。也就是说，他指出了“革新”的意义，通过了解这个意义，作为国家，也作为文化，可以找出实现“共存共生”的方法。

二　何为全球化

我曾经提出过如下的看法。过去，国际化表现为超越国界的经济交往，它被称为 Inter-nationalization，是以 Nation（国家）为前提的国家间的经济交流。但是，从 20 世纪 80 年代开始，经济交流被称为 Globalization，就是全球化。在这个概念中，Nation（国家）被剔除了。我认为，全球化是从以 Nation（国家）为基础的交流，向新共同体关系的转变，这就意味着创造出新的交流以及合作关系。

但是，促进全球化这样世界范围的交流，是从贯穿市场竞争理论的市场经济发展而来的。大量生产的产品寻求扩大销路，资本的流动变得更加活跃，国际分工的范围也越来越大。像这样世界规模的自由贸易，资本的自由流动，技术的转移，以及随之带来的人的迁移，都是为了寻求经济效益的最大化。收益虽然提高了，可是竞争却变得越来越激烈。为此，各国优先从自身利益出发，占有资源和市场，将市场竞争作为"国家战略"来推进。最终，失去竞争力的国家、产业、企业就会被淘汰。这样的全球化市场竞争以及市场经济深化的环境，就成为了较量国家竞争力强弱的擂台。

全球化，原本的目的是弱化国家的意义，旨在构筑新的关系，但是现在却变成了保持"国家威信"，反而增强了人们的国家意识，也加强了爱国主义。比如，中美贸易摩擦、日韩制裁性贸易问题、领土纷争问题等可以说都是这样的典型。

对于全球化带来的这些问题，我们听到的很多意见是，要构建更多的多层次多极化的合作关系，并建立起以此为基础的世界性的管理机构，用制度来保障多国及政府间的合作关系。通过实现全球化经济管理体制，来加强经济的互相依存，发挥制度性的效果。这就是一种通过政治互信来建立共同体的过程。比如，像欧盟和东盟这样的同盟关系就是以这种方向为目标的。

我并不是否定，像这样以制度性的政治合作为基础，来调整相互间的利益关系的必要性。但是，我认为，这样的政治性制度调整的方式，并不能从根本上解决问题。相比政治性统合，我更期待的是以文化、自我认同

(identity)为基础的相互理解的合作效果，我认为促进以非经济要素为基础的共同体的合作才是更理想的。我将它称为文化共同体。

三　如何应对多种多样的价值观

人们在建立政治制度时，并不会完全以效率主义为基础去设计制度，很大程度上是以文化价值观为基础，从几个有限的社会性的选项中，选择能被社会接受的制度。但是，各国的文化价值观是多元的，其中反映出的是，各国的历史性、社会性、习惯性形成的“文化优越感”。它的影响力非常大，我们无法完全摒除。然而，当围绕文化优越感形成对立和相互作用时，我们才能认识到其他的文化形态的存在，同时发现其他文化的优点和魅力，并且模仿其他文化的做法来进行自己文化的更新与重构。人们能够做到这样，是因为在各自文化价值观的形成中，从历史上继承的和平观和相互理解的经验中积累出来的。我们认识到，在学习人类历史的过程中，当我们做选择时，比起效率更应该重视文化价值观的重要性。这就是通过人和人的交流获得的，超越时代，传承下来的相互理解和信任。

但是，作为负面作用，不同的文化价值观的相互作用，有时候会加深对立。怎样让文化优越感的消极影响降低到最小，就需要不断地去验证历史经验的学习过程。

四　亚洲的价值观的特征

我曾经亲身经历过中国改革开放的初期。现在，人们的生活变得很富裕，可以方便地与世界交往，不论在哪里都能拉近与世界的距离，通过交流享受文化的丰富多彩。但是，另一方面，我们需要思考，在市场经济主导的环境，单纯追求物质丰富所带来的弊病。要解决这些弊病，寄希望于将来，我认为，我们需要做的就是摆脱市场经济效率主义。

这次的会议，有很多中国的专家和学者参加。在这里我可能是班门弄斧了，《论语・里仁》中有这样的句子：“子曰，富与贵，是人之所欲也，不以其道得之，不处也。贫与贱，是人之所恶也，不以其道得之，不去也。”翻译成白话文是：“孔子说，发财和做官是人们所愿望的，不用正当方法得到，不应该接受。贫穷和卑贱是人们所厌恶的，不用正当方法去摆脱，就不会摆脱。”在这里，孔子强调的正当方法就是“仁”。

比方说，把国家当作一辆汽车，经济发展是带来富裕的引擎，需要有让它加速的油门，更需要有调节油门的刹车。油门可以看作是重视效益，那么刹车就是文化价值观的体现。中国的“古典古籍”是一座宝库，里边有很多这样的油门和刹车。孔子和老子生活在同一个时代，同一个世界，这就是油门和刹车都具备的证明。

中国在历史上是多民族国家，存在着多元的文化价值观。中国悠久的历史证明，只有摆脱自我文化优越感的负面作用，各民族相互理解、互相学习，才能使多元文化共存并不断发展。中华民族经历了学习历史经验的过程，现在也为世界提供了这样的学习机会。

五　结语

《礼记》中说：“中国、戎夷、五方之民，皆有其性也，不可推移。”这句话意味深长。它给我们提出几点启示。

第一，在民族间文化交流的过程中，各种各样的文化要素相互混合，产生某种变化，在人的行为、习惯、思想、文学、音乐等方面，文化价值只会加深不会降低。但是，即使提高文化价值，也不能达到彻底完善。“文化要素”相互“渗透”必然会造成摩擦和矛盾，所以要实现文化的统一是非常困难的。

第二，在不同价值观“共存共生”的一定时期内，人们需要被迫做出一定的选择。一个选择是，承认基于“优胜劣败”的社会文化论，而去实现物质丰富的社会发展。这个价值观主要是从西方传来的，构筑与重视个人的资本主义系统相匹配的制度，以实现社会飞跃性的进步。但是，这种做法会让“优”和“劣”之间产生对立，使之固定，从而很可能破坏“共存共生”。这样的做法只会让优劣的立场互换，并不能产生“中庸价值”。另一个选择是，重视文化的“共存共生”，选择趋向缓慢地融合之路。这种做法是尽可能尊重彼此的“传统”，尽量避免对立，逐步走向融合统一的过程。但是，这种做法容易陷入妥协的叠床架屋的状况，只会拖延问题，更不能解决问题。

第三，关于途径的启发。不管做哪个选择，根本的解决手段是，通过相互承认“传统文化价值”来寻找“革新”的意义。“革新”成功之关键在于学习彼此的“传统”，探究“传统”所持的“共存共生”的方法。但是，我们往往又会在尊重“传统”中远离“革新”。所以最根本的是，在承认各自“传统”的优点和价值的同时，必须从“传统”中发现使“革新”成功的做法，避免陷入“中庸”的妥协之中。积极评价“共存共生”的关系不是维持“共存共生”，而是寻找新的“革新”方法，寻找相互继续合作下去的方法。

现在，我们面对着各种各样的世界问题，产生这些问题的根源，可能就是因为现在的我们，已经很少去思考“文化”和“传统”的意义，以及如何让其发挥作用吧。我希望，通过在这次会议的共同研究，来经历这样的学习过程，从而加强互相理解。

近代日本大尝祭政治意涵溯源：神话与正统性

邹皓丹*

所谓大尝祭，最初是向神明供奉稻谷的仪式，由当时皇室的常规祭祀“新尝祭”发展而来，成为古代日本律令制时期天皇即位典礼的重要仪式之一。根据《国史大辞典》的解释，即“天皇即位后，最初举行的大规模的新尝祭。读作‘おおにえのまつり’或者仅读作‘おおにえ’（大尝），它与‘即位仪式’一起，构成了天皇的即位典礼。在近世以前，它也被称为大尝会，这是注重节会的表达方式。律令时代，每年秋，在11月中下旬的卯日和辰日两天，以常设的神嘉殿为祭场，会举行新尝祭。与新尝祭不同，大尝祭会从卯日午时开始举行，为期四天，以临时修建的大尝宫作为祭场。另外，在新尝祭中，供奉神明用的米、粟来自宫内省官田，而在大尝祭中，则来自悠纪、主基的斋田。收获的东西也是不同的。《神祇令》规定曰：‘凡大尝者，每世一年，国司行事，以外每年所司行事。’也就是说，新尝祭是由宫内省等中央官僚机构着手准备，而大尝祭则以悠纪、主基地方的国司为中心进行准备”。①

需要指出的是，《国史大辞典》上述定义仅仅解释了大尝祭作为祭祀仪式的文化内涵，但更值得注意的是其在近代日本国民国家构建过程中的政治内涵。

---

* 邹皓丹，中国社会科学院日本研究所助理研究员。

① 《国史大辞典》，https://japanknowledge.com/introduction/keyword.html?i=929。

一　大尝祭的近代政治内涵溯源

众所周知，明治维新以后，日本近代国民国家的组织形式以祭政一致为特征。其祭政一致的制度构建以近代法的形式被固定下来，始于明治典宪二元体制下与《大日本帝国宪法》同年颁布的《皇室典范》。其中第11条规定："即位之礼及大尝祭于京都举行。"同样，大尝祭作为天皇"即位之礼"的一个重要组成部分，也自此获得了法律依据。《皇室典范义解》中注释道：

> 大尝祭乃神武天皇元年以来历代相因的大典，盖天皇即位、请飨天祖与天神地祇之礼，一世一次。王政中衰，此仪废绝已久，明治四年（1871）11月，奉诏举行。[①]

该段解释，将大尝祭的起源与日本神话相关联，将之追溯到记纪神话中传说公元前660年的神武天皇时期。不过根据当代的通说，"《日本书纪》中并没有反映大尝祭传承的记载，有关它的确切记载始于持统天皇四年（690）。不过，天武朝也存在有关设立悠纪、主基斋田举行'大尝'的记载，这里指的是否是'新尝'，学界有不同意见。认为大尝祭始于7世纪后半期的天武朝或持统朝，比较妥当"。[②] 另外，注释中尚指出，从神武天皇开始的大尝祭传统因战乱而发生了断裂。根据当代的通说，虽然从律令制时代开始的大尝祭一直延续到中世末期，但是偶尔如"承久之乱中退位的仲恭天皇，南北朝内乱时期的后村上、后龟山两天皇，即位时也没有举行过大尝祭"。此外，"应仁之乱发生的前一年，即文正元年（1466）后土御门天皇举行大尝祭之后，该仪式因战乱而中断了220年。直到贞享四年（1687），江户时代东山天皇即位时，以简略的形式复兴。但是下一任中御门天皇即位时就没有举行大尝祭，元文三年（1738），樱町天皇即位

① 伊藤博文『皇室典範義解』、国家学会編、国家学会、1889年、第13頁。

② 《国史大辞典》，https://japanknowledge. com/introduction/keyword. html? i=929。

时，大尝祭才开始持续举行”。[①] 此外，注释中以“天祖”来指称天皇的神代祖先——天照大神，也不是律令制国家以来的惯例，据子安宣邦的研究，这“是在由近世水户藩的儒家知识集团所进行的《大日本史》这一天皇国家正统历史式的历史记述工作过程中成立的”。[②] “在对天皇进行的天祖祭祀进行制度性、历史性追溯的同时展开祭政一致的国家话语的，是一般所认为的后期水户学。”[③]

这意味着，虽然《皇室典范义解》将大尝祭的起源追溯到距今约2700年的神武天皇时期，但是现实中，鉴于大尝祭因室町幕府末期的战乱而中断了220余年，明治政府所直接借鉴的只能是从江户前期开始、重新持续举行的大尝祭传统。它对大尝祭的解释，并非直接来源于律令制时代，而是以后期水户学的思想为依据进行的。

因而，要追溯大尝祭在日本近代国家体制中的政治意涵，虽然在明治官方的解释中，应该将其追溯到公元前660年的神武天皇时期，不过根据当代的研究，这种建构缺乏文献依据；而且，考虑到大尝祭的举行曾经在中世末期存在220余年的空白期，要追溯大尝祭在日本近代国家体制中的政治意涵，则需要从近世开始，以江户中期大尝祭复兴为背景，着眼于后期水户学中其被赋予的政治价值。

二　近世大尝祭：从朝仪祭祀的复兴到祭政一致的制度构想

大尝祭于中世末期中断220余年的直接原因在于经济困难。至于江户时代公武二元体制下，朝廷、公家的政治实权被剥夺，经济命脉也完全受制于幕府，1687年大尝祭的复兴，一方面得益于朝廷积极协调朝幕关系、致力于复兴朝仪的态度；另一方面，与德川纲吉积极支持儒学，重视礼仪秩序，从“武断”转向“文治”的统治政略相关。但朝幕协调的过程也并

① 《国史大辞典》，https://japanknowledge.com/introduction/keyword.html? i=929。

② 〔日〕子安宣邦：《国家与祭祀：国家神道的现在》，董炳月译，生活·读书·新知三联书店2007年版，第67页。

③ 〔日〕子安宣邦：《国家与祭祀：国家神道的现在》，董炳月译，生活·读书·新知三联书店2007年版，第22页。

不是一帆风顺的。1686 年灵元天皇让位、东山天皇即位之际，幕府将军德川纲吉之所以允许大尝祭再兴，乃是由于朝廷方面强烈的要求。最初提议之际，幕府方面其实是反对的。但是，朝廷不断尝试，最后以让位即位惯例支出不变、尽可能从简举行大尝祭为条件，才获得了幕府的首肯。最终朝廷方面参照文永十一年（1274）受蒙古攻击时的简化版本，将持续 3 天的仪式流程在 1 天内完成，举行了东山天皇的大尝祭。①

（一）有名无实：作为朝仪祭祀的大尝祭

如果从朝幕关系的政治过程出发，考察此次大尝祭恢复的契机，则可以发现德川纲吉以“武家之天下”的立场，协调天皇即位人选的姿态。它起源于灵元天皇的继承人选定和培养问题。1671 年灵元天皇的大皇子（庶子）诞生，在女御没有诞下嫡子的情况下，后水尾法皇将其内定为储君。但是，灵元天皇却宠幸同为庶子的五皇子，1682 年，要女御将其收为养子，谋求立后，为其正名；废大皇子，立其为储君；与武家传奏协商，不断将其上的 4 位皇子送入寺院出家。不过，大皇子在其祖父小仓实的指示下进行抵制。对此，纲吉以违反“敕令”为由处罚了小仓，并以大皇子生于月食之日不祥、养育环境不佳为由，追认了灵元天皇的决定。通过此事，纲吉还意识到京都所司代与宫中不寻常的亲密关系，换掉了参与该问题的稻叶正往；与此同时，考虑到为实现灵元天皇尽早退位，抑制宫中的奢靡，纠正灵元时期的素行，尽快恢复宫中的秩序，对于灵元天皇期望举行大尝祭的主张，纲吉也予以认可。从这个意义上说，大尝祭的复兴，在德川纲吉看来，不过是其“实现皇位管理政策的一种手段”。②

复兴大尝祭，在德川纲吉看来，只是作为朝仪复兴的一部分而存在。在公武二元体制下，“江户幕府独揽了朝廷传统的技能，用于幕府的国家统治……不过保留了朝廷进行国家祭祀、祈愿的功能”。③ 为了提高将军的权威，幕府需要利用朝廷和天皇的权威。在德川家康以来的统治中，慢慢

① 参考平井誠二「朝儀の近世的展開」、『近世の精神生活』、大倉精神文化研究所編、八木書店、1996 年、第 80 頁。

② 参考野村玄「天和・貞享期の綱吉政権と天皇」、『史林』、2010 年 11 月。

③ 高埜利彦「江户時代の宗教と朝廷の役割」、『学習院史学』（53）、2015 年 3 月、第 46、47 頁。

复活了许多朝廷的礼仪。除了复活大尝祭之外，还复活了天皇派遣伊势奉币使的礼仪、石清水八幡宫放生会，元禄七年（1694）恢复了时隔192年的贺茂祭等。

除了以天照大神祭祀为核心的天皇祭祀外，德川家康以来，幕府还致力于发展以德川家祖灵为祭祀对象的信仰体现——东照神宫信仰，它是以"山王合一神道为基础形成的，与以皇祖神为顶点的神祇体现有相异的部分，……由佛法世界赋予其正当性"。[①] 并将其纳入国家的祭祀体系。特别是在德川纲吉在世的贞享元年（1684）以后，"除服丧期外，将军于岁首必定派遣代参使至伊势两宫和日光东照宫、灵庙。于天皇更替时，派代参使至伊势两宫和日光东照宫、久能山东照宫"。由此形成了以天照大神为皇祖神、以德川将军家为祖先神的双重信仰体系。

从这个意义上说，在纲吉期间，复兴的大尝祭作为天皇祭祀的一部分，只是作为皇祖神信仰的祭祀部分而存在。它获得《皇室典范义解》中祭祀"天祖"的至高地位，尚有赖于后期水户学，特别是会泽正志斋的国家制度构想。

（二）礼典制度：近世后期水户学祭政一致的构想基础

众所周知，水户学在近世日本思想史的研究中占有重要地位。它被认为是实现明治维新、王政复古的尊王攘夷运动的思想原动力，或被看作具体呈现出近代天皇制国家意识形态支柱的国体论的思想原型。[②] 就水户学整体发展来说，前、后分期主要以水户藩《大日本史》的修纂过程为划分依据，前期彰考馆总裁安积澹泊（1656—1738）提出《检阅议》后，《大日本史》仿照《史记》，以本纪、列传等为编纂体例，以史喻今，以回溯

① 吉田昌彦「東照宮信仰に関する一考察：王権論に関連させて」、『九州文化史研究所紀要』58、2015年、第75頁。

② 有关水户学的研究：丸山与远山的论点，即强调水户学的封建性，是日本战后水户学研究第一期的主流趋势。第二期的代表人物是尾藤正英，它认为前期与后期的水户学立场有所差异。前期是根据朱子学所建立的"正名思想"和"报应观"为主的理性主义思想，而后期却是基于神话的、非理性主义的立场，且前期对于易姓革命是持肯定立场，后期则转趋于否定。参考〔日〕本乡隆盛《藤田幽谷〈正名论〉的历史地位：水户学研究的现况》，张宝三、徐兴庆编《德川时代日本儒学史论集》，华东师范大学出版社2008年版，第146—150页。

历史的方式阐释现世所应倡导的道德观念。不过随着澹泊与世长辞，《大日本史》的修纂告一段落，直到天明六年（1786），立原翠轩（1744—1823）接任彰考馆总裁，修史事业方得以恢复。

与前期水户学相比，在19世纪初，幕藩体制面临内忧外患之际，后期《大日本史》的编纂重心“由人物本位的纪传体例，转成制度史的志、表体例”①；一改前期以道德为本位的历史观念，转向寻求制度层面的治国理念。以此为背景，后期水户学思想者们创制了“国体”的概念，根据这种“日本建国当初，以天皇亲政为中心所确立的国家基本组织及其成立原理”②，不遗余力发掘日本固有的传统文化素材，探寻新的国家组织原理。

尤其是后期水户学的代表思想家会泽正志斋，安丸良夫评价他的思想，认为其是幕末“幕藩体制社会所面临的内外危机所形成的危机政治神学”。③ 会泽的主张继承了后期水户学的危机感和制度史观，以回溯历史的方式寻求国家重新统合与建构的制度理想，即以礼典制为核心的祭政一致的国家制度构想。

会泽正志斋祭政一致的国家构想尚受到之前古学，尤其是徂徕学的巨大影响。荻生徂徕对于礼制的重视已有很多学者论述过。例如尾藤正英即指出，徂徕本人十分重视中国三代的礼乐刑政，这种对“礼制”的关注，为后人所继承，影响了水户藩的修史态度。④ 受到徂徕的影响，会泽同样重视“礼制”，他在《下学迩言》中，如此评价徂徕：

> 荻生徂徕，以豪迈之资，大唱古学，排击后儒，论礼乐刑政之义，讲有用之学，而如论时务，说用兵，甚为痛快。然以道为先王所造，不知典礼之叙之秩，教之本于心术躬行，而其于称谓名分，则不知君臣内外之辨，惑亦甚矣。

由此可见，会泽对荻生的盛赞，在于其对“礼乐刑政”的关心，但是却认为徂徕不关注制度的政治实践层面，尤其是由“礼典”为基础而形成

① 尾藤正英「水戸學の特質：水戸學解説」、『日本思相大系』53、岩波書店、1973年。
② 尾藤正英『日本の国家主義：「国体」思想の形成』、岩波書店、2014年、第5頁。
③ 安丸良夫『日本ナショナリズムの前夜』、朝日新聞社、1977年、第122頁。
④ 尾藤正英『日本の国家主義：「国体」思想の形成』、岩波書店、2014年、第5頁。

的制度对于国家秩序的影响，以至不懂君臣有别，内外名分。会泽心目中理想的制度构建模式，即从徂徕学中借鉴其“礼典”的形式，在此基础上辅之以日本传统文化的素材，以这些素材为基础解释“君臣”“内外”的道义名分，以此构建祭政一致国家体制政治正当性的基础。

三　会泽正志斋对大尝祭政治意涵的解读：神话与正统性

会泽的礼典制度构想，其核心在于借助日本传统神道祭祀，对儒家正统性进行二次解读。具体说来，其所有的祭祀内容皆基于以记纪神话为基础的日本神道信仰。不过，其政治正当性的逻辑则来源于儒家的正统性原理。

之所以如此，是因为就祭祀传统来说，“从佛教传入日本后的本地垂迹、神佛习合，到朱子学在江户时代主张的神儒习合，外来思想在日本扎根都要借助本土的文化资源，尤其在具有悠久历史的祭祀领域。如黑住真所言，一部分先进的儒教从政者和政治学家，认为宗教祭祀的确立对国家和地域秩序的稳定十分重要，从这一点出发，他们对于将祭祀委任给佛教的现状充满了不安、不满。……18世纪初，新井白石、荻生徂徕等人试图确立以儒教为基础的国家祭祀。这种尝试成为了19世纪水户学、平田国学等的主题。但是，这些儒学者所进行的祭祀确立的尝试，总的来说，采取的是以神道为中心或者神儒习合的形式，他们不可能独立地实行儒教祭祀。”①

而且，会泽对于神道祭祀的素材选取，如后期水户学的其他学者一般，皆受到江户国学的影响。正如吕玉新所言：“后期水户学的新理论，是一个借用了舜水、光圀、徂徕的事学方法，实质内容却融入了本居宣长以来国学主张的混合体，鼓吹政教合一，……不啻为危险的政治神学。”②充满了“去中国化”的明确自觉。这样一来，会泽通过对日本传统祭祀进

① 黒住真『近世日本社会と儒教』、ぺりかん社、2003年、第188頁。

② 吕玉新：《政体、文明、族群之辩：德川日本思想史》，香港中文大学出版社2017年版，第277页。

行二次解读，确立日本式礼典制度的理念，实质上是以日本神道（记纪神话）为内容，建立在利用中国正统朱子学概念进行日式朱子学逻辑解释的基础上。

以此为背景，会泽祭政一致的国家构想以礼典制度的确立为现实主张，其中，祭祀成为礼典制度确立的核心。他将作为神道仪式的大尝祭，视为天下第一大祭祀，希望建立以其为中心、日本式的礼典制度。在与幕府的竞争中，确立天皇的绝对正统性原则，加强天皇的权威，构建了天皇三位一体的绝对正统性，即天命的正统性、血统主义的正统性与恩情主义的正统性。

（一）儒家正统性的三种来源

有关儒家正统性问题，丸山真男曾有过深入的研究。1965 年，在《神道的意识形态化》中，丸山将近世日本思想家注重正统性问题的渊源，追溯到《神皇正统记》（1343），厘清正统性概念的两层含义：一是指皇位继承的正统性；另外则指的是统治国家指导原理的正统性。在此基础上，丸山还划分了正统性的三种类型：第一种是神敕的正统性，与此对应的是中国“天子”或“天命”以治天下的君权神授观念。第二种是血统的正统性，即通过皇室血统的连续性，赋予皇位以血缘世袭的正统性。上述两种皆是皇位继承的正统性指征，用以预防皇位被皇族以外的人所篡夺。第三种是即位手续的正统性，即通过以正确的方式获得三种神器，赋予天皇皇位以形式的正统性，用以预防皇位被皇族内部、天皇以外的人所篡夺，或者由臣下另拥天皇以外的皇族成为天皇。[①]

1980 年，丸山真男又发表《暗斋与暗斋学派》，可以视为《神道的意识形态化》一文的拓展和延伸。17 世纪后半期，外来的朱子学在江户时代的影响逐渐扩大，冲击着《神皇正统记》中的正统性观念。以此为背景，在闇斋学派内部，由朱子学受容所引发的“同门异户”的有关正统性问题的论争中，丸山试图重新定义儒家的正统性概念，将其划分为两种不同起源的正统性。一种是 O 正统性（Orthodox），指的是“以教义、世界观为核

① 参考丸山眞男「神道のイデオロギー化」、『丸山眞男講義録』第 5 册、東京大学出版会、1999 年、第 291—293 頁。

心的正统性，其反义词是：异学、异端、异教、邪说”。另一种是L正统性（Legitimate），指的是“统治者和统治体系为主体的正统性，政治的正统性问题。其反义词是：霸统、闰统、僭伪、篡贼”。[①] 其中，L正统性又细分为两种不同来源的政治正统性：一种是来源于血缘继承的正统性，另一种是来源于道德的正统性。三者在儒家思想中处于互相竞争的地位，集中反映在“易姓革命”承认与否的问题当中。具体说来，即君主如果只有血缘的正统性却没有道德，有德者是否有权力推翻无德君主，实现王朝更替，取而代之。这主要体现在中国三代历史叙述中关于商周朝代更替的正统论叙述中。虽然商朝在“君权神授”的观念下，以血缘继承为缘由延续数代，但天既授商命，又为何转而授周命？这种来自“天命”可以更改的质疑即引发了周公在“道德”方面取胜的论述。故而“以德配天”成为西周证明自身统治正统性的重要政治主张。

（二）会泽正志斋的正统性论：天皇三位一体的绝对正统性

与中国儒家正统性在“天命”“血缘”“道德”之间相互转换不同，会泽正志斋以“礼制”为核心的祭政一致国家构想中，他通过将大尝祭置于天皇祭祀的顶点地位，以神话为素材，构建了以天命正统性为核心的神话世界观。以此为基础，通过将道德正统性转换为恩情正统性，确立了天皇L正统性中的血缘正统性与道德正统性并行不悖的逻辑，以此构建了天命正统性、血缘主义正统性、恩情（道德）主义正统性三位一体的绝对正统性。

在会泽最重要的代表作《新论》中，他通过日本记纪神话，将大尝祭与“天祖”这一概念联系在一起，构建了天皇三位一体绝对正统性的“君权神授”世界观，以此创建了天皇统治的天命正统性。其中写道：

> 夫以天祖之遗体，而膺天祖之事，肃然僾然，见当初仪容于今日，则君臣观感，洋洋乎如在天祖之左右。而群臣之视天孙，亦犹视天祖，其情之发于自然者，岂得已哉。而群臣也者，亦皆神明之胄，

---

① 丸山眞男「神道のイデオロギー化」、『丸山眞男講義録』第5册、東京大学出版会、1999年、第293頁。

其先世事天祖天孙，有功德于民，列在祀典。而宗子纠缉族人，以主其祭，入以追孝其祖，出以供奉大祭，亦各以其祖先之遗体，行祖先之事，恻然悚然，念乃祖乃父所以敬事皇祖天神者，岂忍忘其祖背其君哉？于是乎孝敬之心，父以传子，子以传孙，继志述事，虽千百世犹如一日，孝以移忠于君，忠以奉其先志，忠孝出于一，教训正俗，不言而化。祭以为政，政以为教，教之与政，未尝分为二。故民唯知敬天祖奉天胤，所乡一定，不见异物，是以民志一而天人合矣。此帝王所恃以保四海，而祖宗所以建国开基之大体。①

需要指出的是，这里的“天祖”指的是记纪神话中天皇家的祖神——天照大神。以“天祖”来称呼天照大神，则是会泽的首创。根据子安宣邦的研究，这是一个“将儒家式的‘天’与‘祖考’观念附会于皇祖天照大神的过程中形成的日本式汉语概念”。② 它“首先依照‘事天’的逻辑而展开”。就是说，这里阐述的是：天子（统一天下者）的政治行为（政事）是遵从天命、代替天而进行的，不外乎奉天行事的“事天”行为。这里是以“天”这一在古代中国具有政治性的概念为前提，阐明由代替“天”的天子所进行的统治行为的正当性。会泽构建了天皇奉天照大神神谕而统治天下的政治世界观，以此确立了天皇统治的正统性的建构。

其次，这里的“天祖”概念，还有将“祖考”与“天”合并的意思，同时具有了“事天”的天子的统治行为（政事）同时也是作为侍奉祖考（天祖）的祭祀行为（祭事）这种含义。也就是说，在这一逻辑下，天照大神之所以命令天皇统治日本，其原因在于天皇与天照大神存在血缘的联系。这样一来，天皇作为天照大神的子孙，其血缘的延续性所反映的L正统性则被纳入了奉天照大神神谕统治的天命正统性中进行解释。儒家血缘正统性的合理主义逻辑在会泽的解释中，也充斥着神话信仰色彩。

最后，除此之外，会泽还将儒家合理主义中的道德正统性纳入到“君权神授”的天命正统性当中，这一逻辑论述是将道德正统性转换为恩情正

① 会沢正志斎「國體上、新論」、福田耕二郎校注、『神道大系論説編』15、第18頁。

② 〔日〕子安宣邦：《国家与祭祀：国家神道的现在》，董炳月译，生活·读书·新知三联书店2007年版，第66页。

统性完成的。《新论》中并没有提及天皇本人的道德，却提及了天祖抚育苍生的大德，并将天皇的正统性建立在带领子民报答天祖大德的基础上。其中写道：

> 夫尝者，始尝新谷，而飨于天神也。天祖得嘉谷之种，以为可以生活苍生，乃种之御田，又口含茧而始有养蚕之道，是为万民衣食之原，及传天下皇孙，特授之以斋庭之穗，所以重民命而贵嘉谷者，亦可见也。故大尝之祭，烹熟新谷以殷荐之，其币则缯服荒服，盖其所以报本也。御禊所以致洁也。天皇徒跣不警跸，敬之至也。日荫鬘，帛御衣，至敬无文也。①

在会泽的叙述中，天祖，即天照大神是种稻养蚕的始祖，它是日本人民得以丰衣足食的起源。在这里，天照大神被塑造成了农业神。其中对天照大神"重民命、贵嘉谷"的评价类似于《尚书》中"民之所欲，天必从之"，反映了对天照大神道德全能的论述。不过，根据《古事记》，天照大神本来是万物生成之母伊邪那岐命洗涤眼睛而产生的太阳神，② 其实，《古事记》中记载的农业神是大气津比卖，他在被须佐之男命杀死之后，"从头上生出了蚕，从两眼里生出了稻种。……于是神产巢日御祖神把这些东西采集起来作为种子"。③

那么，会泽为何会特别强调《古事记》中所没有记载的天照大神农业神的身份，并以此作为天照大神道德全能主义的象征呢？这有可能是受到儒家先秦礼制观念的启发。《礼记·月令》中有周天子行籍田礼、皇后行先蚕礼的记载："（孟春之月）天子乃以元日，祈谷于上帝，乃择元辰，天子亲载耒耜，措之于参保介之御间，帅三公九卿、诸侯、大夫，躬耕帝籍。……（季春之月）后妃齐戒，亲东乡躬桑，禁妇女毋观。省妇使，以劝蚕事，蚕事既登，分茧称丝，效功，以共郊庙之服。"在会泽的解释中，这种儒家用来反映周天子和皇后德行的礼仪被转换为对天照大神的道德全

---

① 会沢正志斎「國體上、新論」、福田耕二郎校注、『神道大系論説編』15、第17頁。
② 〔日〕梅原猛：《诸神流窜：论日本古事记》，经济日报出版社1999年版，第3页。
③ 〔日〕梅原猛：《诸神流窜：论日本古事记》，经济日报出版社1999年版，第21页。

能主义的歌颂，以此构成天皇报恩主义正统性的源泉。

会泽在上述文本中还强调天孙是从天照大神处获得稻种与蚕种，再传与国民。如果我们推断会泽对于天照大神作为农业神的论述有神话基础，但是《古事记》中没有明确记载，也可以认为，有可能是天照大神从神产巢日御祖神①那里获得了稻种和蚕茧，再授予天孙传到人间。不过按照辈分来说，神产巢日御祖神是天孙琼琼杵的祖母，天孙也完全可以通过其母系一脉，直接从神产巢日御祖神那里获得稻种和蚕茧。会泽之所以强调天孙的农业技能来源于天照大神，则是因为他需要通过将天照大神的道德全能转换为天孙报答天照大神、国民报答天孙的恩情正统性延续理论，将国民—天孙—天照大神一脉串联起来，在神话世界观的基础上，确立天皇统治的恩情正统性基础。

（三）会泽正志斋的大尝祭论：天皇三位一体绝对正统性的制度来源

如上文所言，会泽正志斋重视国家的礼典制度，希望借此确立天皇三位一体的绝对正统性。在逻辑的构架中，他借助日本神话，创立了神话世界观，确立了天皇统治的天命正统性。在此基础上，他通过对天孙与天照大神的血脉延续的叙述、天孙为报答天照大神的抚育恩德，将儒家 L 正统性中的血缘与道德互相竞争的正统性结构转换为日本式的血缘与报恩相互联结的 L 正统性结构，完成了对天皇三位一体绝对正统性的叙述。这种天皇三位一体正统性的现实实践，体现在以大尝祭为核心的祭祀礼典当中。

在《下学迩言》中，会泽正志斋写道，

> 古者事天祀先之义，大尝一祀，而兼尽全备，不必分郊社与缔尝以为二，易简之善，盖亦出于风土之宜也。②

从中可以看出，会泽赋予大尝祭至高地位。其原因在于，大尝祭包含了两重祭祀内容。一者“事天”，等同于儒家的“郊社”，如《中庸》所说，“郊社之礼，所以事上帝也”，即天皇祭祀天地的国家大典。一者“祀先”，

① 《古事记》中，天地开辟时，在天之御中主神、高御产巢日神之后出现在高天原的神，造化三神之一。

② 会沢正志斎《下学邇言》、会沢善、1892 年、第 36 頁。

相当于儒家的“缔尝”，《礼记·王制》曰，“天子诸侯宗庙之祭，春曰礿，夏曰禘，秋曰尝，冬曰烝”，也即天皇祭祀祖先的大礼。将祭祀天地与祭祀祖先的大礼合二为一，构成了大尝祭的祭天典礼与祭祖典礼的双重属性。从这个意义上说，大尝祭成为天皇天命正统性与血缘正统性的现实仪式基础。

此外，大尝祭也是天孙报答天照大神的至高大德，达成报恩主义正统性的仪式基础。请容笔者重复引用会泽《新论》中有关天照大神道德全能主义的论述部分。

> 夫尝者，始尝新谷，而飨于天神也。天祖得嘉谷之种，以为可以生活苍生，乃种之御田，又口含茧而始有养蚕之道，是为万民衣食之原，及传天下皇孙，特授之以斋庭之穗，所以重民命，而贵嘉谷者，亦可见也。故大尝之祭，烹熟新谷以殷荐之，其币则缯服荒服，盖其所以报本也。御禊所以致洁也。天皇徒跣不警跸，敬之至也。日荫鬘，帛御衣，至敬无文也。[①]

从中可以看出，大尝祭不但是祭天、祭祖的礼仪，而且是祭祀农业神的礼仪。不过需要注意的是，大尝祭对于农业神（天照大神）的祭祀，并非简单地祈求翌年五谷丰登的传统东亚农业祭祀，其中包含着作为天孙的天皇对于作为农业神的天照大神的感激和报恩心理；也包含着天皇代表民众感谢和报答天照大神的祭祀王德身份，串联起了民众—天皇—天照大神的层层报恩的连续性。

综上所述，大尝祭之所以具有至高无上的地位，其实来源于三个层面，对应着天皇三位一体绝对正统性的三个层面。它代表着祭天礼仪、祭祖礼仪和收获报恩礼仪，借此对应着天皇天命的正统性、血缘的正统性和报恩主义的正统性。

四　结语

根据文献记载，大尝祭虽然起源于7世纪中叶，但是其在中世后期断

① 会沢正志斎「國體上、新論」、福田耕二郎校注、『神道大系論説編』15、第17頁。

绝了220余年，于江户初期复兴。它在近代日本国家体制构建中所获得的至高无上地位源于其政治意涵，其来源可以追溯到幕末的水户学，尤其是会泽正志斋祭政一致的国家构想。会泽重视礼制，希望建立以礼典为核心的国家体制。其中，天皇位于统治的核心地位，拥有天命主义正统性、血缘主义正统性和报恩主义正统性三者合一的绝对正统性。这种正统性在政治实践里反映在以祭祀为核心的日本礼制构想中。在这种构想中，大尝祭处于各种祭祀的顶点，它代表了天皇祭天、祭祖、报恩的三重含义，分别对应着天皇的三重正统性逻辑。大尝祭在明治国家建立的祭政一致国家体制中至高无上的地位即来源于此。

论芥川奖获奖小说《异类婚姻谭》中的婚姻价值观

李姝蓓[*]

一　本谷有希子与《异类婚姻谭》

本谷有希子，1979年出生于日本石川县，身兼话剧作家与小说家并在两个领域都颇具影响。2000年创立剧团《剧团　本谷有希子》，上演的话剧颇受好评，2007年凭借剧本《遇难》获取第十届鹤屋南北戏曲奖，2009年以《幸福最棒谢谢真的!》摘得第五十三届岸田国士戏曲奖。小说领域更是成果丰硕，屡次入围日本三大纯文学新人奖候选名单，其中，四度入围日本国民大奖芥川奖（2006年《只有爱能让我生存》；2009年《那个孩子的想法有些奇怪》；2011年《温吞的毒》），2015年以作品《异类婚姻谭》第四次进入候选名单，并最终获得评委一致好评，于2016年新年伊始折取芥川奖桂冠，成为继笙野赖子、鹿岛田真希之后日本纯文学新人奖“三冠王”。

本谷有希子前期作品关注个体自我，主人公常常具有内向型特点与过度的自我意识。对此，本谷言及自己在二十几岁时，过于专注人物的自我进行创作，而在写作《异类婚姻谭》的过程中，兴趣逐渐由内部转向外部。[①] 本谷在《异类婚姻谭》中投射了自身经历，将使用电脑“人脸识

---

* 李姝蓓，中国社会科学院大学日本研究系博士研究生、山西师范大学外国语学院讲师。

① 本谷有希子、村田沙耶香、吉村千彰『結婚の不思議、夫婦の不気味』、『群像』71（2）2016—02。

别”软件整理相片时，自己与丈夫的相片被整理在一起的发现作为切入点，探讨婚姻家庭关系中的不安与恐惧。小说以主人公三三偶然发现自己与丈夫的容貌相像为开端，由这一司空见惯的婚姻现象并未衍生出常套的“夫妻相”幸福论，而是一反常态地阐述了夫妻关系日常生活中的潜在危机。同为作家的村田沙耶香称：“小说非常有趣。乍看起来夫妻相像是幸福的象征，但是如果是本谷笔下的相像的话，肯定是个让人恐怖不安的故事，我正是怀着这样的期待来读这一小说的。”①

《异类婚姻谭》以传统文学样式“谭”为架构，融入现代都市婚姻故事，讲述了主人公三三夫妇的婚姻关系。作品以三三夫妇违和的婚姻关系为创作线索贯穿始终，并在其中穿插着主人公弟弟千太与女友哈克蕾、邻居北江与丈夫新井的婚恋生活。小说主人公三三因发现自己与丈夫面貌相像而“不由得心里发毛”，这一开头不仅抓人眼球，而且为小说奠定了怀疑与紧张的基调，使小说带有恐怖与不安的氛围。之后，通过描写三三夫妇一系列日常琐碎中的反常，小说恐怖与不安的氛围升级，直到三三丈夫变身为白芍药，小说“异类婚姻谭”的框架得以完成，而其引发的对于现代婚姻的体悟让人深思，为进一步解读提供了空间。

对于这部作品，芥川奖评委山田咏美评价：“小说一改迄今为止作品主人公喧闹形象，有一种奇幻的诡异与静谧的哀伤，成为这一作品的魅力。”② 日本文学评论家清水良典指出：“本谷惯常描写夫妻与家庭间的违和与压力，这次的《异类婚姻谭》可称为集大成作。”③ 陈婷婷在《现代“说话”的吊诡之美——评2016年芥川奖获奖作品〈异类婚姻谭〉》中从“自我/他者”的哲学角度分析了三三夫妻对立矛盾的关系。④ 而芥川奖评委奥泉光则指出：“夫妇容颜相似带来的诡异感让小说充满某种紧张气氛，读完后却产生了一种不可思议的温软感情。”⑤ 吉村千彰在采访时指出：“作品尽管在背景设置上未做改变，但却毫无闭塞感，只有夫妇容颜相似

① 本谷有希子、村田沙耶香、吉村千彰『結婚の不思議、夫婦の不気味』、『群像』71（2）2016—02。

② 山田咏美『選評』、『文藝春秋』2016年3月特别号。

③ 春日武彦、清水良典、沼野充义『創作合評』、『群像』70（12）2015—12。

④ 陈婷婷：《现代“说话”的吊诡之美——评2016年芥川奖获奖作品〈异类婚姻谭〉》，《外国文学动态研究》2016年第4期。

⑤ 奥泉光『奇を衒う』、『文藝春秋』2016年3月特别号。

所带来的诡异感。”[①] 可以看出以上评论皆针对小说主要人物三三夫妇让人产生的不安与不快，而忽略了其他几组婚恋关系人物所起的作用及带给我们的感受。结合评论细读小说不免产生这样的疑问，三三夫妇如何让人不快？其他几组人物婚恋关系与三三夫妇有着怎样的关联与差异？本谷通过小说想要传达什么样的婚恋价值观？这一系列的问题成为解读《异类婚姻谭》的关键。

二　以“婚姻谭”的样式凸显日本现代婚姻关系的情感缺失

“谭”即“说话”，为日本传统文学样式。据《新明解国语辞典》（2012 年版）解释，“是民间口头相传的故事、神话、传说及童话等的总称”。从内容上可分为两类：一类为佛教说话，以劝善惩恶、因果应报为主旨；另一类为世俗说话，以人情义理、恩怨纠葛为主题。《日本灵异记》《今昔物语集》《古今著文集》《宇治拾遗物语》等皆为具有悠久传承历史的说话集，更是日本文学创作者的素材来源，对其进行挖掘再创作的代表性人物当属芥川龙之介，其“翻新”而成的《地狱变》《鼻子》等堪称经典。近年来，日本国民大奖芥川奖奖单中出现多位以变身谭为创作主题的女性作家，继川上弘美的《踏蛇》、多和田叶子的《入赘的狗女婿》之后，本谷有希子以《异类婚姻谭》摘得芥川奖桂冠。

婚姻谭为说话文学常用题材，传统的《鹤妻》《京鹿子娘道成寺》等在日本可谓家喻户晓。相较于传统婚姻谭中女性以婚姻来奉献报恩或者姻缘不成而因爱生恨的主题，本谷有希子笔下的“婚姻谭”戏仿传统文学样式言说现代都市婚姻故事，透过婚姻关系浓缩当下日本社会人际关系的疏离，揭示传统婚姻制度对日本人性别身份的禁锢，探究婚姻形式的多元化，进而质疑传统婚姻神话，反映现代婚姻观念，形成具有现实色彩的“异类婚姻谭”。

在基本人际状态中，婚姻关系当属最亲密关系之一，夫妻彼此归属于

---

① 本谷有希子、村田沙耶香、吉村千彰『結婚の不思議、夫婦の不気味』、『群像』71（2）2016—02，第 114 頁。

相互的"身内"（意指自己人）圈。本应充溢着温馨与浪漫的亲密关系在《异类婚姻谭》中却带有了一种吊诡色彩，让人不由得产生不安与恐惧之感。小说以"理所当然"被认同的日常夫妻现象"夫妻相"开始："某天，突然留意到自己的脸和丈夫的脸变得一模一样。"① 接续这一开头，作者笔锋一转，点明主人公三三对此"不由得心里发毛"。读者也不由得好奇：主人公为何会有这一反应？又是什么让其心生不安？对于这些疑惑，作者却似乎有意迟迟不言，而是在之后日常琐碎的娓娓道来中将其不断升级，最终形成这一佳作。正如作者在接受采访时所指出的："将无形的情感、意识、观念等赋予有形的故事，这便是小说的一大作用。"② 本谷在《异类婚姻谭》中便是将"习以为常"的婚姻关系中的"匪夷所思"作为小说主题展开叙述的。

俗话说，至亲至疏夫妻。意思是指夫妻心心相印才能通向理想婚姻状态，反之将成为"最熟悉的陌生人"。夫妻之间不仅包含着物理时空上的亲近性，还应具有心理空间上的互通性。正如爱默生·艾格里奇所指出的，幸福婚姻中的夫妻能感觉到亲密感，这种亲密感，不是肢体方面的，而是情感方面的，他们能感觉到两人的心相互靠近、相互依赖。

小说主人公三三婚前曾是饮水机公司的事务员，正当工作繁重导致健康崩溃与内心苦闷时，认识了有房有金、工作稳定的现任丈夫，随后便以结婚为契机实现了"寿退社"，成为一名家庭主妇。三三将婚后家庭比喻为"乐园或极乐净土"，在这里"时间应有尽有""有会结出果实的树，有与动物们尽情游戏的时间"③；同时，又将主妇生活比拟为岛屿流放，虽然"感觉自己似乎是个某处已经被切断分割的人"，但想到能避免"与他人的纠纷争执"，便"飘飘浮浮地成为了极乐居民"。④ 在三三看来，婚姻成为其摆脱工作压力、避开与他人冲突的手段，主人公俨然乐在其中。

对三三丈夫而言，婚姻是让对方替自己解决麻烦的"理直"途径；家庭是让自己得以慵懒的"气壮"场所。主人公丈夫总是对所遇所嫌的麻烦

① 本谷有希子『異類婚姻譚』、講談社、2016年、第7頁。

② 吉田大助、本谷有希子『本谷有希子インタビュー 60篇ボツにした2年半』、『文学界』70（3）2016—03。

③ 本谷有希子『異類婚姻譚』、講談社、2016年、第76頁。

④ 本谷有希子『異類婚姻譚』、講談社、2016年、第76頁。

事退避三舍：在家里，毫不忌惮地宣称自己“绝不干家电配线之类的麻烦事”[①]；出门后，因自己随便吐痰与人发生纠葛时，无所顾忌地将其甩给三三处理；对三三，婚后不久便表明自己是个“在家里不想动任何脑筋的男人”[②]，并将其堂而皇之地称为亮出“真正的自我”；对他人，当听到三三帮朋友做结婚典礼的准备时，不通人事地感慨三三“真能没事找事”[③]；甚至当听说邻居因宠物猫大小便失禁烦恼不已时，执拗地对自家的猫发命令，不许其给自己添麻烦。丈夫自顾自地认为提供给了三三居住场所——房产与不用出去工作的方便，结婚之后，家里便再无什么重要的事，夫妻间也再没什么重要的话。三三丈夫“理直气壮”言行的背后，让人感觉到的是温情与爱意的缺席。

婚姻的实体性在于建构家庭与生育；而婚姻的本质性则是爱与尊重。陆心宇在《论婚姻中尊重与爱的关系——以康德、黑格尔与克尔凯郭尔为参照》里总结对比了先哲对于婚姻的观点，并指出他们之间的合题是强调婚姻的审美性在于其无目的性，应避免通过婚姻将他人降格为唯我论的手段。[④] 恩格斯也在批判资产阶级家庭时指出：“维系家庭的纽带并不是家庭的爱，而是隐藏在财产共有这一外衣下的私人利益。”[⑤] 剥离了情感性的婚姻家庭，只剩下了功能性。俗语说，有情饮水饱，无情金屋寒。《异类婚姻谭》一开始便道明三三对于自己与丈夫相像的感受，即“不由得心里发毛”。[⑥] 在经过对日常琐碎的描写后，小说结尾部分与开头相呼应：当主人公三三听到丈夫对于婚姻生活的见解时，“不由得感觉后背凉飕飕地翻腾着阵阵寒气”[⑦]；在听完丈夫对于二人为何结婚的解释后，“感觉全身汗毛悚然倒竖起来”[⑧]；而发现变身为白芍药的丈夫与邻近龙胆变得相似之后，

---

① 本谷有希子『異類婚姻譚』、講談社、2016 年、第 22 頁。

② 本谷有希子『異類婚姻譚』、講談社、2016 年、第 20 頁。

③ 本谷有希子『異類婚姻譚』、講談社、2016 年、第 43 頁。

④ 陆心宇：《论婚姻中尊重与爱的关系——以康德、黑格尔与克尔凯郭尔为参照》，《复旦学报》（社会科学版）2018 年第 5 期。

⑤ 恩格斯：《英国工人阶级状况》，《马克思恩格斯全集》第二卷，人民出版社 1957 年版，第 433 页。

⑥ 本谷有希子『異類婚姻譚』、講談社、2016 年、第 7 頁。

⑦ 本谷有希子『異類婚姻譚』、講談社、2016 年、第 101 頁。

⑧ 本谷有希子『異類婚姻譚』、講談社、2016 年、第 102 頁。

三三再次“感觉到一丝寒意”。[①] 本谷运用这种首尾呼应的形式呈现出夫妻二人情感上的疏离。

“自我”与“爱”可以说是本谷作品的两大主题。关于前者，现有的评论已较多涉及，如山田咏美指出的“纷乱喧闹的女主人公”[②] 与岛田雅彦评价的“自爆式人物”[③] 指向的正是具有“过剩自我意识”的人物形象，作者本人在关于《异类婚姻谭》的访谈中也提道：“一直以来我对于外部世界不太感兴趣，但在构思这一小说时，发现自己逐渐对于自我这一内在世界失去了兴趣，逐渐转向外部世界。”[④] 而对于后者，从本谷作品的题目可窥见一斑，其中有像“腑抜けど、悲しい愛を見せろ”“生きているだけ、愛”这样开门见山标明主旨的，也有像“幸せ最高ありがとうマジで一”“自分を好きになる方法”等异曲同工相似表达的。从作品内容上看，或者是由人物自我意识衍生出的“自我爱”，再或者是对自我与他者联系的寻求探索，《异类婚姻谭》便是以夫妻关系为题材，从反面揭示自我与他者的联系不单是物理时空上的，更是情感观念上的，没有对彼此情感上的尊重与发自内心的爱，即便是生活在同一屋檐下，长相日趋相同，最终也只能是“貌合神离”。

在本谷笔下，传统婚姻谭中异类变身为妻子报恩复怨的神话原型，转换成丈夫变身为异类、妻子则在旁人看来“失去了人样子”[⑤] 的现代寓言。传统异类谭所含有的恩怨情感被置换为现代婚姻关系的情感缺失，现代夫妻日常中的反常隐含其中，不禁让人审视自身婚姻状态中的不安因素。本乡和人在其书评中指出小说所呈现的婚姻绝非“他人事”。[⑥] 评论家清水良典指出小说反映了当代日本人的婚姻家庭实况与意识，即婚姻家庭告别了浪漫，不再成为人们憧憬与向往的对象。[⑦]

---

① 本谷有希子『異類婚姻譚』、講談社、2016 年、第 110 頁。

② 山田咏美『選評』、『文藝春秋』2016 年 3 月特別号。

③ 島田雅彦『悪政下の文学』、『文藝春秋』2016 年 3 月特別号。

④ 本谷有希子、村田沙耶香、吉村千彰『結婚の不思議、夫婦の不気味』、『群像』71（2）2016—02、第 111 頁。

⑤ 本谷有希子『異類婚姻譚』、講談社、2016 年、第 96 頁。

⑥ 本郷和人（書評）『異類婚姻譚』、『朝日新聞』2016 年 02 月 07 日朝刊。

⑦ 春日武彦、清水良典、沼野充義『創作合評』、『群像』70（12）2015—12、第 278 頁。

三 以“变身谭”的形式暗喻日本传统性别分工对人的异化

日本家庭社会学的代表性学者落合惠美子指出，日本近代家庭形成于大正时期，与战后的高速成长一并得到了发展，其主要特征之一为“男性在公共领域女性在家庭领域的性别分工”，即为我们所熟知的“男主外，女主内”家庭模式。这一相对稳定的性别分工有着较长的历史过程，一度被日本社会理想化为“人间之幸福”“地上之天国”，时至今日仍广被接受。根据日本内阁府男女共同参画局的舆论调查，对于“男主外，女主内”的性别分工，持“赞成”与“大致赞成”态度的比例保持基本稳定状态。由此可见，这一历史性规范已内化为日本人的意识形态，无论是出于主观意愿还是被动接受，近半数人投了赞成票成为不争的事实。对于这一社会现实，本谷或无意或有意地通过《异类婚姻谭》给出了自己的思考。

本谷在《异类婚姻谭》中编织出两条线索：一条为三三自我意识由萎缩渐渐清晰的过程；另一条为丈夫渐变为白芍药的铺陈。这两条线索交织进行，使得小说自始至终贯穿了令人恐惧不安的氛围。正如芥川奖评委小川洋子所言：“丈夫让人感到不快，对丈夫言听计从的三三更是让人不安。”①

本谷笔下的三三一出场自带两大特征：一是萎缩的自我意识；二是家庭主妇的身份。作者还为其提供了一个乌托邦式的环境：少见的大型公寓表明其优渥的住居；高薪白领丈夫提供其经济保障；齐备的家用电器保障其悠闲时间。看似安稳的生活中三三安乐却空虚，悠然又混沌。三三没有自我的主妇生活可以总结为一切因丈夫，一切为丈夫。三三和丈夫一起餐桌用饭时，为不影响丈夫看电视，只能坐在丈夫右侧，而一个人吃饭时就在电视机前沙发上凑合。对于丈夫表现出丝毫不想沾手家务事，一切甩给自己的理所当然，以及在家不想动任何脑筋，只想看电视节目的恃宠而骄，三三只是顺其自然地接受。丈夫不仅命令般地让三三替自己记着年

① 小川洋子『目に映ったままをただ見る』、『文藝春秋』2016年3月特別号。

龄，更是将日常生活中自己引起的麻烦事塞给三三处理。丈夫因随便吐痰与陌生女人产生纠纷时，只是把三三拉出来让其处理，自己则若无其事地旁观起来。在丈夫看来，作为妻子的三三不但不可以给自己造成麻烦，还得包揽自己所认为的一切麻烦。丈夫已然将三三置于自我的延长线上，而原本就自我萎缩的三三模模糊糊地接受了一切。三三坦然地用自己的手帕擦掉丈夫吐的痰，仿佛是自己吐的一样；欣然听着丈夫回忆，称三三曾开心地吃下自己咬成小块吐出的水果，似乎也没有什么异样感。三三的自我与丈夫同化在一起，而三三主妇的身份又从属于丈夫，三三已经不再是三三自己，而只是丈夫的主妇。本谷正是采用这种极致的笔力呈现了隐藏在日常安稳下三三的异化与主妇的危机，让人读来不寒而栗。

本谷以主人公三三的视角展开叙事，赋予三三开放的视线，三三得以在人际交往中逐渐意识到一直以来混沌存在的自己。当三三与邻居北江谈论起自己与丈夫长相日渐趋同的发现时，北江提醒道："像三三这样什么都照单全收的孩子，可是会在眨眼之间……枯萎掉的。"① 之后还给三三讲述了自己友人夫妇的故事。北江的丈夫新井也建议三三为保持"端正的人样子"，在夫妇之间"夹进一些什么"。② 虽然三三对北江所讲的故事理不出个头绪，对北江丈夫新井所说的也感到不明就里，但三三开始思考婚姻，意识自我。弟弟女友哈克蕾将婚姻类比为蛇球，即夫妻双方像两条蛇，彼此以相同速度食用对方的尾巴，最后只剩下头与头，变成蛇球。这一比喻更是让三三有所自觉，"感到至今为止一直模模糊糊的东西，终于变得清晰明了起来"③，意识到"现在的我，已经是被许多条蛇吞噬过的类似于蛇的亡灵一样的东西。在被丈夫吞噬之前，自己本来的身体早就已经失去了"。④

虽然三三的自我意识渐趋明朗，对于婚姻关系不再是一直以来"无所谓"的态度，开始思考与内省，但内心依然矛盾，是继续没有自我的"内助"生活，还是走出"舒适圈"实现自我，三三犹豫不决。三三摇摆的内

① 本谷有希子『異類婚姻譚』、講談社、2016 年、第 11 頁。
② 本谷有希子『異類婚姻譚』、講談社、2016 年、第 96—97 頁。
③ 本谷有希子『異類婚姻譚』、講談社、2016 年、第 53 頁。
④ 本谷有希子『異類婚姻譚』、講談社、2016 年、第 53 頁。

心经由其对待丈夫所做炸货的态度得到象征：由最初的“好有食欲”[①] 至第二次的“一边心生厌腻，一边将炸货放进口中”[②]，第三次吃时则感到“现在必须赶快吐出来。可越是焦急就越是嗬呼嗬呼地吹气，舌头反而越是开始品味起来”。[③] 吃了三次炸货，三三由无意识的本能转为有意识的矛盾。小说结尾部分也是故事高潮，丈夫在逐级异化后变身为白芍药，同时三三也在矛盾之后做出决定，拒绝与丈夫同化。当三三将真实想法说出时，虽然没有第四次吃炸货，却感到“就像至今为止不得不吃下去的那些炸货，接连不断的许多话就像从体内被呕吐了出来一样”。[④] 法国结构主义叙事学家热奈特指出：“重复是思想的构筑，它去除每次的特点，保留它与同类别其他次出现的共同点。”[⑤] 此外，叙事中的重复并不是简单的雷同，它在叙事中纳入了一定的差异性，包含了意义的叠加和增殖。[⑥] 由此看来，小说后半部分反复描写丈夫做炸货三三吃的情形，看似重复的叙事中蕴含着三三内心的细微差异，即由安于被同化向矛盾挣扎再至决心反同化。

一般而言，婚姻是两个独立个体成为夫妇这一共同体的开始。通过结婚，两个独立的个体相结合，成为被社会承认的、具有持续性的共同体。[⑦] 日语谚语“夫妻原本是他人”，强调的正是婚姻中夫妻各自的个体性，而近代“家父长制”宣扬“一心同体”所构筑的婚姻神话不仅成为女性的桎梏，还禁锢着男性。日本近代文学中不乏这种苦闷困顿的男人与闷闷不乐的女人。站在这一层面，可以说本谷的《异类婚姻谭》暗含着近代以来形成的婚姻惯性思维对男女两性的异化，男性需要面对资本主义生产体系下的“过劳”与新自由主义体制下的竞争，而女性需要面对社会与家庭的双重“第二性”地位。关于主人公三三自我的异化与觉醒，笔者已在前文予

---

① 本谷有希子『異類婚姻譚』、講談社、2016 年、第 81 頁。

② 本谷有希子『異類婚姻譚』、講談社、2016 年、第 84—85 頁。

③ 本谷有希子『異類婚姻譚』、講談社、2016 年、第 100 頁。

④ 本谷有希子『異類婚姻譚』、講談社、2016 年、第 107 頁。

⑤ 〔法〕热拉尔 · 热奈特：《叙事话语 · 新叙事话语》，王文融译，中国社会科学出版社 1990 年版，第 73 页。

⑥ 赵文兰：《曼斯菲尔德〈鸽子先生和夫人〉的重复叙事探析》，《山东社会科学》2013 年第 8 期。

⑦ 加藤周一など『世界大百科事典』第 10 巻、平凡社、2007 年、第 610 頁。

以论述。与之相对应，作为婚姻关系另一方的丈夫是如何异化，又为何异化，成为剖析这一小说不能忽略的问题。

小说对于丈夫的描写采用了动物式的比喻方式。在外貌上，丈夫有着“像爬虫类的一双眼”①、“和鱼有点像的脸”②；生活方式上，丈夫“经常像鸟啄食一样只挑出味噌汤里的菜”③、在三三看来“比起（邻居家的宠物猫山椒）更加适合待在山林”。④ 这样的描写为小说最后丈夫变身做了铺垫，使读者感到现实性的同时，顺利进入魅惑与恍惚的世界。小说对于丈夫异化变身过程的描写采用了渐进式的方式。以丈夫的面部与声音等为象征，逐步呈现丈夫的异化。当在家里看电视综艺节目或与三三两个人相处时，丈夫的脸“随意”“松散”“草率”，之后又沉迷于 iPad 机械简单的硬币买土地的游戏，此时，丈夫的脸变得“开始超越我所能够容忍的、像是丈夫一类东西的范围了。终于开始忘记丈夫了”。⑤ 紧接着丈夫又开始喜欢下厨房炸东西，而声音与语气在三三听来变得“好像是丈夫的，但又好像是完全不认识的谁发出来的”⑥、“简直是老婆般的语气”。⑦ 最后丈夫干脆模仿三三的日常，做起了家庭采买与家务，被三三拒绝同化后，在三三的命令下变成了一株白芍药。由此可以看出，丈夫的变身异化渐行渐远，给人的不快也渐趋加深。

三三丈夫作为职场白领，虽然收入高出普通人，但从与三三弟弟的对话中不难发现其工作“压力山大”，“工作过度”“经常加班”成为其职场生存常态。小说虽然没有正面描写丈夫工作的场景，却通过其同事宇和野侧面烘托工作的忙碌，宇和野忙得没有时间开自己心仪的露营车，忙得只能通过简单机械的硬币买土地虚拟游戏获得愉悦感与成就感。值得注意的是，丈夫异化过程不仅表现为生理性的脸部变形、声音变化及行为改变，还包含着社会性的变化，体现为丈夫上班出勤的时间，由正常班替换为周末上班，再变为早退，最后凭医院诊断书拿到了有薪假期。作者本谷正是

① 本谷有希子『異類婚姻譚』、講談社、2016 年、第 21 頁。
② 本谷有希子『異類婚姻譚』、講談社、2016 年、第 32 頁。
③ 本谷有希子『異類婚姻譚』、講談社、2016 年、第 19 頁。
④ 本谷有希子『異類婚姻譚』、講談社、2016 年、第 91 頁。
⑤ 本谷有希子『異類婚姻譚』、講談社、2016 年、第 59 頁。
⑥ 本谷有希子『異類婚姻譚』、講談社、2016 年、第 82 頁。
⑦ 本谷有希子『異類婚姻譚』、講談社、2016 年、第 84 頁。

通过这种显性的生理性与社会性变化来象征丈夫隐形的精神性压抑。这种看似不经意的手法暗含日本传统性别角色分工及“男子气概”对男性的无形规制。社会赋予男性养家糊口的责任，同时也给予其家长权威。三三丈夫在社会性别“养家”角色、“亭主关白”家长气质与懒散嫌麻烦本性的矛盾掣肘中步步后退，由职场退缩回家庭，模仿起主妇角色；由最初长得像动物，最后异变为无意志的植物，完成了“脱”社会角色、“去”家庭角色、回归自然与本我的愿望。西方异化文学的代表性作家卡夫卡曾说过：“人类回归到动物，这比人的生活要简单得多。”① 而本谷笔下的丈夫则变身更为彻底，成为山芍药，摆脱作为人应承担的责任和烦恼，不再需要理性与身份，无须受社会体系的制约。

四　以“异类婚姻谭”的方式反映当代日本社会婚姻观念与形式的多样化

小说以婚姻为主题，设置了多组婚恋关系，除构成小说线索的主人公三三夫妇外，还穿插有邻居北江夫妇、弟弟千太及同居女友哈克蕾。北江与新井的夫妻关系及千太与哈克蕾的恋人关系促使三三对自己的婚姻关系有所反思，而小说中呈现的婚恋关系折射出日本当代社会婚姻形态与婚姻观念的多元性。

本谷在与村田沙耶香的对谈中指出：“三三之所以最后排斥与丈夫同化，根本上在于二人婚姻观的差异。丈夫认为结婚就意味着彼此的同一化，与之相反，三三觉得即便结婚，他者依旧是他者。”② 小说中的丈夫喜欢每天看电视综艺节目，一度希望三三也像他一样坐在沙发上一边喝酒一边看电视，三三对此感到“不明白：这到底什么地方有趣呢?”之后丈夫将自己入迷的游戏推荐给三三，但三三却不理解简单重复性游戏的意义所在。当丈夫开始学做炸东西时，三三虽然在丈夫的劝说下一直不停地吃下去，但对隔三差五的炸货已渐生厌腻。丈夫对于三三的言听计从，表示出

---

① 陆霞：《〈变形记〉：荒诞与现实的梦幻结合》，《西南民族大学学报》（人文社科版）2003年第12期。

② 本谷有希子、村田沙耶香、吉村千彰『結婚の不思議、夫婦の不気味』、『群像』71（2）2016—02、第106頁。

“三三开始跟我像起来了，好高兴”“和三三一起真的是好放松”①，而三三偶然发现自己与丈夫面貌趋同，“不由得心里发毛”，尽管以一种“无所谓”的心态放纵丈夫，但最终还是拒绝与丈夫一体化。三三夫妇看似安稳的日常之所以弥漫着一种不和谐的氛围，夫妻间情感的淡漠、自我的异化与其有重要关联，而违和的婚姻观或成其根本原因。

与三三夫妇形成对比的是弟弟与女友、邻居北江与丈夫新井和谐的婚恋关系。弟弟千太与女友哈克蕾处于事实婚状态，二人性格友善、待人热情，帮三三维修冰箱，出借网络 ID 便于网上拍卖冰箱；和三三一起为北江家四处小便难以治愈的猫提供合适的弃养山林信息。二人与三三无话不谈，彼此之间更是有着一种心照不宣的默契。经济观念上，因哈克蕾稳健，二人合起来的钱包由其管理；婚姻观念上，哈克蕾将婚姻比作蛇球，称自己说不定会先“吞掉”千太，因此二人虽交往多年，却有意识地避开传统婚姻约束，尽量保持各自人格独立性，选择不婚同居的方式。

邻居北江夫妇花甲之年，且旅居美国多年，受双重文化影响，既注意美国式“个人”的独立性，又心仪日本式“缘人”的关联性。所谓“个人”与“缘人”是指不同的基本人际状态，相较于美国社会注重个体的独立与自由，日本社会更倾向于人与人之间的关联，即“缘”。北江在听到三三讲述自己与丈夫长相趋同的发现时，提醒三三“小心为好”，否则会“枯萎掉的”；在听到三三通常在超市买东西的购物方式时，主动介绍自己常去的商店街，并解释超市“一次性付款结账是感觉很方便，这种心情也能理解，但是人和人的交流接触可就没有了”②，感慨商店街让人感觉“就是这儿！日本”。丈夫新井在三三陪同其送猫至群马山林时，建议三三与丈夫之间“夹进一些什么东西才好”③；新井在三三看来，与北江完全不像，在弃猫事件中既能在北江犹豫时理性地承担起责任，又可以从情感上及时地安慰北江。综上可以看出，相较于三三夫妇的“貌合”，千太与哈克蕾、北江与新井的关系更接近“神通”；相较于婚姻形式，他们更注重婚姻的本质——爱与尊重。

---

① 本谷有希子『異類婚姻譚』、講談社、2016 年、第 85 頁。

② 本谷有希子『異類婚姻譚』、講談社、2016 年、第 64 頁。

③ 本谷有希子『異類婚姻譚』、講談社、2016 年、第 97 頁。

婚姻乃社会生活一大主题，婚姻关系是至亲社会关系之一。近年来，婚姻问题日益成为日本的社会问题，晚婚、不婚蔚然成风，“熟年离婚”“定年离婚”成为新潮。婚姻关系日趋引起人们的关注，《熟年离婚》《不结婚》《最完美的离婚》等大批影像制品纷纷聚焦婚姻话题，获得超高人气与收视率。作家与记者等则以其敏锐力更早地意识到这一社会问题，在通过自己的笔反映日本当代婚姻现象的同时，也为当今日本婚姻状态与今后婚姻趋势贡献出了自己的思考力。

记者亀山早苗于20世纪末，在大量观察调查后写成的《低温关系》中，提出“低温关系”概念，指出日本社会已成为“低温社会”，不论亲密的夫妻关系还是广泛的社会关系，都在走向淡漠，感情趋于平淡，彼此缺少关心，皆以自我为中心。亀山揭示出日本社会人与人之间的“无缘化”。大前研一在《低欲望社会》中感叹日本年轻人没有欲望、没有梦想、没有干劲，称日本已经陷入低欲望社会。近年来日本人结婚欲望低迷，结婚率持续降低。以前婚姻让人感觉浪漫，现在却只觉麻烦。本谷小说中三三与丈夫之间让人感受到的便是一种“低温关系”：三三感到“现在的自己更为伤感的是，想到或许会有一天，自己也会像宇和野的太太一样，对于宠物的死去更为伤悲吧”[①]；小说中的丈夫“慵懒”“乏力”“无食欲”，万事“嫌麻烦”，不想承担责任，没有什么干劲，一副“佛系”模样。

作家杉山由美子2004年创作《卒婚的建议》，后于2014年将其修订为《卒婚》。作者以实例向人们推荐新的婚姻形式——卒婚，义为“从婚姻中毕业”，是一种既非传统婚姻又非决绝离婚、既维系着婚姻关系又保持了彼此自由的夫妻形式。书中介绍几组夫妻或者以互换角色分工意外发掘了彼此能力，或者通过分居独自生活实现了兴趣自由。卒婚既保持了个体的独立性，又维持了婚姻的关联性，因此为人们日益接受。2013年日本喜剧演员清水明与妻子宣布从婚姻中“毕业”，并出版了《卒婚：爱的新方式》；2018年去世的日本著名电影演员树木希林也间接采用了这一方式。2016年美国有线电视新闻网发表题为《日本的“卒婚”现象》，指出卒婚是指仍然相爱的夫妇在自己的晚年分开居住以实现各自的梦想。综合以上可以看出，卒婚的意义在于不像传统婚姻限制个体自由，避开离婚给予个

① 本谷有希子『異類婚姻譚』、講談社、2016年、第77頁。

体的伤害，倡导伴侣双方的自我空间与情感纽带。正如杉山指出："婚姻其实真的很难，草草了事不能就此一帆风顺。"[①] 而优质婚姻所应具备的前提应当是"笑容"、"幽默"与"体谅"。反观本谷小说中的丈夫，第一次的婚姻草草结束，与三三再婚近四年却鲜少交流，更是缺少对彼此的了解。三三在丈夫变身山芍药后，感慨道"夫妇真是不可思议的生物。如此接近，每天同居共寝，却一点也不知道，他居然想变成一轮山芍药"。[②] 不禁让人唏嘘三三夫妇恐难以"从婚姻中毕业"。

本谷的《异类婚姻谭》延续了婚姻话题，毫无疑问可以称其为一部婚姻小说。作者在小说中融入了多种婚姻形式与多元婚姻观，自然而然地引发人们对于婚姻的思考。婚姻是充满浪漫的还是间或让人不安的？婚姻关系中应当隐身自我还是追求自我？在婚姻中如何自处又如何相处才能和谐共生？在婚姻这一人类共同的主题面前，本谷虽然没有给出也难以给出明确的答案，但却通过传统"婚姻谭"反衬现代婚姻关系中情感的淡漠；以"变身谭"暗喻传统婚姻角色对个体自我的异化；在对比中暗示美好的婚姻不仅需要在彼此之间"夹"些东西以保持个体独立，还需要"连"上情感以获得婚姻共同体的和谐。正是这种跨越传统与现代的婚姻书写方式，让小说充满了艺术色彩与"温软感情"，体现出作者的人文关怀与社会关切，让我们从《异类婚姻谭》的故事性与现实性中体味到婚姻的价值性。

---

① 〔日〕杉山由美子：《卒婚——不离婚的幸福选择》，陈冠贵译，时报文化出版企业股份有限公司 2014 年版，第 200 页。

② 本谷有希子『異類婚姻譚』、講談社、2016 年、第 109 頁。

神话对战后日本学校教育的影响

韩　旭*

日本神话，其记载主要来源于《古事记》、《日本书纪》及《风土记》这三部日本古籍，除此之外，在地方神社和地方志中亦可散见一些记载。明治维新以来，日本统治阶级出于政治需要，通过各种手段，予以天皇“神格化”。《大日本帝国宪法》规定“大日本帝国由万世一系的天皇统治之”“天皇神圣不可侵犯”。除了《大日本帝国宪法》从法律上规定了天皇的神圣地位之外，教育在政府推动天皇“神格化”的过程中也发挥了不可忽视的作用。《教育敕语》自 1890 年颁布到 1945 年日本战败，一直是国民教育和国民精神的最高指导方针。《教育敕语》的根据就是神话。在日本神话中，记述了以天皇为中心的日本国家形成的过程，并将其作为天皇统治正当性和神圣性的来源。为了维护“以天皇为中心”的国家体制，政府逐步加强了日本是以“天照大神”为祖先神，由“万世一系”的天皇统治的“神国”教育，神话被作为史实充斥于战前的各类教科书中。神话被军国主义所利用，为日本发动的侵略战争起到了推波助澜的作用。

战后，为了去除教育领域中的军国主义因素和极端民族主义影响，日本进行了民主化教育改革。神话作为日本教育乃至国民精神的重要组成部分，成为了教育改革中被关注的重点。本文拟以日本文部科学省历年的《学习指导要领》为轴，探讨战后神话在学校教育中的地位变化。之后，将聚焦现行《学习指导要领》下的神话教育，以分析目前神话在学校教育中的现状和影响。

---

* 韩旭，中国社会科学院大学日本研究系博士研究生、中国社会科学院大学外国语言文化教学研究中心讲师。

一　神话在《学习指导要领》中的变迁

战后，在美国的主导下，日本教育迎来了全方位的改革。这次改革首先废除了日本教育的最高指导文件《教育敕语》。《教育敕语》的理论依据就是神话，如何对待神话也成了战后日本教育改革最为重要的问题之一。《第一次美国教育使节报告书》中指出，“把客观历史与神话区分开，把日本神话作为文学保存下来”。[①] 有日本学者认为，该报告书虽然指出可以“把日本神话作为文学保存下来”，但当时战后的历史学短时间内难以真正将“文学”和“历史事实”做明确的区分，[②] 所以神话一时在学校教育中销声匿迹。

通过对历年日本文部科学省公布的《学习指导要领》来看，神话主要出现在战后新设的科目——社会科的历史教育中。经笔者统计，社会科中的神话经过了如下变化（见表1）。

表1　社会科神话地位变化

年份	小学社会科	中学社会科
1947	无	无
1948	无	无
1951	无	培养正确批判神话和传说的态度
1955	无	通过神话和传承，思考古代日本人的信仰和思考方式，和外国神话进行比较。正确利用此类资料，有助于对历史的理解
1956	无	结合国家成立的过程，理解日本的神话和传承
1958	无	正确认识出现在古典中的神话和传承，并借此了解古代人们的信仰和思考方式
1968	神话体现了古人如何看待事物以及对国家如何产生的思考	无

① 文部科学省「米国教育使節団報告書」.（2008年6月）[2020年5月21日]. https://www.mext.go.jo/b_memu/hakusho/html/others/detail/1317998.htm。

② 梅野正信『社会科教育史における『社会科歴史』の『神話』教育論』、鹿児島大学教育学部研究紀要教育科学編、1992年、第1—11頁。

续表

年份	小学社会科	中学社会科
1969	无	通过神话和传承，了解古代人们的信仰和思考方式
1977	通过神话和传承，对古人如何看待国家形成抱有兴趣	适当活用考古学等科学成果的同时，通过学习神话和传承，了解古代人们的信仰和思考方式
1989	通过神话和传承，对古人如何看待国家形成抱有兴趣。神话和传承应从《古事记》、《日本书纪》和《风土记》中选用适当内容	通过学习神话和传承，了解古代人们的信仰和思考方式
2007	查阅神话和传承，对关于国家形成的当时的人的思考方式抱有兴趣	通过学习神话和传承，留意古代人们的信仰和思考方式
2016	以神话和传承为线索，对关于国家形成的当时的人的思考方式抱有兴趣	通过学习神话和传承，留意古代人们的信仰和思考方式

资料来源：根据国立教学政策研究所《学习指导要领》数据库整理而成，年份参照同数据库。下文《学习指导要领》相关内容，如无特殊说明，均参见该数据库：https://www.nier.go.jp/guide/line.index.htm。

通过表1可以发现，从战后1947年发布第1版《学习指导要领》到2016年的现行《学习指导要领》，按照时间和神话在学校教育中的导向变化可以划分为如下三个时期：1951—1968年；1968—1989年；1989年至今。

（一）1951—1968年的神话教育

第1版《学习指导要领》发布于1947年，由于准备时间仓促，社会科指导方案没有来得及在开学前公布。整体来说，这一版《学习指导要领》不太成熟，带有强烈的试行方案的色彩。[①] 1951年版《学习指导要领》是对1947年版的全面修订，神话重新出现在了社会科中。在面向初高中的指导方案里，要求培养学生“正确批判神话和传说的态度”。此外还编入了一些关于教学范例和教学法的内容。如要求学生收集神话、围绕神话是否可信展开讨论等。1951年版中明确表态要批判性地认识神话，旗

① 沈晓敏：《战后日本中小学社会科教学大纲的演变》，《外国教育资料》1995年第6期，第60—67页。

帜鲜明地指向了战前将神话作为日本建国历史这一错误的教育精神。

1955 年版的《学习指导要领》中，有两处关于神话的具体表述。一是要求学生“通过神话和传承，了解古代日本人的信仰、思考方式，并和外国神话进行比较，发现其相同点和不同点”；二是培养学生“正确使用历史资料，培养批判性的能力和态度。从学术上理解神话和传承，科学地运用此类资料，这有益于让其养成对历史的正确理解和态度”。1951 年版的“批判性地认识神话”这一指导方针虽然通过“正确使用历史资料，培养批判性的能力和态度”这一表述延续了下来，但是和 1951 年版相比，对于神话的批判性认识的力度有所减弱。

到了 1956 年，社会科中关于神话的表述相对更为简洁。在“大和国家的成立”这一栏目中，要求学生结合古坟文化，对日本的神话、传承进行思考。1958 年的《学习指导要领》中，关于神话的表述再次发生调整。在“国家的形成和亚洲”这一栏目下，提到日本的统一和亚洲当时的形势密切相关，在学习这一内容时，要求学生正确认识神话，通过神话了解古代日本人的信仰及对事物的看法。

在这一时期，饱受战争摧残的日本民众渴望和平、厌恶战前极端的国家主义，这些理念构成了 50—60 年代的和平民主主义思潮。[①] 在这一时代背景下，学校教育体现出民主化、和平主义等特点。参与《学习指导要领》修订工作的马场四郎认为，“社会科教育的目的在于，将日本重建成为和平、民主国家。社会科是忠于新宪法、教育基本法，将其精神原原本本转为社会改造的学科”。[②] 在这一指导精神作用下，从 1951 年到 1968 年，社会科中关于神话的教育方针虽然有一些转变，但是整体来说，除了 1956 年版之外，其余的版本都坚持了要正确认识神话的态度和立场，明确地和战前将神话和历史相混淆的不正常现象划清了界限，并有意识地引导学生针对战前的神话教育和神话教育所产生的不良后果进行批判性认识。只不过从 1951 版的“批判性态度”再到 1958 年的“正确对待神话”，对

---

① 纪廷许：《现代日本社会与社会思潮》，中国社会科学出版社 2007 年版，第 93—100 页。

② 藤井徳行、久保正彦「昭和 20 年代と昭和 30 年代の学習指導要領に見られる平和教育観の変化とその背景」、社会系教科教育学会「社会系教科教育研究」、1992（4）：17—24。

于神话的导向性认识态度趋于软化。

（二）1968—1989 年的神话教育

1968 年，文部省公布了新的《学习指导要领》，神话的定位发生较大转变。在 1968 年版中，神话在战后首次出现在小学阶段的社会科中。1968 年版的小学社会科指导方案中指出："在以文化遗产和历史人物为中心的讲解中，可以使用神话、传承来进行讲解。我国的神话大约于 8 世纪初期以'记纪'为中心而集大成，并传承至今。神话具有反映古代人民的思考方式和国家形成方式的意义。"神话不仅重新出现在了日本的小学教育中，同时对神话的导向性认识也发生了改变。次年公布的中学版社会科指导方案中，要求学生"通过神话和传承，了解古代日本人的信仰和思考方式"，同样删除了"正确认识""批判性对待"等文字。在 1968 版中，神话只是作为了解古代日本人所思所想的素材加以使用，这和 1958 年版相比，可以说是发生了重大的转向。加上神话是作为历史教育中的素材出现，所以这一修订在当时引发了较大的争议，一部分教育人士担心这是否意味着神话和史实的再次混淆。

和战后初期及 50 年代相比，这一时期日本社会也发生了巨大变化。日本经过二十余年的战后重建和经济高速发展，确立了自己经济大国的地位，开始谋求成为政治大国。1966 年，时任日本首相的佐藤荣作修改了《祝日法》，主张"缅怀建国时代，培养爱国心"，将每年的 2 月 11 日定为"建国纪念日"并加以庆祝。1967 年 2 月 11 日举行了战后第一次"建国纪念日"的庆祝仪式。"建国纪念日"这一节日来源于明治政府所定的"纪元节"。所谓"纪元节"，即日本建国之日。1873 年，明治政府将神话中的初代天皇——神武天皇即位的日子定为"纪元节"，作为国家的重要节日来庆祝，利用这种带有神话色彩的节日来加强日本是"神国"，天皇为"现人神"的国民认知。1948 年，根据 GHQ 的指令，"纪元节"被废止，直至 1967 年，"纪元节"改头换面作为"建国纪念日"重新出现在日本的法定节假日中并延续至今。1968 年 10 月，日本举行了明治 100 周年纪念典礼。1868 年的明治维新，由政府主导，对即将沦为半殖民地的日本进行了全方位的改革，日本从此走上了发展资本主义的道路，成为了当时亚洲唯一一个资本主义强国。在明治 100 周年时，日本宣布自己的国家发展成为了非社会主义国家中的第二经济大国。[1] 在这样的社会背景下，学校教育中开始强调“爱国”，从“教育为个人”逐步转向“教育为国家”。[2] 神话也删除了之前“正确认识”之类的立场表达，作为社会科教育，特别是历史教育中的一个素材重新出现，这显然是日本政府为了重塑政治大国地位在教育上迈出的一步。这一举动虽然遭到了日本历史学界、教育学界等的强烈反对，但是自此开始，神话作为社会科历史教育的素材一直沿用至今。

之后，《学习指导要领》又进行了数次修订。1977 年，在小学版社会科中，要求培养学生“了解我国渔猎、农耕社会时期人们的生活以及大和朝廷统一时的情形。神话、传承体现了国家的形成，希望学生对其抱有兴趣”。社会科中学版中，也要求通过神话和传承的学习，了解当时人们的信仰和想法。这和 1968 年相比，只是进行了文字上的细微调整，没有方向性的转变。

（三）1989 年至今的神话教育

1989 年，日本社会进入平成时期。同年，文部科学省公布了新的《学习指导要领》。如表 1 显示，1989 年版和 1977 年版的要求几无差别，只有一些文字上的调整，没有发生实质上的变化。只是在注释部分，新增加了关于神话出典的补充性说明，强调“关于神话和传承，要从《古事记》、《日本书纪》和《风土记》等书籍中选取适当材料”。

这是战后首次在《学习指导要领》这一学校教育的官方指导性文件中明确神话的出典文献。在 1989 年 6 月发行的小学社会科指导书中，还列举了“能够体现国家形成”的神话和传承，其中包括高天原神话、天孙降临、神武东征、日本武尊等神话故事，以供教师在授课时选取使用。[3] 明确神话出典这一举动引发了日本教育人士的担忧。据佐藤伸雄考证，在以历史人物为中心的历史教育中，自民党“教科书问题议员联盟”向文部科

---

① 吴廷璆主编：《日本史》，南开大学出版社 1994 年版，第 1029 页。

② 沈晓敏：《战后日本中小学社会科教学大纲的演变》，《外国教育资料》1995 年第 6 期，第 60—67 页。

③ 井之上良一．社会科歴史教育と神話学習［J］．社会系教科教育学研究，1997（9）：29—36.

学省提出了删除卑弥呼，加入神武天皇的要求。明确神话和传承要选自《古事记》、《日本书纪》和《风土记》是文部科学省对此要求的妥协案。佐藤伸雄还指出，如果选用这几则神话，这和战前的国史教科书的起始部分将没有差别，认为这一调整是对战后历史教育的“逆流”。①

藤井健志还指出，限定神话的出典文献，这本身就带有政治性意图。②

虽然1989年版首次明确了学校教育中的神话出典所在，但由于日本神话主要来源于《古事记》、《日本书纪》和《风土记》，出典文献本身就极为有限，再加上在1968年至1989年之间的《学习指导要领》中，也早已明确提及“我国神话以‘记纪’为中心集大成”，这实质上已经表明了神话文献出典所在，所以1989年版只能说是在表述上进一步加以明确，神话在《学习指导要领》中的地位并没有产生大的变化。之后，1998年、2003年、2007年，再到2016年，《学习指导要领》虽然数经修订，但是关于神话都只是进行了细微的文字调整，没有发生本质改变，始终是作为一种了解古代人们所思所想的线索和素材加以使用，似乎神话在社会科中的定位就此得以固定。

除了社会科之外，值得一提的是在2007年的《学习指导要领》中，战后小学国语科中首次出现了神话的培养要求。国语科对于神话的说明是，“神话作为初级阶段的古典作品，面向低学年学生，希望借此培养学生对于本国古典的亲近之情”。关于神话的取材，和社会科相同，要求选取自《古事记》、《日本书纪》和《风土记》。相对于当年在社会科引入神话时所引发的巨大争议，对于国语科，日本学者更多是围绕对教学法的探讨，对于神话作为教学素材本身并没有产生过多争议。③

二　现行《学习指导要领》下的神话教育

在现行《学习指导要领》的社会科指导方案中，关于神话的记述和平

① 佐藤伸雄．神話・伝承は国史教育への逆もどり［C］．新版日の丸・君が代・天皇・神話．東京：地歴社，1990：229.

② 藤井健志．神話教材の課題と展望［J］．宗教研究第91卷增刊，2018：119.

③ 小川雅子．学習指導要領における神話の位置づけと教材化の検討——小学校の国語教材「いなばのしろうさぎ」を中心に——［J］．山形大学紀要（教育科学），2019（2）：117—134.

成时期历年的《学习指导要领》相比，没有过多的变化，只不过存在一些遣词造句上的细微差别。如表1所示，关于神话要求学生“以神话和传承为线索，对国家形成时的先人们的思考方式抱有兴趣。关于神话，要从《古事记》、《日本书纪》和《风土记》中选择适当内容”。要认识现行《学习指导要领》下的神话教育，首先需要对现在日本学校实际使用的教科书中的神话内容进行梳理。社会科对于神话的教育要求出现在小学六年级和中学阶段，本文拟选取中学阶段的教科书进行对比。

日本教科书采取审定制。文部科学省发布《教科书审定标准》，由民间出版社组织编写各类教科书。编写完成后，出版社向政府提交审查申请，政府组织专家对教科书进行审定，审定合格的教科书可供日本各地学校选用。日本教科书每三年为一个选用周期，一般有八九套教科书可供选用。最近的一个选用周期为2016年到2019年。以历史教科书的选用数据来看，东京书籍在全国的占有率为51%，为最高；次之为帝国书院的，占17.9%；教育出版占14.1%；日本文教出版占9.4%。被称为“保守系教科书”的育鹏社占有率为6.3%，另一家“保守系教科书”自由社为0.05%。虽然以育鹏社为代表的“保守系”历史教科书的选用比例并不算高，但是相较于上一个周期，育鹏社的占有率有了小幅上升，从3.8%升至6.3%。[①] 横滨市和大阪市在此周期选用了育鹏社的教科书是其占有率上升的主要原因。其中横滨市从2011年到2020年，连续九年选用育鹏社的教科书，大阪市则为首次采用。横滨市和大阪市的人口基数大，这直接导致了选用比例的较大提升。为了进一步阐明目前神话在学校教育中的体现，笔者选取了较为主流的东京书籍和帝国书院的历史教科书，和育鹏社的教科书进行对比。

在东京书籍的历史教科书中，神话以专栏的形式出现，概述性文字居多，缺少对神话故事内容的详细介绍，这招致了一些右翼人士的批评。不过2015年之前，该出版社的教科书中没有编入神话内容，只是在“古坟文化”的部分有所提及。具体表述为：“在古坟时期，人们信仰太阳神、支配水的蛇神、和农耕稻作密切相关的自然神灵、守护一族的神灵等。古

① 産経ニュース.28年度中学教科書　育鵬社、シェア伸ばす［OL］.（2015—10—31）［2020—06—16］. https://www.sankei.com/life/news/151031/lif1510310017-n1.html.

坟中所描绘的图画，之后被集合成神话，从中可以了解当时人们对于死后世界的看法。关于国家的形成、大和政权的统治者们的神话和传承，之后也整合成形。”此外，在介绍《古事记》时，称其为“以神话、传承、记录等为基础编纂而成的历史书”。在有限的神话说明中，没有出现日本神话的详细介绍，更多的是关于神话的概述性描写，特别是在“古坟文化”的部分，也没有出现日本神话中具体神灵的名字，而是笼统归于“太阳神”“自然神”，其重点更多地放在了先民们对于自然的朴素信仰。这种朴素信仰也并非日本独有，而是远古时期世界各地的人们面对自然、敬畏自然所共同产生的感情和想象。

相比于上一版教科书，2016 年至 2019 年采用周期的教科书中增加了一部分神话内容。

首先，正文部分“历史书和《万叶集》”中简要谈及神话，和上一版教科书相比，只是进行了一些文字调整，没有实质区别。此外，以课外知识的形式增设了“传至现代的神话”专栏。专栏首先对日本神话进行了简要的介绍，认为“日本神话是由朝廷所整理、并传承至今。这是日本神话的一个特征。在奈良时期编纂成书的《古事记》《日本书纪》中，记述了神之子孙成为天皇并治理国家的过程”。专栏中另分了几个小部分，分别为“记纪神话的成立”“记纪神话的展开”“日本神话和世界神话”“岛根县和神话”“宫崎县和神话”。

在“记纪神话的成立”“记纪神话的展开”部分，教科书中记录了“记纪神话”的成书经过和故事发展，从“诸神诞生”“列岛形成”一直到“出让国土”、“天孙降临”和“神武东征”。“记纪”中记载了身为天照大神子孙的天皇统治日本的过程。这些神话故事成为了日本传统文化艺术的取材源泉。和“记纪”相比，《风土记》中收录了一些不同的神话，如《丹后国风土记》中的“浦岛太郎”“天羽衣”等传说。在“日本神话和世界神话”的对比中，举例“黄泉分离”的神话，说明它和古希腊神话有一定的相似之处，也反映了古代人们共通的思考方式。在“岛根县和神话”中，主要是对“出云神话”中的“大蛇退治”的故事进行了详细的介绍，并附有出云大社的照片和当地传统艺术中关于神话的表演场景。除了岛根县之外，宫崎县作为和日本神话有着密切联系的地区，也被专列出来进行了讲解。

历史教科书占有率中排名第二位的是帝国书院的教科书。在这本教科书中，神话也以专栏的形式呈现，题为“《古事记》和《日本书纪》所传承的神话”。专栏中概括性地介绍了日本神话。关于“记纪神话”，书中提道，“将（人们口耳相传）的神话作为文字记录下来的是《古事记》和《日本书纪》。相传初代天皇——神武天皇是人和神的结合。这些古籍中记录了天皇家的由来和国家的成立。另外，日本的神话内容和东亚、太平洋地区、欧洲地区的神话都有相似之处，从中可见古代人们的共通的思考方式。神话现在也被神事和神乐所继承，在各地流传”。专栏部分附上了日本“石见神乐”和《日本书纪》相关章节的照片。

从这两本主流教科书来看，东京书籍的教科书中，神话内容相对较多，从篇幅上来说约占 2 页。帝国书院的内容更为简略，约为 0.5 页。两本教科书中关于神话的内容主要以概述性描述为主，且涉及了和外国神话的比较、传统艺能的传承等多方面内容，并没有把重点单独放在“建国神话”上。

相比之下，育鹏社的教科书则有较大不同。在正文“神话和历史教科书”的部分，该教科书提道：“随着（我国）作为律令制国家基础的建立，朝廷开始编纂记载了本国历史的书籍。其中包括记录了诸神故事和历代天皇功绩的《古事记》和作为国家的正史，记录了历代天皇功绩的《日本书纪》。”之后，另列专栏“从神话来看日本国家诞生”。开篇部分就是“我国现存最古老的历史书《古事记》和《日本书纪》是以诸神的故事开始的”，此处容易让学生产生对神话和史实的误解。之后，又详细地介绍了“国土诞生”“天之岩屋”“三种神器和神武天皇”“日本武尊”的神话故事。在配图方面，配有“天之岩屋”的绘图及日本伊势神宫的照片。在专栏最后，育鹏社教科书言明神话并不是历史，但从教科书的编写来看，大部分的神话内容都和“建国神话”有关，且利用了较多篇幅对神话的具体内容进行讲述，其中还有容易把神话故事和史实相混淆的部分，这也受到了日本许多教育人士的批评。

以目前神话部分在历史教科书中的情况来看，形式上，大部分主流教科书均以专栏形式展开，而非正式的课本章节。内容上，主要作为《日本书纪》《古事记》的背景知识进行简要介绍，所占篇幅有限。无论是东京书籍还是帝国书院的教科书都以概论性、评述性的内容为主，没有将重点放在对神话内容的展开上。此外，通过把日本神话和他国神话进行对比，简要说明两者之间的相通或不同之处，没有过于强调日本神话的特殊性，更多地把神话作为先民的朴素创作来认识。不过东京书籍的教科书在2015年之前，课本中基本没有神话内容，在最新一版中新增加了神话专栏，这背后是否有政治因素作用尚未可知。

而日本的“保守系”历史教科书，相较之下对神话的内容则较为重视。从2001年，由日本“新编历史教科书协会”组织编写的《新日本历史教科书》，经由扶桑社出版，并获得了文部科学省的审查通过。在这部教科书中，编纂者不仅扭曲历史事实，美化侵略战争，还编入了大量的神话内容。由于这部历史教科书所体现的扭曲的历史观和价值观，不仅招致了以中韩为代表的亚洲国家的强烈抗议，在日本国内也引发了极大的争议。之后2005年，扶桑社所出版的历史教科书再次得到审查通过，虽然当时日本仅有0.4%的中学生使用了这版教科书，所占比重并不大，但是其所带来的影响远不限于选用比例上。之后，“新编历史教科书协会”也一直主张编纂所谓的摆脱“自虐史观”的历史教科书。2007年，“新编历史教科书协会”和扶桑社分道扬镳，其编纂的教科书转由自由社发行出版。扶桑社于2007年成立子公司育鹏社，旨在《教育基本法》新修改后的背景下，制作自己的教科书。育鹏社的教科书和“新编历史教科书协会”的主张可以说是一脉相承，但在实际内容编写上相对有所收敛。近年来，该出版社的选用比例增长较快，约有7万名中学生使用了育鹏社的历史教科书。特别是横滨市连续多年选用育鹏社的教科书，这对青少年的历史认识造成的影响不容忽视。

育鹏社的“保守系”教科书背后，离不开日本政界人士的大力支持。2006年，安倍晋三推动了对《教育基本法》的修订，这是日本战后首次全面修订《教育基本法》。和修订前相比，除了加大了对传统文化的重视力度之外，还增加了培育青少年爱国心的教育目标。2011年，在育鹏社的纪念集会上，已经下野的安倍晋三发表讲话。在讲话中，安倍认为最符合新《教育基本法》精神的教科书就是育鹏社的教科书。[①] 在自民党的教科书比

① 週刊金曜日オンライン．教科書採択への政治介入を公言する安倍首相の発言録［OL］．(2015—08—09)［2020—07—04］．http://www.kinyobi.co.jp/kinyobinews/2015/08/09.

较中，也给予了育鹏社教科书颇高评价。在这份调查书中的“社会科历史的培养目标理解”一栏中，育鹏社教科书被给予了4分的满分评价，而采用率最高的东京书籍的教科书在这一项内容中得分为0。在“我国的神话传承和人们的信仰”一栏中，同样给了育鹏社满分评价，而东京书籍和帝国书院在此项目中只得到了2分。[①] 此外，由于日本神话本身的政治特殊性和日本现今仍保有天皇，如何处理天皇和神话之间的关系也是教科书在编纂过程中需要慎重之处。以东京书籍和帝国书院为代表的主流教科书中，都没有将神话和天皇进行过度联系，而在育鹏社和自由社的教科书中，则重点强调了两者的关联。当然，育鹏社和自由社的教科书中，除了神话内容，书中所宣扬的历史修正主义也遭到了日本众多教育人士的猛烈抨击。

然而，相较于积极推动神话教育的日本政府，教育一线对于神话的内容并不热心。例如，帝国书院在其官方网站上选取历史方面近百例示范教案进行展示，其中没有以神话作为主题的示范教案。[②] 虽然这一教案展示远不能代表日本教育一线的全貌，但是仍然可以在一定程度上窥见日本神话在学校教育中的现状。日本神话在教育一线不受重视，主要基于两方面的原因。一是战前神话对于天皇神格化和推动侵略战争均起到了不可忽视的作用，导致神话在战后成为了一个敏感的话题，从教育理论到教育实践对此都缺乏足够的研究和积累。在这种情况下，教育一线很难围绕神话开展有效的教学活动，反而容易因为神话的敏感性而有所回避。二是科目教学上的现实困难。日本的各门科目其课时数均有明确的规定，课时有限，而在大部分出版社的教科书中，神话的部分并不属于课本的正式章节，而是课外深化的项目，所以从现实教学上来看，很难在神话上再花费本已有限的课时。

三　日本神话在学校教育中所体现的“政治”因素

神话，往往是人类在认识世界、思考和探索自然的过程中，结合自身

① 自民党．中学教科書7社の比較調査［OL］.（2016—05）［2020—06—20］. https://www.yoshiie-hiroyuki.com/pdf/textbook.pdf.

② 帝国書院．中学校単元別資料一覧［OL］.（2020—04）［2020—06—21］. https://www.teikokushoin.co.jp/teacher/tangen/junior/index_tansoc.html.

的想象力所创造出来的故事，并非现实生活的科学反映，通常表现为对超能力的崇拜，对于理想、永恒生命等事物的追求和想象，所以世界各地的神话会有一些相似或共通之处。日本神话也不例外。

但是日本神话在其形成和发展的过程中，有其特殊性。作为日本神话主要来源之一的《日本书纪》作为官修史书，虽然有较高的史学价值，但是书中强调天皇的祖先神为天照大神，历代天皇均为天照大神的子孙，是当时的史学家利用民间流传已久的太阳神信仰，结合中国传来的宗教神话，去比附天皇家族和其他贵族沿袭相传的历史谱系，从而人为地编造出来的神话体系，用来证明天皇统治的正当性。[①] 美国学者威廉·格里菲斯（William ElliotGriffis）在《皇国》中指出，记纪神话本质上是为了主张皇室的正统性而编纂的。虽然他的学说遭到了日本部分有尊皇倾向的知识分子的抵制，但是不得不承认日本神话中包含的浓厚政治因素。[②]

日本神话，特别是“建国神话”的中心就是天皇一系，而天皇和天皇制在日本社会已经有上千年的历史，历经“古代极权天皇制”、“古代象征天皇制”、“近代君主立宪集权天皇制”和“战后君主立宪象征天皇制”四种形态延续至今。[③] 战后，在《日本国宪法》的规定下，天皇作为日本国的象征，不再具有实际的政治权力，仅保留了在礼仪性事务中的一些功能，但是天皇作为日本国民统合机能的中心，强化国家认同的中心，[④] 以及作为日本文化认同的核心资源仍然对日本国民、日本社会保持着强大的影响力。二战后，日本政府继续把天皇作为强化国家认同、国民精神的主要途径之一，而日本神话，也是其中的重要素材。在学校教育中对于日本神话的导向和“为国家”的教育理念紧密地联系在了一起。

1968 年，《学习指导要领》中对于神话的定位发生巨大转变，从正确认识神话转变为把神话作为了解日本古代建国时期的素材。不仅是对于神话的定位，整个学校教育的理念都从 60 年代慢慢开始发生转变。战后，日

① 叶渭渠主编：《日本文明》，中国社会科学出版社 2004 年版，第 103 页。

② 梁青：《日本建国神话研究轨迹探析——从江户时代到大正时期》，《长江大学学报》（社会科学版）2019 年第 5 期，第 1—7 页。

③ 张建立：《日本天皇世袭制延续至今的原因研究述评》，《日本研究》2014 年第 2 期，第 61—68 页。

④ 田庆立：《战后日本建构国家认同依托的内外资源探析》，《四川大学学报》（哲学社会科学版）2015 年第 5 期，第 37—49 页。

本所制定的《教育基本法》是基于《日本国宪法》制定，两者一脉相承。[①] 随着日本经济实力的提升，日本国内开始浮现出一些逆民主而动的潮流，出现了主张修改《日本国宪法》的声音，开始重新强调天皇的地位。同时，日本的教育理念中也开始重新强调爱国心、道德教育，加强关于天皇地位的教育，战后日本秉承的“个人主义”“民主主义”的教育理念开始逐渐发生转向。

爱国心本是一般性的词，并没有特殊的含义。在不同的历史时期，爱国心的内涵也有所不同。例如，在《教育敕语》中，爱国心被定义为“为国家牺牲、忠君爱国的日本人”。[②] 战时一味鼓吹“忠君爱国”也给整个日本带来了巨大的灾难。因此在战后，“爱国心”在日本成为了一个敏感词，在 1947 年颁布的《教育基本法》中，也不再强调爱国心教育，“爱国心”“国家主义”等相关的词语也都被排除到了学校教育之外。然而这一改革和《教育基本法》在战后不断遭到日本“保守系”政治家的批判。50 年代，时任文部科学省大臣的天野贞佑认为爱国心乃是国家兴衰存亡之关键，爱国心教育的中心也应该集中于天皇身上。到了 1966 年，中教审答申别记《所期待的人间像》中认为“作为日本国民，要有正确的爱国心”，对于“爱国心”的内涵阐述为“作为国民热爱国家和热爱身为日本国象征的天皇，这是理所应当的”，这一阐述和天野贞佑的理论是一脉相承的。

虽然文部科学省从 60 年代起通过修订《学习指导要领》，增设道德教育课，已经加强了教育中对“为国家”和“爱国心”的侧重，但是对于《教育基本法》的修订，在日本教育的根本大法中增加相应内容一直是日本“保守系”人士的目标所在。曾任日本首相的中曾根康弘在 2000 年 5 月的《诸君》中讲道：“现行宪法和教育基本法其制定根源都是将日本解体的政策的结果，而现在日本存在的教育崩坏的情况，需要通过教育革命将战后教育的体系进行创造性的破坏，并进行新建设。”可见，中曾根认为战后教育在本质上是美国式的教育，日本教育存在的问题在于失去了日本传统的精神。基于此，中曾根认为有必要彻底地对战后教育进行改革。

---

① 佐藤学．教育基本法の歴史的意味——戦前と戦後の連続性［C］．世界．東京：岩波書店，2004：222—225.

② 高橋哲哉．愛国心教育——私が何を愛するか私が決める［M］．東京：講談社，2004：24.

安倍晋三也在全面论述了其政治理想的著作《迈向美丽之国》中单列一章谈及“教育的再生”，认为日本战后有一味向国家主义寻求发动战争或失败的根源的倾向，其结果就是“国家 = 恶”这样的一种方程式被固定在人们的心中，这是战后教育失败的原因之一。[①] 诸如此类的日本“保守系”政治家及各界人士的发言不胜枚举，反映了他们对《教育基本法》和战后教育的基本认识。基于这种认识，日本的“保守系”政治家一直以来积极推动修订《教育基本法》，试图加入对于“爱国心”“国家主义”的培养要求。

2006 年，日本战后首次对《教育基本法》进行修改，增加了“重视传统和文化”的条目，要求培养学生“尊重传统和文化，热爱乡土和祖国之情”。虽然没有直接出现“爱国心”一词，但是以“热爱乡土和祖国之情”这一表述作了替代。随着新的《教育基本法》的实施，培养青少年的“爱国心”这一教育目标通过法律被固定下来，日本的教育理念自此彻底实现了理念上的转变。

爱国心本是个人或集体对于自己祖国所怀有的一种积极、支持的态度，是个人对于自己祖国、本国文化的一种认同感、归属感的体现。虽然日本在修改《教育基本法》之初，围绕着是否要通过学校教育来培养爱国心引发了日本教育界的争论，反对方认为爱国心是自然而然产生的情感，没有必要刻意通过学校教育来强化。然而作为一个主权国家，强调爱国心本无可厚非，但是日本政府所强调的“爱国心”很大程度上是继承了战前的保守性的国家主义的教育思想，是强调日本文化的特殊性，强调要对日本国之象征——天皇保有敬爱之意的“爱国心”，试图抹杀侵略史实，摆脱所谓“自虐性”历史观的“爱国心”。

承担“爱国心”培养的主要是日本近年来大力推广的特殊科目——道德科。除此之外，社会科是除了道德科之外，对于“爱国心”涉及最多的一门科目。在《教育基本法》修订以后，社会科的培养目标中也增加了相应的对于培养学生“爱国之情”的内容。在“历史学习”的目标中，明确指出通过学习历史，要求实现“尊重传统和文化、热爱孕育出这些的国家和乡土”的教育目标，也就是强调通过历史学习，来加强“爱国心”教

① 安倍晋三 . 美しい国へ［M］. 東京：文藝春秋，2006：203—230.

育。对于“爱国心”的强化主要集中在“对文化和传统”的继承和热爱、作为日本人的自觉的“爱国心”、对于天皇抱有敬爱之念的“爱国心”。这和《所期待的人间像》中阐述的“爱国心”是相通的。

在社会科的教育目的中，无论是小学阶段还是中学阶段，都明确了要“选取儿童易懂的事项，让其了解《日本国宪法》所规定的天皇的地位和国事行为，并和历史学习相联系，加深对于天皇的理解和敬爱之情”。这一培养目标言明了日本学校教育中，对于日本国象征——天皇的基本态度。天皇作为日本的民族文化、国民精神中的重要内核，仍然发挥着统合国家的重要作用。

虽然和2000年前后的历史教科书相比，目前的教科书对于神话的编入相比来说有所收敛，无论是主流教科书还是“保守系”教科书都加入了区分神话和史实的文字性表述，然而一些教科书在具体内容的编写上仍存在将神话和史实过度联系的情况。虽然有学者从神话学研究的角度提出了对于“建国神话”的争议，要求重视“出云系”神话等，但不可否认的是现在广为人知的日本神话的中心就是天皇一系。天皇及天皇制作为千年以来延绵至今的存在，对于日本社会依然持续产生着深层次的影响，所以日本政治家经常将天皇以及和天皇相关的事物作为强化本民族文化特殊性、精神统一性的资源使用。学校教育中的神话也不例外。日本政府在社会科的历史教育中引入的神话，和国语科中将神话归于古典，用于培养小学生对古典的亲近之情，一方面有重视传统文化的成分，另一方面有强化天皇的存在的意图，试图通过对神话、对天皇的强调来渲染日本文化的特殊性，来培养一种民族优越感和自豪感，用来达到凝聚“爱国心”和国民统合的目的。

近年来，日本学校中逐渐强化的“爱国心”教育，选用比例增长较快的“保守系”教科书，因为主要面向的教育对象大多是中小学阶段的青少年，这个时期的青少年的人生观、价值观和世界观尚在形成的阶段，对于包含着强化日本文化特殊性的“爱国心”教育和“保守系”教科书中扭曲的历史教育势必会影响他们对于历史的正确认知，其带来的影响可能是深远的。在这样的教育背景下，日本社会中特别是青年群体对于历史知识的匮乏、支持日本政要的一些错误言论的情况的增多都将会对日本今后的政治和社会的走向产生影响。目前，在日本社会整体右倾化倾向已经显现的背景下，对于日本教育，特别是以“爱国心”教育为代表的国家主义教育的关注和警惕是必要的。

四　结语

通过梳理战后《学习指导要领》中神话的表述可以发现，神话在学校教育中的定位在这七十余年中发生了较大改变。从1951年到1968年，对于神话的培养要求在于“批判性认识”，试图通过神话来培养青少年正确认识历史的能力。到了1968年后，随着日本社会环境的改变，神话在学校教育中的表述也随之发生变化，不再引导青少年批判性地看待神话，神话开始作为了解国家形成以及先人生活的相关材料出现，这一导向也延续至今。

民族神话经过千百年的传承，是一个民族的宝贵文化遗产，以合适的方式引入学校教育是题中应有之义。然而日本神话，有其特殊性，它不是单纯的民间文学，从产生之初就经过了政治性的创作并传承至今。二战时，通过神话强化天皇统治，这一影响到现在也没有完全消失。现在日本政府通过神话来强化“爱国心”教育，这背后仍然离不开政治因素的左右。随着日本“爱国心”教育的强化，势必对青少年的成长和整个社会都产生深远的影响，需要我们保持关注和警惕。

试论日本动漫中的中日神话传说应用

张雅妮*

自战后经济复苏以来，日本动漫凭借精良的制作和丰富的题材，加上极具想象力和创造力的内容设计，在全世界收获了无数粉丝，为日本创造了极大的经济利益和政治效益。日本动漫战略的成功，有政策、法律、产业等层面的因素，也与其创作群体独特的创作思想、创作技巧、题材选择等有密不可分的关系。

尤其值得一提的是，在内容设计方面，日本一直非常善于在动漫中大量且巧妙融入各国的神话传说，世界各国的宗教与神话都有成为其故事设定和主题的可能性。如广为熟知的《圣斗士星矢》是以古希腊神话为背景；《翼神传说》以玛雅神话和阿兹特克神话为素材；《我的女神》中女神的设定来源于北欧神话中的命运三女神；《天空战记》及《孔雀王》借鉴了印度佛教神话传说。有些动漫甚至在同一部作品中涵盖多国神话传说。例如《邪神酱》原作里魔界生物米诺斯、美杜莎等主要都是出自希腊神话，雪女则是出自日本神话，邪神酱人身蛇尾的原型则非常类似中国的女娲，而邪神酱的父亲又有说法认为是基督教中的撒旦。

这种将神话传说融入动漫脚本的创作方式，极大地提升了日本动漫的趣味性，同时削弱了文化壁垒，拉近了作品和各国观众的距离，使日本动漫更容易被不同文化背景的人接受和喜爱。

本文以日本动漫中的日本和中国神话传说为焦点，在分析神话传说对于动漫创作的作用的基础上，对日本动漫中常见的日本神话传说和中国神话传说分别进行深入解析，进而从中探索其应用模式，并总结出其对中国

---

* 张雅妮，中国社会科学院大学日本研究系博士研究生。

文化产品创作的启示。

一　使用神话传说进行动漫创作的优势

（一）神话传说顺应自古以来各国人民的精神诉求

神话的内容一般偏重于“人神起源万物初始的来历”，传说则偏重于“口头流传的关于世界来源及英雄故事的说法”。[①] 无论哪一种，这些故事大多是远古时代人们在对自然及社会认识还严重不足的情况下，出于对一切未知事物的好奇心，发挥自己的想象力加工而形成的，因此往往一定程度上反映了当时人们的精神诉求。人们往往习惯于将故事往自己期待和喜欢的方向改编，这些神话传说在历朝历代口口相传的过程中，经过反复更新和加工，之所以流传至今仍能被津津乐道广为人知，必然是因为其最为充分地反映了人们的生活需求或精神向往，也最为深刻地反映了人们内心的欲望。将这样“久经历史考验”的故事带入动漫中，会使观众读者觉得故事的内容和精神似乎更加有种莫名的“顺心遂意”感。

（二）神话传说孕育着所属国家文明的精神内核

各国的神话传说往往孕育着该国文明的精神内核。例如中华文明是一个强调人定胜天的文明，所以在我们的神话体系中，会发现有许多人与天斗并且胜出的故事，如精卫填海、愚公移山、哪吒闹海、夸父追日等。因此，满足了这些古代劳动人民脑洞的小故事，以及运用了这些神话传说的动漫作品，自然而然就在该对象国存在更高的接受度，更利于作品的广泛传播。

无论是哪国的人民群众，都经常是在接受正规学校教育之前，就已经在幼时通过父母长辈熟知了本国的很多主要神话传说，在漫长的成长过程中经历了这些故事的反复熏陶。从对这些故事内容及所含三观的接受性上来说，神话传说相对于其他题材有了绝对的优势。因此，许多动漫创作者

---

① 百度百科，https://baike.baidu.com/item/%E7%A5%9E%E8%AF%9D%E4%BC%A0%E8%AF%B4/430716?fr=aladdin。

在创作初期开脑洞的时候，会第一时间选择神话传说题材为切入点。一方面可以保证基础阅读量，另一方面更容易吸引观众眼球。

（三）神话传说已具有成熟完备的内容体系

神话传说一般源于远古时代，在经过了千年的传承之后，它的内容和世界观是十分饱满和完整的，已形成一个成熟完备的体系。这给动漫创作者带来了很大的便利。

在创作动漫时，可以考虑直接套用神话传说里面的某些设定。例如当选择某一神话传说中的人物作为动漫人物时，他已具备的人物名称、形象、性格、时代背景、个人经历等均是现成的素材，保留其中某几个元素，再天马行空地发挥想象力对其他元素进行再创作，一个全新的专属角色就诞生了。特别是神话传说中的人物往往还自带其历史属性，这些人物背后的故事更是能让读者对这个角色产生兴趣。因此，神话传说的使用极大地开拓了动漫创作者的创作思维，提升了故事的趣味性。

二 日本动漫中常见的日本神话传说

（一）日本动漫中常见的日本古代神话传说

以日本古代神话传说为内容的动漫，如《桃太郎传说》《百鬼夜行抄》等作品，最大的特点是充斥着日本神道文化，是日本本土的妖怪、风俗、宗教的完全呈现，基本不与西方文化相关联，展现的都是原汁原味的日式文化、日式思想与日式的情怀，[①] 对于世界各国受众都有着巨大的吸引力。其中最常出现的角色或元素主要可分为神仙和妖怪两类。

1. 神仙类

在动漫圈里，要论日本神话里神仙界的人和物的知名度，排名前三的定是伊邪那岐和伊邪那美、天照大神以及三大神器。

传说伊邪那岐和伊邪那美诞生于天地宇宙混沌之时，代表着阴和阳，创造了众神和国土，在日本神话中有着类似于中国“女娲”的地位。日本

---

① 诸钰祺：《“怪谈”文化在日本动画中的应用研究》，硕士学位论文，东南大学，2017。

动漫中出现最多的神仙便是伊邪那岐和伊邪那美，如《野良神》《鬼灯的冷彻》等作品中都有相关人物出现。《火影忍者》里则将“伊邪那岐、伊邪那美”作为了宇智波一族忍术的名字。

天照大神作为日本神话里的三贵子之一，是神道教的最高神，也被奉为天皇的始祖。这个神在许多二次元作品中都有出现，除了《火影忍者》，还有《稻荷恋之歌》、《猫神八百万》、《出云战记》、《翼年代记》以及东方系列、兰斯系列等等。

另一个常见元素是三大神器，即天丛云剑、八尺琼勾玉和八咫镜。这三件神器据说是天照大神授予琼琼杵尊并由日本天皇代代继承的宝物，一直被当作日本皇室的信物，为民众所膜拜。在日本动漫《火影忍者》中将其作为武器；《海贼王》里黄猿的两个招式名字就是八咫镜和八尺琼勾玉；《斩赤红之瞳》中的人形帝具须佐之男的三个能力也正是这三个神器的名字；而《游戏王》把这些神器都演绎了一遍。

2. 妖怪类

日本传统民间传说中的妖怪有很多，但是有三个特别出名的妖怪在动漫中出现的最多，分别是九尾狐玉藻前、大天狗和酒吞童子。

九尾狐的形象最早源于中国，在许多仙侠小说、玄幻游戏甚至影视剧中都有出现。日本和九尾狐有关的故事不胜枚举，而这个名叫玉藻前的九尾妖狐属于九尾狐中的一个变种，原型是中国传说中的妲己①，出现在非常多的动漫中。如《火影忍者》中的九尾原型就是九尾妖狐玉藻前；《滑头鬼之孙》中的羽衣狐是玉藻前的姐姐；《绯弹的亚里亚》里也有个角色名叫玉藻前。

另一个日漫中常见妖怪是大天狗，同样也是源于中国《山海经》的一个妖怪形象。不同的是，《山海经》中所记载的天狗形象是“其状如狸而白首，其音如榴榴，可以御凶”，即同狐狸的外形很接近。日本神话中的天狗脸则是大红色，有着高高的鼻子，有点像长臂猿，身材十分高大，穿

① 传说妲己在商朝灭亡后逃到了日本，魅惑了鸟羽天皇，吸取他的精气，导致天皇得了怪病。最后安倍晴明暗中占卜发现了这只狡猾的妖怪的真面目。于是天皇一怒之下率举国13万大军追杀这只妖怪。不过九尾狐毕竟是三大妖怪之一，据说她的九条尾巴各自拥有不同的能力，而且除非一起断掉，否则可以再生。这次讨伐让军队死伤惨重，最后玉藻前被打成重伤，变成了一块石头，化名杀生石。

着修验僧服、高齿木屐，手持团扇（羽扇）和宝槌，[①] 而且日本的天狗不止一个，在日本传说中有八大天狗[②]，并且都效忠于崇德天皇。日漫中出现的天狗角色也非常之多，如《元气少女缘结神》里的鞍马山鼻高天狗、《八犬传》里的鹰面天狗、《滑头鬼之孙》里的乌鸦天狗；《东方 project》中的射命丸文、姬海棠果、犬走椛分别是鸦天狗、鸦天狗和白狼天狗。除了天狗的角色，在剧情中提到天狗的情况更多，如《名侦探柯南》中有一集就是雾天狗杀人事件。

如果说九尾妖狐是日本妖怪中女性颜值的巅峰，另一个日漫中最常见的日本妖怪酒吞童子则可以算是男性颜值的巅峰了。酒吞童子是活跃在平安时代的名妖之一，是伊吹山神明之子。原本是庙里的僧人，因遭人陷害被逐出寺庙，后成为鬼族首领，擅长幻化为美男子后烧杀抢掠。《东方 project》中的西瓜伊吹萃香就是以酒吞童子作为原型，《旋转少女》和《无双大蛇 2》中也出现过该形象，《火影忍者》中大蛇丸的形象也是取材于“百鬼之王”酒吞童子，《滑头鬼之孙》则是将其作为茨木童子脸上的面具。

（二）日本动漫中常见的日本现代怪谈

除了源自古代的传统神话传说，一些背景为现代的民间传说也是日本漫画的重要内容来源，在日本通常被称作“怪谈”。“怪谈”的原意是指日本特有的一种民俗活动，就是许多人坐在一起“相互讲述所见所闻的怪异故事”。[③] 怪谈类传说一般为恐怖、惊悚、悬疑风格，却备受各国年轻人喜爱追捧，是日本动漫的一大素材宝藏，也成为了日本动漫的特色题材之一。最常见的是校园怪谈和都市怪谈两类。

1. 校园怪谈

日本校园怪谈多是以现代校园为背景，以灵异事件为内容的民间传说，又称校园鬼话。战后日本政府为了解决婴儿潮入学问题，出于节约成本考虑，尽可能选择廉价土地，于是将很多学校的校址选择建在墓地、刑场及废

---

① 百度词条：天狗（日本妖怪），https://baike.baidu.com/item/%E5%A4%A9%E7%8B%97/19233209?fr=aladdin。

② 日本八大天狗为：爱宕山太郎坊、鞍马山僧正坊、比良山次郎坊、饭纲三郎、大山伯耆坊、彦山丰前坊、大峰前鬼坊、白峰相模坊。

③ 张树濡：《论小泉八云〈怪谈〉的纤细哀婉之美》，《北方文学》2013 年第 3 期。

弃的医院。这便为校园怪谈的出现提供了土壤。加上青年学生具有精神上喜爱寻求刺激，缺少相应的分辨能力以及热爱传播流言的特质，众多校园怪谈随之出现。日本校园怪谈里最著名的有“第十三级阶梯”①、“半夜音乐教室的琴声”②、“生物教室的人体模型”③、“理化教室上吊的女生”④等，许多动漫将其作为素材。其中最具代表性的是由高桥叶介创作，连载于1995—2000年的漫画《学校怪谈》，以及日本富士电视台于2000年制作的动画片《学校怪谈》，作品都是由一个个小型灵异故事组成，广受各国青年人喜爱。

2. 都市怪谈

相较于校园怪谈，都市怪谈的范围要更大一些，不仅校园，整个现代日本社会都是其发生的背景。日本一直以来是都市怪谈的圣地，最耳熟能详的故事有“裂口女”⑤、“厕所花子”⑥、“如月车站”⑦、“红斗篷与蓝斗篷”⑧、“托米诺的地狱”⑨、“白色的线”⑩等。这类故事大多为恐怖灵异

① 学校旧校舍的阶梯，如果坏孩子半夜走在阶梯上数到第十三个台阶的话，就会被拖入另一个世界，并且永远回不来。

② 某个在钢琴比赛中失利的学生，不幸被学校钢琴盖压断了脖子，因为不甘心而使灵魂停留在钢琴上，每到半夜就会弹起钢琴。

③ 据说是经过长时间使用之后，模型会拥有自己的思想，也就是不净灵，半夜会在走廊中奔跑。

④ 给教室换灯泡而不小心摔下来被领巾勾住而当场被吊死的女生尸体，据说尸体还会时不时出现在灯光下摇晃。

⑤ 戴口罩的怪异女人，缠着路过的学生问“我美不美”，若是回答“美”，她就会摘下口罩露出裂开到耳朵根的嘴问“现在还美嘛?”这是一种怨气非常强烈的恶灵，若惹怒她则会有性命危险。

⑥ 又被称为鬼娃娃花子，传说是在战争时期为躲避空袭而躲在厕所里被活活烧死的女孩子的冤魂，还有说法认为是花子被坏人在学校里的第三间厕所杀害后，不肯消散的怨灵。

⑦ 2004年一位名为莲实的网友在深夜搭电车的时候，不小心到了一个叫作“如月车站”的地方，他将发生的事情不断地在2ch上留言。比如说报警但被警方认为是在恶作剧，因为根本没有叫作如月的车站；或是听见铃声与鼓声，碰见一位单脚的阿伯。最后一封留言，是说他上了陌生人的车要被载到山上去了，然后他就在网络上没了消息。

⑧ 传说中会有奇怪的人出现，问受害者喜欢蓝斗篷还是红斗篷。如果选择蓝斗篷，受害者全身血液会被抽干或被绞死，受害者全身变成蓝色；如果是红斗篷，受害者会被凶器杀死，全身染成红色。

⑨ 这是一首可以置人于死地的诅咒诗，凡是大声读出这首诗的人都会面临死亡。就算你很幸运地活了下来，也会经常出现腹泻等现象。这首诗收录于四方畎彦撰写的 *The Heart Is Like A Rolling Stone*。这首诗词描述的是关于一个坠入地狱的人的故事。

⑩ 有一名女学生为了戴耳环找朋友帮忙穿耳洞。耳洞穿完之后，照镜子的时候，那名女学生却发现耳洞里跑出一条白色的线，结果她一拉这条线，四周突然变成一片漆黑。那条白色的线其实是视觉神经，由于视觉神经被拉断，那名女学生从此失明。

类故事，其中很多是一些社会传闻经过人们的幻想杜撰加工而成。

大量日本影视作品乐于将现代日本民间口耳相传的都市怪谈作为内容，如电影《怪谈新耳袋》和《东京超恐怖传说》，以及著名的电视剧《世界奇妙物语》等。以都市怪谈为题材的日本动漫也有很多，大多是套用当代都市怪谈作为设定，如《化物语》《东之伊甸》《里世界郊游》《怪谈餐馆》等。还有少数直接将怪谈故事作为内容，如《裂口女传说》等。

都市怪谈一方面满足了日本都市人群在节奏快、压力大的社会生活中寻求精神刺激、缓解焦虑的心理，另一方面，很多怪谈也蕴含一些“因果报应”等人生哲理。例如《地狱少女》中，在零点通过“地狱通信”写上自己怨恨之人的名字，那个人就会被地狱少女带走。然而诅咒别人是双重的，在把对方送进地狱的同时，这个人的灵魂在死后也会进入地狱。又如《XXXHolic》中，有一个能为人实现所有愿望的店铺，但当愿望成真时也需要付出相应的代价。

三　日本动漫中常见的中国神话传说

中国是同日本一衣带水的邻国，与日本在文化上自古以来有着千丝万缕的联系，其神话传说也一直是日本动漫最常使用的国外素材。日本动漫中的中国神话传说，有的是直接以原著作为题材出现，也有很多是以某些文化元素的形式出现。

（一）日本动漫中的常见中国神话传说题材

1.《西游记》

《西游记》作为在中日都脍炙人口的神话故事，可以说是日本动漫中最常见的中国神话题材。《最游记》《七龙珠》等太多作品或多或少使用或演绎过《西游记》故事。

其中有一些作品使用了《西游记》的剧情和故事流程，但替换了其中的角色设定。比如魔夜峰央的《帕塔利洛〈西游记〉》中，将其另一部代表作《巴得利奥!》中的主要人物代入了《西游记》，并继续讲述取经的故事。还有哆啦A梦在1988年的剧场版电影动画《大雄的平行西游记》中，将原作中的角色代入《西游记》的背景，重新演绎《西游记》的故事。

而大多数作品则是直接采用《西游记》中的人物。比如在鸟山明的著名漫画《七龙珠》中，故事的前期大量使用《西游记》人物作为角色设定的艺术来源，但剧情本身并没有真的遵循《西游记》的故事。类似的还有双又翔的《黑白来看守所》，使用了大量《西游记》中的角色作为基础元素来设定部分配角，来讲述一个和《西游记》无关的监狱故事。又如《火影忍者》则是将《西游记》中的很多物件用来命名故事中的忍具，如金箍棒、芭蕉扇、七星剑、红葫芦等。

2. 《封神演义》

日本动漫中另一个最具影响力的中国神话著作则是《封神演义》。主要的代表作是藤崎龙的《仙界传封神演义》。该作于1996年开始在日本国民级漫画杂志《周刊少年JUMP》上连载，是作者对《封神演义》原作的直接改编。一共推出了23卷漫画，后来又被STUDIO DEEN改编成了26集的TV动画。这部漫画在当时的JUMP里人气一度非常高，可以算得上是JUMP的顶梁柱之一。在1999年进行初次动画化后，作为老牌IP于2018年又推出了重置新作《霸穹封神演义》，并依然保有巨大的热度。

3. 《山海经》

《山海经》作为中国先秦时期的志怪作品，对中日神话传说起着奠基作用，其志怪的元素经常被用于日本动漫中的怪物设定。日漫中很多著名的传说形象，比如上文提到的九尾狐、大天狗均是出自《山海经》。又如手冢治虫的知名漫画《多罗罗》，作品的名字及主人公都是取自《山海经》（《西山经》卷二：“又西三百里五十里，曰莱山，其木多檀楮，其鸟多罗罗，是食人。”）

而最著名的还要数1992年以轻小说出版，2002年改编为动画播出的《十二国记》。作品中大多数怪物都是依照《山海经》中的神仙和妖魔改编。而《少年阴阳师》更是直接使用《山海经》中的“穷其”作为角色名字和形象设定。

（二）日本动漫中的常见中国神话传说元素

一些中国特色的神话传说元素也会以各种形式频繁出现在日本动漫里，常见的有以下几类。

1. 五德及五行

五行在1980—2000年期间的动漫中使用较多，许多动漫里的人物、怪物还有兵器都是用五行划分的。《魔神坛斗士》中的五将即代表金、木、水、火、土五行和仁、义、礼、智、信五德。《阴阳大战记》中使用五行来对式神进行分类。后来创作者们逐渐趋向于使用原创属性分类或仅使用易于理解的部分，如《火影忍者》用土、水、火、风、雷的新五行对忍者查克拉进行分类。2020年大热的作品《鬼灭之刃》则是自创了水、炎、岩、风、雷新五行。

2. 四象

青龙、白虎、朱雀、玄武四象在很多日本动漫中都有出现，有些是按照中国神话原设定直接以神兽的形象出现，比如《四圣兽》《不思议游戏》等。经典作品《幽游白书》中也出现了四圣兽的反派角色。其他作品大多采用四圣兽的形象作为艺术元素进行物品设定，比如在《钢铁神兵》中使用四象为原型进行机甲的设定。以及2001年Madhouse制作的儿童向动画《陀螺战士》中主角团都使用四象原型的陀螺。

3. 十二生肖

中国传统的十二生肖民俗，一般在日本动漫中通过拟人化的方式被应用。如《水果篮子》中十二个人物被十二生肖附体，分别体现出对应生肖动物的性格特征；《十二大战》讲述的则是十二位以生肖为绰号的战士，聚到一起参加一场为“愿望实现”的有奖决斗；富坚的《全职猎人》中，也出现了十二生肖的元素——他们是猎人协会里的十二名高管。又如1997年的动漫《十二生肖守护神》设定了十二个生肖动物守护神去守护原开国的故事。

4. 八卦

八卦几乎和包子头与旗袍一样，成为了日本奇幻动漫中中国人的主要元素，而对八卦的应用多只是作为服装装饰或者武器，并不会深入使用八卦的本来属性。比如《魔卡少女樱》中的男主角李小狼是标准的道士造型，武器是八卦罗盘；《火影忍者》中出现了八门遁甲和日向宁次的八卦阵；《少年阴阳师》中经常可以看到八卦元素；《遥远的时空中——八叶抄》中也大量使用了八卦、阴阳等道教神话元素对角色进行设定。

5. 狐仙

狐仙作为来源于中国的妖怪早在古代就已经融入了日本神道教传说之中，但在现代的动漫作品中，和来自欧洲的吸血鬼一样，狐仙大多仅仅作为一种角色设定出现。大多数继承了传说中美貌的要素，在大量少女漫画中作为男主角，如《元气少女缘结神》《银仙》《妖狐×仆 ss》等一众使用狐仙作为元素的动漫。

四　中日神话传说在日本动漫中的应用方式

（一）忠于原著，直接采用神话传说

利用神话传说进行动漫创作的最便捷形式便是忠于原著的直接采用。如 2013 年日本著名动画导演高田勋创作的动画电影《辉夜姬物语》，直接取材于日本民间传说《竹取物语》；2012 年东京电视台播出的《故乡漫游——日本的古老传说》直接以动画的形式讲述日本古代民间故事、日本神话，每一集中讲述三个故事。

日本动漫创作对中国神话传说的直接使用也不在少数。早在 1952 年日本著名漫画家手冢治虫便根据中国的《西游记》创作了漫画《我的孙悟空》，连载时间长达八年之久，较大程度忠于原著，也深刻包含了作者对于中国文化的致敬，至今被奉为经典。又如日本电影史上第一部彩色长篇动画电影便是 1958 年由日本东映动画公司制作的《白蛇传》，故事取材于中国的同名神话传说故事。整体上仍对中国《白蛇传》故事结构做了完整的保留和诠释。特别是影片的画风和人物形象完全是原汁原味的中国风格。

另一位擅长直接取材中国神话传说进行创作的则是著名漫画家皇名月，她的作品讲究将中国的历史氛围真实传递，曾根据中国的《聊斋》创作《花情曲》《恋泉》；根据李自成起义的故事创作《黄土的旗帜下》，根据梁山伯与祝英台、荆轲刺秦王的传说分别创作漫画《梁祝》《始皇帝暗杀》。由此可见日本动漫创作者对中国神话传说题材的热爱。

鲛岛円人的《蓬莱献礼——中国怪奇幻想选》更是直接用日式漫画来讲述中国唐传奇和志怪小说（如《太平广记》和《阅微草堂笔记》）中的

故事。其中的每一话都是以中国古代流传的民间故事改编的，最后都会有原文，收获了极高人气。

在这类忠于外国原著类的动漫制作上，日本非常注重对异国文化的细节考究。如东映株式会社从 1987 年开始绘制，1991 年制作完成，荣获日本动画最高荣誉——动画金座奖的动画《三国志》。为了尽可能地拍出地道的中国风，日本的制作团队多次赴中国进行实地取材、取景，参考了大量中国绘画作品中的三国人物造型，由专人负责时代、事件考证。甚至背景音乐也是以中国传统乐器演奏。至今被誉为是最尊重原著的三国题材动画。

（二）使用神话传说中部分元素作为故事设定

大部分动漫仅选择神话传说中的部分元素进行使用。基本所有日本奇幻题材的作品都会使用日本神话元素。在利用中国神话传说时，使用部分文化元素的情况也要远多于对完整原著的直接使用。常见的神话传说元素使用方式主要有以下几类。

1. 仅套用神话传说中的人物设定

神话故事经过上千年的流传加工，其人物形象通常是十分鲜明和吸引人的。在作品中套用神话故事中的人物，可以使作品中人物马上鲜明生动起来。在日本动漫中，仅使用神话传说中的人物名称、形象或个性或经历方面的设定，其余方面自行改编，是最常见的神话传说运用方式。

如《海贼王》中的海军三大将赤犬、青雉、黄猿，其人物名称及设定均分别来源于日本民间传说《桃太郎》中的小白狗、雏鸡、小猴；《火影忍者》不仅直接出现了中国《西游记》中的金角银角、孙悟空等人物，其中君麻吕与辉夜姬的人物设定被认为是来自日本神话小说《竹取物语》[①]；漫画《鬼灯的冷彻》中的角色白泽，出自中国道教典籍《抱朴子》，为万妖之首，能够通晓万物情理，东方系列中的上白泽慧音也是以该白泽作为原型。

再比如在日本知名游戏动画《宝可梦》系列中，在神兽的设计上大量采用日本和世界各国神话，比如其中的雷电云与龙卷云比较明显地参

① 因为竹取就是辉夜的意思，所以辉夜君麻吕有时也被译为竹取君麻吕。

考了日本神话中的雷神和风神既建御雷神和志那都彦神，在神话中这两位神随身携带着雷鼓和布袋，而这两只怪物的设计也明显使用了这些要素。

除此之外，日本在近年出现了大量神鬼题材的动漫，它们大多将日本神话传说中出现的神鬼作为角色置于现代背景之下，比如安达渡嘉的《野良神》将日本八百万神明的设定与现代都市进行了融合，而《夏目友人帐》《滑头鬼之孙》《南辕北辙路人百鬼》等，则是以日本知名的妖怪传说与校园故事背景甚至黑帮故事背景进行融合。之前大火的新海诚的动画电影《天气之子》中，则是使用隐喻的方法使用了日本神话创造了男女主的故事，这种方法在文学批评中成为“神话原型”，属于相当高级的利用神话的方法。

2. 仅套用神话故传说的情节设定

不少动漫作品直接使用了神话故事的情节，神话故事的情节往往符合人民心中对美好、正义、真理的认知，既曲折精彩又结局积极，这种做法可以达到让作品在情节方面非常生动和吸引人的目的。

如堪称JUMP第一神作的漫画《封神演义》，以中国的封神演义作为原型，主要角色仍然是太公望、哪吒、杨戬等人，但是其许多能力的设定和具体故事的展开都极大地魔改了原作。

又如《哆啦A梦——大雄的平行西游记》《最游记》《猴王五九》《爆裂战士》等作品中，套用了《西游记》原作的故事模板，同时更改故事背景，加入科幻或者现代要素。其中《最游记》保留了唐僧、孙悟空、猪八戒、沙僧四人的角色和去西天取经的主线，其余内容均作了夸张改编。高桥留美子的漫画《犬夜叉》中也可以找到《西游记》的影子，《犬夜叉》与《西游记》都以单元剧的形式展开，基本都是沿着“遇到妖怪—迎战妖怪—打败妖怪”的套路进行的。在人物设定上，主角团可以以戈薇—唐三藏、犬夜叉—孙悟空这样来解读。

利用日本神话传说故事设定的典型代表是江口夏实的《鬼灯的冷彻》。作品使用日本神话中的地狱为故事背景，其中出现大量日本民间故事（如《桃太郎》《一寸法师》《辉夜姬》）、历史传说（源义经、武藏坊弁庆）、神话传说（十二阎王、八岐大蛇、须佐之男命）和中国神话人物（黄帝、白泽），甚至现代传说角色（贞子），但是却使用现代人的思维和视角对这些故事和人物进行再解读，形成一种错位感吸引读者。

3. 仅套用神话传说的时代背景设定

在作品中使用神话故事中的历史背景作为作品本身的历史背景，能够让作品的故事展开更加宏大丰富、逻辑自洽。且相互兼容的世界背景，十分有利于后期二次创作。

改编自小野不由美小说的动画《十二国记》以其宏大的背景，独特的故事吸引了众多忠实粉丝。该动画的背景设定在迥异于现世的异世界，这个世界里有十二个国家，每个国家的国王由麒麟遵从天帝的旨意选出，然后共同执政。关于这个异世界的设定，其政治体制便是套用了中国周朝的三公六官制，十二国的地理方位赫然是中国“洛书”的模样，故事中人物的服饰礼仪、生活方式、各国的官员名称、治国方略与儒家经典《周礼》有很大的关系。日本在作品中被称为“蓬莱”，而中国被称为“昆仑”，来到这个世界的日本人和中国人被称为“海客”和“山客”，完美套用了中国古代先秦的时代背景。

2003 年出版的《彩云国物语》则对中国各类传说中的时代背景进行了杂糅组合。故事中“九州”的国家划分法类似中国大禹治水时期，科举方式类似中国唐朝，日常服饰类似唐朝，武士服装接近宋代，老臣着装类似汉朝，二皇宫则是明清的紫禁城。

（三）结合现代读者喜好，对中国神话传说进行大力“魔改”

1. 借用名著题材做噱头，迎合观众消遣心理

针对各国著名文学作品进行“魔改”一直是日本影视剧创作的一大特色。不仅仅是动漫领域，在日本电影领域早就出现了以《灰姑娘》《白雪公主》等命名的世界著名童话故事恐怖版。这种改编策略可以通过名著的影响力吸引更多观众，以对人们耳熟能详的人物和故事情节进行离谱改编，极大地满足了观众的猎奇心理。

在动漫领域，中国的四大名著一直是最多被“魔改”的对象，改编多出于迎合现代人追求刺激、搞笑的消遣心理。如动漫《七龙珠》使得“孙悟空”的名字再次红遍全球，但剧中的孙悟空仅名字、尾巴和筋斗云同《西游记》一样，其余均和原著毫无关系。《搞笑漫画日和——西游记：旅途的终点》也仅保留了师徒四人形象及西天取经背景，内容是纯粹的无厘

头荒诞情节。

众多其他的中国名著也在日本动漫的改编下“面目全非”。最大的变化多体现在人物形象和性格设定上。如根据《三国演义》改编的人气动漫《一骑当先》，讲述的是一群高中生继承了三国勇将的灵魂以现代日本为舞台重现的故事，刘备、关羽、赵云等诸多男性角色在当中被设定为性感女性；在另一部以《三国演义》改编的日本游戏《姬恋无双》中，所有的人物均被设定为少女形象。又如在漫画《封神演义》中，女娲成为了反派，主角太公望是一名阳光少年，哪吒有着现代着装。中国古典名著《红楼梦》更是被改编为庸俗色情暴力动漫游戏《红楼馆奴隶》，林黛玉在游戏中成为了风尘女子，性格轻佻，其他人物身着女仆装。故事发生的时间改成了现代，其他内容也同原著毫无关联。

2. 顺应时代社会变迁，迎合观众当代审美

为了增加动漫的娱乐性和接受性，创作者势必要加入一些当代的流行元素。代表性的作品如套用《西游记》故事的日本动漫《最游记》，虽然仍保留了原著中师徒四人的角色名称，但为了迎合现代年轻观众的审美，悟空由猴子变成了一个热血少年，性格直爽，但是一旦卸下了金箍，就会暴走黑化，然后失去记忆。八戒一点也不好吃懒做，而是一个温柔的老大哥，照顾着众人。沙僧则是一个红色长发的酷哥，最喜欢的就是美女和香烟。唐僧则一头金发，变成了一手持左轮枪，嘴里叼着烟，脾气暴躁喜欢打打杀杀的地痞。

关于狐仙题材的改编也是典型案例。近年来日本动漫作品中狐仙题材井喷式出现，具体内容非常类似中国志怪笔记小说《聊斋》中的故事。不同的是《聊斋》中的狐仙形象多为美女人形，而许多日本漫画中的狐仙形象则变为了当代日本宅男更喜欢的兽耳娘①形象。狐仙的性格也由《聊斋》中的温柔、天真、贤淑等中国古代所提倡的传统淑女性格，偏向为现代年

① 兽耳娘是拥有动物耳朵的女性人物的集合代名词。兽耳以女性最为多见，故有“兽耳娘”之称。兽耳是萌属性之一，常用于动漫或Cosplay。兽耳的组成结构和特征与猫耳没有分别，只是用来表示动物一方的特色转为猫以外的动物。用者多为可爱的少女（萝莉）和正太，也有的配以相应的尾巴，以突显其激萌之处。兽耳中最为常见的则是猫耳、兔耳、狐耳。参见百度百科“兽耳”词条。

轻人对女性的审美，比如迷糊娘[①]和傲娇[②]。另外，在《聊斋》当中，狐仙降临拯救的对象多是书生，而在今天的日本动漫中，狐仙拯救的对象变成了时下在动漫爱好者中普遍存在的“死宅”和“社畜”，其中既有男性向也有女性向，成为一个经久不衰的题材。

五　日本动漫运用中日神话传说对我国的启示

（一）积极发掘中国传统文化素材，增强文化产品内容的民族性

中国传统文化博大精深，是世界各国文化产品取之不尽、用之不竭的素材宝库。一直以来，日本很多民俗和传说都或多或少受到了中国神话传说的启蒙，加以自己本国文化进行了新的创作后，又通过动漫作品逆输出回到了中国，受到了更多青年人的关注和喜爱。然而，中国拥有这么多有趣可挖掘的传统文化素材，动漫作品却一直呈现低幼化的特点，无论是内容的文化性、趣味性和影响力都难以同日本匹敌。

在我国文化被外国逆输出之前，中国文化创作者应该先对自己国家的神话传说等传统文化进行更深入的了解和挖掘，并且积极将其运用到文化产品的创作上。在这一方面，中国的网络小说及电视剧近年来已率先做出了成功尝试。《盗墓笔记》《鬼吹灯》等盗墓题材的小说、网剧、电影在全世界收获了大量盗墓粉[③]；《花千骨》《择天记》《三生三世十里桃花》等玄幻题材小说、影视剧在海外创下了点击量神话[④]；中国宫廷剧《甄嬛传》

① 形容做事马虎、行动力差、天真可爱的呆萌女孩。

② 傲娇，来源于日本动漫的一个词语，指人物为了掩饰害羞腼腆而做出态度强硬高傲、表里不一的言行，常用来形容平常说话带刺，态度强硬高傲，但在一定的条件下害臊地黏腻在身边的人物，是主要用于恋爱形态的词语。

③ 2007 年起《盗墓笔记》出版九本实体书总销量超过 1200 万册，培养出大量的盗墓粉。2009 年盗墓笔记漫画版上市，作品点击量达到 7117 万次。2015 年网络剧《盗墓笔记》开播，首日点击破亿，平均每集观看量接近 4 亿。2016 年电影版《盗墓笔记》上映，累计票房 10 亿元。

④ 《花千骨》《三生三世十里桃花》《择天记》被翻译成 15 种语言，海外上线 3 天单集流量突破 100 万；国外网站上大量玄幻小说被翻译成英文，大批国外忠实粉丝追在后面打赏跪求更新，进而催生出诸多民间字幕组；美国小伙接触玄幻小说后，找到三个翻译软件，同时追更 15 部玄幻小说，表示“过去我回家只想着吸毒，现在我回家后满脑子想的都是中国小说”，半年后戒掉可卡因……

《延禧攻略》更是在各国引发了收视热潮。这些文化产品内容或基于中国传统民俗文化中的盗墓文化，或基于融汇了中国传统宗教、神话传说、历史典籍、宇宙观、生死观的仙侠文化，或基于中国古代真实历史文化，共同特点是均将原汁原味的“中国元素”纳入了文化产品内容。民族的才是世界的，未来中国在动漫、电影等文化产品、文化 IP 的开发中，也要深挖并使用好本国传统文化元素，才能使我国的文化产品更具影响力和吸引力，以更好地讲好中国故事，传递中国情怀。

（二）借鉴吸收外来文化元素，增强文化产品内容的包容性

日本动漫成功的一个很大因素，是其在创作上不拘一格，广泛吸纳了各国文化元素。如《钢铁神兵》中提到了关于“十二律”① 的中国文化；《奇幻贵公子》中，一名中学生会使用中国古代传说的招魂术来与死去的灵魂沟通。还有诸多电影以中国的美食文化为素材。此外《叛逆的鲁路修》《黑执事》《毒伯爵该隐》等动漫中的大小姐、大少爷所住的房屋、穿的服装，加上剧中的管家、庄园等元素，都是浓浓的英式风格。《圣斗士星矢》和《火影忍者》、《龙珠》中出现了许多印度特色的角色和事物。《苍穹之法芙娜》系列动画里则充满了许多北欧神话的典故、名词，剧中的机甲“法芙娜”便是北欧神话里的巨龙。一直以来，日本动漫创作者的目光不局限于本土，而是紧盯世界各国文化。早从 1969 年的可尔必思漫画剧场起，日本就开始乐于将世界各国的名著改变为日本动画，相继推出过源自瑞士的《阿尔卑斯山的少女》②、源自意大利的《寻母三千里》③、源自法国的《蓝宝石之谜》④ 等。《哈尔的移动城堡》《地海战记》则分别改编自英国和美国的现代小说。

这些对外国文化作品进行改编，或运用外国文化元素的日本动漫，均在全世界收获了极高的人气。对外来文化的吸纳，不仅拓宽了日本动漫的题材和动漫创作者的思路，也利于让更多国家的观众对日本动漫产生文化

① 十二律是古代一种定音方法，各律依次为：黄钟、大吕、太簇、夹钟、姑洗、中吕、蕤宾、林钟、夷则、南吕、无射、应钟。

② 原著为瑞士作家约翰娜·施皮里于 1880—1881 年所发表的德文小说《海蒂》。

③ 原著为意大利作家爱德蒙多·德·亚米契斯的作品《爱的教育》。

④ 原著为法国作家儒勒·凡尔纳的作品《海底两万里》和《神秘岛》。

亲近感，提高了作品的吸引力和影响力。而我国目前的文化产品中，还极度缺少这种对外来文化的改编、吸收和利用。因此这也是我国文化产品制作未来需要借鉴和努力的方向之一。

（三）结合社会现状及观众心理发挥创作想象力，提升文化产品内容的趣味性

有学者指出："在日本动画中，人们的日常生活也在表达着一种审美境界。美国动画中有很多传奇式超级英雄如超人、蝙蝠侠等，中国动画却是超出日常生活的教育高调。只有日本动画对于世俗化的普通群众生活毫不避讳，甚至从中升华到一种审美的境界。"① 以往中国的文化产品，不论是动漫、小说还是影视剧，都有着"教育性高于娱乐性"的特点，虽然保证了文化作品对于青少年的正面影响，但也削弱了文化作品的吸引力和趣味性。日本动漫对各国历史故事和神话进行了看似简单粗暴的套用和毫无逻辑的改编，而其之所以能凭借这种天马行空的套用和改编赢得全世界的关注和人气，说明有着许多值得我们借鉴的策略性经验。

首先便是在内容设置上极大地迎合现代人的心理需求，日本动漫故事的主人公大多是普通人，不够优秀也并不瞩目，有着自己的缺点的喜好，使同样平凡的读者和观众从心理上更有亲近感。另外是在内容中积极融入时下流行的元素，不论是人物造型还是性格、生活方式都与青少年喜爱的时尚潮流紧密接轨。最后是大量融入日本本土文化的元素，使这些作品既好看，又传播了日本的特色文化。

另一方面，日本动漫等文化产品中对中国神话进行了大量的套用和改编，由于日本动漫在全球范围的巨大影响力，很容易导致其他国家的读者们先入为主，虽然通过日本动漫了解了中国神话的元素，但了解和记住的是扭曲了形象甚至价值观的神话。正如《七龙珠》让全世界都知道了孙悟空，然而是日本魔改出来的孙悟空，与我国的经典孙悟空的形象完全不同。这种现象非常值得我们警惕和防范。我们应该在充分挖掘和传播本土神话的基础上，进一步注重对传统文化尤其是中国神话故事体系的保护。

---

① 徐振东：《经典动画赏析》，杭州大学出版社 2007 版。

第二编　神话与文化

日本近世村落与村役的作用

神立孝一*

在日本近世社会中，“村”拥有怎样的功能，发挥了怎样的作用，这是自古至今研究者们讨论的热门话题。众多研究者的共识是，“村”有诸多层面，而且对于理解历史来说是很重要的。近年来涌现了许多关于“村”的著作和论文，本文将在概述研究现状的基础上，聚焦于村干部即“名主”身上，来思考近世的“村”。

以村干部的“名主”“庄屋”的日常动向为中心来研究近世村庄的论著仍然十分有限。据我所知，目前似乎只有水本邦彦分析河内国河内郡日下村的庄屋——森长右卫门日记的论文比较引人注目。① 当然，村干部与各种各样的村法、事件及诉讼问题，甚至村子暴动等都有关联，从这个意义上来说，关于村干部的研究会涉及诸般问题。不过，本文将着眼于“名主”在日常生活中的样态，并将其视为我们进一步思考近世村庄存在方式的出发点。

一　“村”研究的现状和问题视角

首先，我们来概观近25年来关于“村”的研究。② 在《广辞苑》中

---

* 神立孝一，日本创价大学副校长。

① 参见水本邦彦「近世の農民生活」、日本村落史講座編集委員会編『日本村落史講座　第7巻　生活Ⅱ　近世』、雄山閣出版、1990年；成松佐恵子『庄屋日記にみる江戸の世相と暮らし』、ミネルヴァ書房、2000年。

② 到现在为止已经有很多关于近世村落的研究。代表性的有：大島真理夫「近世」、日本村落史講座編集委員会編『日本村落史講座　第1巻　総論』、雄山閣出版、1992年、272—283頁。

查“村”这个词，有如下表述：

“很多人群居的地方。村落。”

也就是说，“村”基本上可以被认为是指多个家庭居住的场所。在思考“村”究竟是什么时，首先必须考虑时间和历史的差异，其次必须考虑地理空间的差异。在这两者的基础上分析功能的变迁是理解“村”的关键。以往很多学者的考察也是以这一点为前提进行的。

首先，我们来梳理一下关于近世“村”的形成及其特色概括的研究。换言之，就是梳理从中世到近世“村”的推移。本文的主要任务是研究在这种推移中“村”这个空间所拥有的功能发生了怎样的变化。

安泽秀一提出可以将“村”分为“生活村落”和“行政村落”。[①] 根据安泽的说法，“生活村落”是由一定人类集团构成的特定的结合体，而与之相对的“行政村落”，则是指以“村高（村产量）”来表示的生产力的收取场，是在近世领主“领”域支配下的行政体系的一个单位。也就是说，虽然对于“村”的构成人员来说两者并无区别，但是如果想要从政治性和支配性来理解的话，就不得不给予“行政村落”这个称谓。近世领主和农民的纵向关系是“行政村落”，共享生活场所的村落内居住者的横向关系是“生活村落”。并且，在其上下文中，人们能够意识到“村”里保留着各式文件是理所当然的事情。在此基础上，安泽对近世村落的概念作了如下定义：

“近世村落的出发点是南北朝内乱以后迅速发展起来的‘惣村’。……地侍要么上升到近世的领主身份，要么降到农民身份，所谓近世村落，变成了单纯由百姓身份的人构成的封建村落共同体。”[②]

我们应当注意到，近世“村”的成员是很明确的。

与安泽的观点类似，水本邦彦试图通过“领主之村”和“农民之村”来理解近世的“村”。[③] 根据水本的说法，前者是基于属地主义，后者是基于属人主义。这两者的矛盾和对抗关系实现了“农民之村”的自立，由此统治方式也向依赖“农民之村”转变。

---

① 安澤秀一『近世村落形成の基礎構造』、吉川弘文館、1972 年。

② 安澤秀一『近世村落形成の基礎構造』、吉川弘文館、1972 年、第 7 頁。

③ 水本邦彦『近世の村社会と国家』、東京大学出版会、1987 年。

佐藤孝之以统治者如何看待“村”为焦点来考察近世的“村”。[①] 佐藤认为，中世纪以来的“乡”“村”得到沿袭，从而诞生了近世村落。由此，一个村子逐渐由几个“村”构成。于是，近世的“村”中开始包含了中世以来的几个乡村，也就是“复合村”。“复合村”当中的村子被定义为“构成村”。佐藤的结论是，这样近世村落的形成过程是真正的广域支配，并产生了所谓“领”域支配的这一近世独特支配体制。

佐藤常雄认为该体制最大的特色是领主不进“村”。[②] 他表示：“从战国时代到江户时代初期，由于兵农分离、工商农分离的政策，在地领主制被否定，原则上作为统治者的武士和作为被统治者的、从事物质流通加工业的工商民居住在城下町，作为被统治者的从事农林渔业生产活动的农民在村里各自集中居住，这实现了不同身份和职业的人居住地空间分离。”“江户时代的农村里原则上没有武士。从这个意义上来说，江户时代的村庄是没有领主的纯农林渔业者的生产者集团，至少村子在日常生活中不必受武士武器的暴力支配，而且，幕藩领主并不是直接进入村子内部直接支配作为生产者的个体农民。他们通过居于中间的‘村’这个社会组织，贯彻了对农民的统治。”这可以说是所谓“年贡各村承包制原则”的必然性论证。

像这样的关于近世村落形成期的共同认识很明显地体现在木村础的以下观点中：“自古以来就有‘村’这个称呼，但这并不是一种制度。近世的领主根据检地划定了村庄，以村为单位征收年贡，每个村子都设置了村干部。也就是说，近世的村庄作为行政单位渐渐浮现在历史的表面。这才是所谓的近世时代。”[③]

木村也说过“近世是村的时代”，这里也可以看出很多近世史研究者不得不把村作为研究对象的必然性。

依据这一点，我们接下来梳理关于近代村落如何变化的研究。这些研究从不同的视角提出了各种各样的问题。

一方面，近年来白川部达夫和渡边尚志的研究相继问世。白川部达夫的研究以构成近世村落的百姓为焦点，提出“百姓世界”这一概念作为理

---

① 佐藤孝之『近世前期の幕領支配と村落』、厳南道書店、1993年。

② 佐藤常雄『貧農史観を見直す』、講談社現代新書、1995年。

③ 木村礎「日本村落史を考える」、日本村落史講座編集委員会編『日本村落史講座　第1巻　総論』、雄山閣出版、1992年。

解公私的方法。[①] 渡边尚志的研究将近世村庄再次定位为“村落共同体”。[②] 他们的研究分别基于“百姓世界”这一新概念和“村落共同体”这一传统用语，目标是阐明我们该如何把握近代村庄，并探索在那里生活的人们的真实面貌。

另一方面，久留岛浩指出了村的质变问题，这与本文中提出的村干部问题有关，值得关注。[③] 久留岛将18世纪后半期村的质变归纳为“‘村—组合村—郡中’这样的自下而上的多层行政组织设立，并把领主支配相对化”这一点。他还以这些行政组织的负责人村干部为焦点，认为他们不仅是“领主统治的末端”，而且是“村共同体的代表”，如果不从这一双重性质的观点来看，恐怕无法把握幕府末期之前村子的质变。他还敏锐地指出村里的质变具有“比起生产的共同性，更强烈地要求村民的生活共同性”这一特征。

另外，久留岛还指出，村干部这样的行政组织负责人开始被领主或农民所意识到，是从村里公共账簿和文件的制作乃至公开等文件管理问题开始的。近世村里的文件管理问题是当今研究近世史时的一大主题。受久留岛的启发，本文将从名主与“村文件和账簿”的关系来考察名主的日常生活样态。

二　村的文件交接及制作要因

近年来，很多研究者考察了近世村子里文件制作以及交接的过程。很显然，这些文件的制作和交接是近世的常见行为，[④] 没有地域差别和时代差别。那么首先我们来分析南多摩地区各村庄的事例。

---

① 白川部達夫『日本近世の村と百姓的世界』、校倉書房、1994年。

② 渡辺尚志『近世の豪農と村落共同体』、東京大学出版会、1994年。

③ 久留島浩「百姓と村の変質」、『岩波講座　日本通史　第15巻　近世5』、岩波書店、1995年。

④ 其中的代表性研究有：大藤修「近世文書論序説」、『史料館研究紀要』第22・23号；大友一雄「近世社会における文書管理と文書認識」、『史料館研究紀要』第23号；冨善一敏「近世社会における文書整理・管理について」、『記録と史料』第2号；同「近世村落における文書引継争論と文書引継・管理規定について」、歴史科学と教育』第12号；同「検地帳所持・引継争論と近世村落」、『関東近世史研究』第38号；坂裕興「村形騒動と文書の作成・管理システム」、『学習院大学史料館紀要』第6号；岩橋清美「近世村落における名主の文書管理と『旧記』の作成」、『法制史学』第46号。安澤秀一「社会的集合記憶・人口規模・領域意識」（地方史研究協議会編『異国と九州』、雄山閣出版、1992年）尝试将文件管理在历史学中加以定位，这一作品在学界引起很大关注。

以多摩郡寺方村的文化二年（1805）二月的《年番名主继承诸帐面承包帐》为例，[①] 根据《旧高旧领取调帐》，寺方村的村产量为二百多石，可以说是这个地区一般水平的村子。

"享和四年

请

诸帐面取帐

子之正月十六日"

(目录)

"一、名寄帐此内一册上纸有少许瑕疵		拾四册
一、寺方村川欠退潮立归开场改水帐[②]		壹　册
一、立归再开场地改帐[③]		壹　册
一、田方年贡取附帐[④]	关户村　和田村	贰　册
一、田方年贡取附帐	寺方村　落川村	贰　册
一、本田新田水损引方小前[⑤]差额帐		壹　册
一、武藏国多摩郡关户村名寄帐		壹　册
一、本田畑川欠地所内改小前帐		壹　册
一、四个村高帐		四　册
一、本田新田田水损御引方小前差额帐	四个村	壹　册
一、延享元年、宝历丑年、同丑年、明和三年并当不田[⑥]		壹　册
一、关户村田年贡取附帐		壹　册

① 「杉田卓三家文書」、『多摩市史　資料編 2』、多摩市、1995 年、文書番号 135、第 527—530 頁。

② 川欠退潮立归开场改水帐：记载因旱灾而干涸的地方恢复到原来状态重新变为水田的台账。

③ 立归再开场地改帐：恢复原状重新使用的土地的台账。改帐：台账。

④ 取附帐：记录向田地收取的年贡额的账簿。

⑤ 小前：一般的百姓。

⑥ 当不田：由于各种原因无法成为水田，不适用年贡基准的土地。

一、三家村的内持田拔萃帐	壹 册
一、明和四亥年至巳年七年间的定免[①]分配	壹 册
一、武藏国多摩郡关户村林田反步改帐	壹 册
一、新关寄四个村	壹 册
一、四家村再开每反[②]的改帐	壹 册
一、明和六丑年川欠内改帐　关户村　落川村	壹 册
一、立归田地石盛[③]分配帐	壹 册
一、立归新田年贡取附帐	壹 册
一、落川村本田川欠内改帐	壹 册
一、明和八卯年落川村本田川欠内改帐	壹 册
一、从辰年到子年九年间定免可交付分配	壹 册
一、明和八卯年寺方村房屋川欠所内改帐	壹 册
一、落川村川欠内改帐	三 册
一、关户村川欠迹立归内改帐	贰 册
一、落川村川欠内改帐	壹 册
一、安永九子年开新田取附帐	壹 册
一、大豆取立帐[④]	六 册
一、糯米取立帐	四 册
一、田方年贡取立帐	六 册
一、田方年贡取立帐	七 册
一、烧米取立帐	三 册
一、日之传马帐	五 册
一、四家村高帐	贰 册
一、真棉取立帐	三 册
一、国役取立帐	贰 册

① 定免：固定的年贡率（以每3、5、7、9年为单位确定一定的年贡率）。

② 反：土地面积单位，约1000平方米。

③ 石盛：是指太阁检地以后，根据检地结果，把耕地分为上、中、下、下下四个等级，根据各自等级来确定每反的标准收获量。这也是征收年贡的基准。

④ 大豆取立帐：征收大豆的账本。

一、村入用[①]比例帐	壹　册
一、日定番比例帐	壹　册
一、白麦水之粉取立帐	贰　册
一、荒田四半纳取立帐	壹　册
一、岩堰反悬出人足帐[②]	贰　册
一、日之传马组合比例帐	壹　册
一、一之宫用水新堀地费比例帐	壹　册
一、年中小役纳物定式府中野巡回定式帐[③]	壹　册
一、御鹰御用□（因虫咬而缺字）组村高帐	壹　册
一、伞□（因虫咬而缺字）切人足帐	壹　册
一、夫米比例取立帐	壹　册

尼西之地[④]

一、从未到卯定免可纳分配之事	三　册

半纸

一、定免可纳分配之事	八　册
一、寺方落川村皆济目录	六　册
一、落川平五郎小物免状[⑤]	壹　册
一、落川平五郎平四郎免状	壹　册
一、帐箱	壹　个
一、算盘	壹　个
一、升	三　个
一、漏斗	壹　个
一、灯笼	贰　个

前述帐目请尽数取走、以上

享和四年子之正月

---

① 村入用，是指江户时代村干部的工资，纸、墨、笔等办公经费，道、桥、用水的修葺费用等，是村子运营必需的各种经费。

② 岩堰反悬出人足帐：记录维修加固等基础设施所用劳动力人数的台账。人数由各村的土地面积决定。

③ 定式帐：记录操作方法的台账。

④ 尼西之地：地名，音译。

⑤ 免状：记录年贡减免的账本。

渡人　弥　五　郎　印
立会人　源　　藏
同　伊左卫门
关户村
立会人　忠　兵　卫　㊞
名主
本村
长　七　殿
前述帐目丑年已尽数取走、以此为证、以上
本村
文化二丑二月　弥　五　郎　㊞
关户村
忠　兵　卫　㊞
长　七　殿”

从史料标题上也可看出，寺方村的名主是“年番制”（即每年轮流上任），在名主交替之际须交接这样的账簿和文件。根据史料记载，以所谓的“名寄帐”为首，账簿类有48种100册，文件类有5种19本，除此之外还有账箱、算盘、灯笼等器材5种，种类之多远超想象。

安泽秀一已经阐述过这些村账簿和文件的制作原因①，它们是根据从宽永到宽文年间的幕府法令来制定的。具体来说，可以参考以下资料。

“一、此前已述，村子所需各项经费之仪，设立小百姓帐，记录品名（必要经费），名主及组头（为作证明）而盖印，手代在帐上盖骑缝章。之后若发生百姓纠纷或诉讼，须细细调查后再行处罚。”②

“一、年贡之计算事，非但代官及庄屋，小百姓亦须皆在场。每年须确认帐目无误，无论何事，庄屋均不可刁难百姓。”③

① 安澤秀一『近世村落形成の基礎構造』、第102—168頁。
② 『徳川禁令考』前集第5、寛永19年5月24日付「覚」（2782号文書）、第10条。
③ 『徳川禁令考』前集第5、寛永19年午6月日付「覚」（2784号文書）、第11条。

"一、听闻今年百姓欠收。因重要之年，[1] 故村子不可要求其捐赠。

……

一、前已数次提及，庄屋及小百姓每年须于记录年贡高的台帐上盖印，交于代官。"[2]

"一、于年贡缴纳帐上，百姓须再次盖印，名主为百姓开票据，以防日后发生诉讼。手代于台帐上盖印，细细做帐。

一、村干部各项必要支出之款项，所有百姓皆须当场见证做帐并盖印。手代须于帐面盖印，以防再次发生诉讼。"[3]

"一、须格外留意年贡缴纳帐之仪。缴纳之百姓须盖章，名主须开具缴纳年贡之票据，以免日后发生诉讼。亦须留意装年贡米之草袋。"[4]

如上所示，近世初期开始就严格规定了账簿、文件类的制作。尽管这些账簿和文件被制作出来，但作为村里居民的百姓中间仍然频繁发生各类村子暴动，关于这一点，安泽秀一、久留岛浩等已经阐述过。幕府关于账簿、文件类的政策本来是作为防止纠纷的策略而制定的，但是围绕其公开却产生了新的火种。其主要原因可以说完全在于村干部，特别是名主的权限。这可以归结到名主既是一个普通百姓又是村干部这一"公私区别"的问题上来。这也是村这个组织制作的账簿和文件作为公共物品被人们认知的过程。

再以多摩郡上恩方村发生的"名主非法扣留金钱"事件为例。延宝七年（1679）十二月，上恩方村的百姓对名主八郎右卫门的不法行为进行了控诉。[5]

① 重要之年：财政上必须节约的年份。

② 『德川禁令考』前集第5、寛永20未年午8月26日付「覚」（2788号文書）、第15·17条。

③ 『德川禁令考』前集第4、寛永21申年正月11日付「上方関東代官江下知」（2105号文書）、第14·15条。

④ 『德川禁令考』前集第5、寛永6午年11月11日付「関東御領所下知状」（2791号文書）、第22条。

⑤ 「草木家文書」、木照義氏蔵、八王子市郷土資料館文書目録D—8。

“（前略）

一、今年秋，大人因检查莅临下恩方之时，名主（八郎右卫门）[1]瞒于大人，以大人来检查为由，擅自向村子索要一贯五百文且私自扣留。

一、大人莅临检查田地之时，订立誓约书，曰不给百姓增加任何负担。然，名主对百姓房屋，按一间二十二文敛财，共收取三百零六文。

一、缴纳延宝五年漆年贡一事，每桶三十五文，一百二十桶，故征收四贯三百七十二文缴纳给村官员，延宝六年八月确实已向上面（江户城）缴纳漆年贡。其后十二月二十七日，八郎右卫门出谎言，复索要两贯一百八十四文，私自扣留。八郎右卫门此前曾曰一文不少。请其返还两贯一百八十四文于百姓。

一、上恩方村年贡基准值为五百十二石。原本规定白苏二石一斗，口米（运送时从米袋上掉落的米）六升，而八郎右卫门擅自侵吞三石六升二合五勺。三石六升二合五勺中，上缴二石一斗六升，剩余九斗二升五勺，自辰年至午年（三年间）合计二石七斗七合五勺，请八郎右卫门归还百姓。

一、名主称须向野村彦太夫大人（代官）缴纳自八王子至江户之移动经费，故向村子摊派一贯三百文并强行征收。虽欲缴给代官，却被告之不需。务必请八郎右卫门还此经费于百姓。

一、延宝四至六年，年贡及村官员酬劳之账目皆已（由代官）计算清楚。然则计算年贡时，名主将金额悉数瞒于百姓。感念百姓疾苦，请重新核算近三年之年贡及村官员酬劳。

一、村田地台帐上，记载农民先前使用之少许树林。去年十一月，名主八郎右卫门告知村子使林充公。且名主要求一人三百文，十七人集齐五贯一百文，交予代官大人。名主曰与代官大人谈判，故村子向名主缴纳五贯一百文。

一、去年秋，邻村舞者拜会名主。本无需费用，名主索要一贯一百文。”

---

① 史料括号中的内容为作者添加的注释。——译者注

根据以上记载，一位叫八郎右卫门的名主在交纳和结算年贡时以各种名义侵吞金钱，其行为被当作“非法行为”而被百姓声讨。村农们的动向说明了村子新框架的建构。也就是说，近世的秩序确立起来，其根源是“小百姓们认识到作为年贡负担者的自己”。[①] 其结果是引发了他们对村干部即名主的专横进行揭发的行动，而相关的各种文件也会被制作出来。[②]

这里必须确认的是，围绕账簿、文件的制作和公开，百姓们对自己作为年贡负担者的认知过程，也提升了村干部层对于自己迥于以往的职务的自觉性。也就是说，因为他们权限的公共性被村里承认，近世秩序的确立也作为多层性的东西被世人所认知。农民阶层的自觉使村干部们的立场更公开化了。如此一来，幕府的各种法令被纳入村的秩序中得以消化。

三　结语

村干部被授予了所谓的下级裁判权，村内的小事件都由村干部来解决，这是显而易见的事实。这件事显示了村干部在处理向领主告状之事时的双面特色。也就是说，一方面，村干部通过向村民们展示他可以向领主控诉这一招，从而能够整顿村内意见；另一方面，在村民向领主提起诉讼的情况下，村干部为避免问题扩大化，会寻求“和解”之道。村干部的存在方式说明了他兼具行政性最末端机能与村共同体代表者“双重性格”。

以上对近世村庄的现状进行了考察，最后想提出今后的研究课题，那就是如何在近代的历史潮流中定位近世的“村”。大島真理夫对此提出的启发性问题中做了如下论述：[③]

“将前近代社会描绘成比实际更和谐的社会，将近代社会描绘成这些安定装置崩溃、弱肉强食的竞争社会。换言之，这种观点认为在前近代和近代之间有巨大的断层，人类与社会实现了全面转换。”

---

① 参见安澤秀一『近世村落形成の基礎構造』、第 159 頁；久留島浩「百姓と村の変質」、『岩波講座　日本通史　第 15 巻　近世 5』、第 81—82 頁。

② 这也是村方三役之一的“百姓代”登场的背景。“百姓代”是指代表了一般农民的利益，并对名主、组头的村政实行检查的监察人员，详细请参照佐藤常雄的上述书籍。

③ 大島真理夫「日本近世における共同体研究の意義と課題」、大阪市立大学『Discussion Paper』第 10 号、1995 年。

大岛对“把近世与近代视为断层的，在近世寻找近代失去的世界，在被称为后现代的现代展望其重建”这一视角表示了担忧。他提倡：“重要的是，不论是前近代还是近代，首先在方法上假定有利己的个人，然后探究在怎样的条件下共同体和道德经济才存在。”我们确实不得不首肯大岛的论述，即近世社会和近代之间的断层产生的原因在于作为前近代象征的“共同体”与近代的“个人”这种“二分法图式”。无论是长期以来人们所信奉的“黑暗贫困的近世”观，还是作为其反面强调的“明朗和谐的社会”观，其基盘都正是近世的“村庄”。这意味着，选取“村”的不同要素，就会得出两极分化的结论。于是，近世的“村”和近代的“村”就好像断绝一般，形成了对比鲜明的社会。对于这样的看法，大岛认为，不如着眼于个人重新把握这些社会。

除大岛的论述之外，还有一个值得关注的观点。那就是诺斯（Douglass C. North）关于“制度”的著作。[①] 他写道：

“制度定义并限制每个人的选择集合。”

他还写道：

“制度通过给日常生活提供结构来减少不确定性。这对于人们相互作用来说是一种指针。”

诺斯提议，有必要讨论一下引导每个个体做出各种行为和选择的制度。他进一步做了如下阐述：

“制度不是不连续地变化的，而是典型的渐变。制度是如何变化的，为什么是渐变的，或者即便是不连续的变化（例如革命和征服）也为什么不完全是不连续的，这些问题的答案都在于各种非正式的制约被纳入了社会。虽然正式的规则或者司法上的决定结果可能会在一夜之间发生变化，但是已经具体化为习惯、传统以及行为代码的非正式限制不会受到计划性政策太大的影响。”

本文所提及的史料说明，正如诺斯所指出的那样，近世的“村”是在一种制度——村民们以某种形式选择的制度——下、在正式规则与非正式

① 参见 Douglass C. North, *Institutions, Institutional Change and Economic Performance*, Cambridge University Press, 1990；ダグラスC.ノース『制度　制度変化　経済成果』、竹下公視訳、晃洋書房、1994 年。

制约的复杂纠缠中逐渐变化着的社会。我们通过史料可以管窥大岛所指出的“利己的个人”的真实情况。诺斯则提出了考察近世的“村”的重要观点：

“我们观察到的变化并不是不连续的（即使考察革命性变化也是如此），而是渐进的。渐进性制度变化的性质与行为者解释自身环境并进行选择的不完全方法相结合，说明了路径依存性，使历史具有意义。”

我们在仔细研究“村”的渐进变化的同时，也有必要弄清楚什么变化了、什么没有变化。那不是根据后来的历史研究者们的时代划分而被分割了的“村”，而是基于眼前各种状况合理地采取行动的每个人都在呼吸着的“村”。我想，重新讨论“村”的时刻来临了。

［说明：本文在笔者《近世的村与村干部》（乡土资料馆研究纪要《八王子的历史与文化》第8·9号）的基础上进行了缩减、修改。］

（张梅* 译）

* 张梅，中国社会科学院日本研究所助理研究员。

平成年号与日本的大禹信仰

王　敏*

亚洲区域内的相互交流有着数千年的历史，随着人口的变迁，历史文化的融合，在生活文化层面积累造就了经久验证的互动互惠之共有平台。这深厚的底蕴亦可称为东亚的文化关系与汉字文化圈研究的素材智库。

笔者意在考察东亚的文化关系与汉字文化圈研究案例之现存环境与形态30年之久，重点着眼挖掘和筛选亚洲，尤其是东亚在历史积淀中形成的互为链接的共同点，整理成为社会和大众所接纳参与的公共课题，从而唤起对中日、东亚和汉字文化圈的历史文化与社会关系的新一轮关注，求索价值认同的平台，丰富与时俱进的公共素养，繁荣和平发展的命运共同体。

本文仅举现存当代日本社会的大禹信仰案例与平成年号的相关关系，解析该文化现象对当代价值取向所发挥的正面作用，探讨其对于中日关系的健康发展的有益贡献，以期为东亚的和平发展与汉字文化圈的当代价值研究领域的深耕拓展奉献点滴参考。

一　日本年号的起源、定义以及相关法规

根据日本的皇室典范《皇室事典》（皇室事典编集委員会编集、角川学艺出版、2009年）的相关条例的内容，日本的年号与律令制度和佛教、儒学一样，均通过中国的汉字文献传入日本，并为日本所采用，传承至

* 王敏，日本樱美林大学大学院特邀教授、拓殖大学国际日本文化研究所客座教授、法政大学名誉教授。

今。因此，《皇室事典》中的“年号”条文明确指出，年号本是汉字文化的一部分。

自汉武帝即位使用了始创年号“建元”以来，年号就一直象征着皇帝从时间到空间对领土和民众所进行的统治。也就是说，皇帝的职能跨越时空，全方位地发挥其至高无上的功能。

同时，中央王朝亦向周边国家颁历，使其共享中国的年号，以象征步入先进的中华文明的历史框架。对此，《皇室事典》坦言，周边国家使用中国年号意味着服从于中国的中央王朝，在当时的格局之下，各国很难自行建元。

日本的年号制度形成于7世纪。据《日本书纪》记载，乙巳之变（645年），中大兄皇子参照中国政治模式的改革获得成功，并以中国为鉴，制定了年号“大化”。这是日本启用的第一个正式年号。710年，日本颁布了以唐朝律令为模式的《大宝令》，完成了日本有史以来第一部关于律和令的正式律令。其中律六卷，令十一卷，共十七卷。正是这部律令明文规定，公文文件必须使用年号。而后，在公文文件和私人文件上记载年号的习惯才逐渐固定下来。

近代以前，年号的设定相对比较随意。改元的原因有多种。天皇即位之后新建年号为“代始改元”，是改元的基本前提。天皇在位期间所出现的祥瑞、灾异、谶纬等都可能成为改元的原因。因此，平均每代天皇都要改元二至三次，每个年号使用年限为五到六年。改元程序大致如下：

①天皇召集大臣研究并筛选年号用汉字；

②选出候选方案即“年号勘文”，上呈天皇；

③召开公卿会议，选出2—3个候选方案上呈天皇；

④天皇从上呈方案中选择一个年号出来，或者要求公卿重新讨论方案；

⑤天皇“敕定”新年号；

⑥完成改元诏书，并转发中央及地方机构。

不过，江户时代的年号按照惯例由幕府拍板决定。

然而，中国从明清时期起基本采用代始改元。明治政府也随之效仿，决定借维新之机实行一世一元制。于是，明治天皇予以实施，从上奏的三种方案中抽签决定了年号：明治。

“明治”年号出典为《易经》“圣人南面而听天下，向明而治”。据此22年之后制定的《皇室典范》第十二条规定，即位之后所定年号按照明治元年的惯例不得更改。近代以来的一世一元制就此形成。

继明治之后的“大正”时代，年号出自《周易》“大亨以正，天之道也”。这个年号由议案审查委员会选定，经枢密院会议通过，最后上奏天皇获准。

其后的“昭和”年号出自《尚书》“百姓昭明，协和万邦”。这个年号是在枢密顾问会议上确定之后，上奏天皇得以通过的。

昭和五十四年（1979），日本制定了《元号法》，规定年号的制定由内阁负责实施，坚持代始改元的原则。政府随后制定了具体程序并向公众发表了“选定元号的程序”。

二　参与制定“平成”年号者的今昔

1989年1月7日，在举行践祚式之后立刻进入了改元程序。选定用于年号的汉字必须具备以下条件：与国民理想相符合、有积极向上的含义、只能选用两个汉字、易写易读、之前没有在年号中使用过、没有俗用等。候选年号包括“修文”“正化”等，最终选定的方案是“平成”。“平成”是自“大化”以来第247个年号，“平”在之前的年号中出现过11次，“成”尚没有被采用过。

《朝日新闻》中文网2019年2月18日登载了部分“平成”年号的制定经过。

《平成更改年号候选方案超20之多最终方案提议人的手记被发现》，撰文记者叫大久保贵裕。综合其内容如下：

1989年制定新年号平成之际，预选方案20有余。不久前所发现的新年号候选方案的手记出自九州大学中国文学名誉教授目加田诚之手。现已判明他曾经提出过“普德”“敬治”等方案。这是首份显示除“平成”以外，还有哪些新年号候选方案的史料。

政府从汇集了专家学者意见的多份材料中选了三案，即“平成”“修文”“正化”，并在专家委员会上进行了讨论研究。当时的内阁内政审议室长兼事务负责人叫的场顺三，在他卸任的2015年以后，曾发表了以下证言。

“平成”是东京大学东洋史名誉教授山本达郎提出的方案，“修文”是目加田诚提出的，“正化”则是东京大学中国哲学名誉教授宇野精一的意见。然而，上述3人均已离世，且没有公开任何相关史料。

此次发现的笔记用便签和草稿用纸写成，一共有9张。目加田诚在生前曾表明向政府提出过“修文”“天昌”“靖和”等方案，而手记中也涵盖了上述3个方案，连同其他共记载有二十几个方案。除此以外，还发现了疑似年号方案的速记草体，其内容尚难以解读。

目加田诚于1994年逝世。上述手记从其生前居住地福冈县大野城市的市政府所保存的遗物之中发现。《朝日新闻》通过大野城市政府，在获得遗属许可的情况下对手记进行了确认。并在目加田诚的朋友、九州大学中国文学名誉教授竹村则行的协助之下，与市政府共同核实了笔迹及内容。

日本政府目前尚未公开有关委托学者、新年号方案的详细内容，包括数量及上述3个方案的甄选过程等。

三 “平成”的出处

选定“平成”年号的依据是中国古典所载“地平天成”“内平外成”等。如《尚书·大禹谟》：“帝曰：‘俞！地平天成，六府三事允治，万世永赖，时乃功。’”

今天已经判明《大禹谟》为伪作，是对先秦至魏晋年间流传古书所称引原本《尚书》的再组合。《大禹谟》虽然是一篇伪作，但由于其中吸收了先秦百篇本《尚书》的一些文本，有助于我们了解部分原貌。《大禹谟》长期流传于中国及周边地区，对东亚精神世界的长期影响不容怀疑。

先秦文本中出现“地平天成”“内平外成”的例子可见《左传·文公十八年》：“高辛氏有才子八人：伯奋、仲堪、叔献、季仲、伯虎、仲熊、叔豹、季狸，忠肃共懿，宣慈惠和，天下之民谓之八元。此十六族也，世济其美，不陨其名，以至于尧，尧不能举。舜臣尧，举八恺，使主后土，以揆百事，莫不时序，地平天成。举八元，使布五教于四方，父义、母慈、兄友、弟共、子孝，内平外成。”

《皇室事典》提到“内平外成”这四字出于《史记》。但司马迁作

《史记》时应当参照了《左传》等更早文本，故在此也列出《史记》的文本。

《史记·五帝本纪》："昔高阳氏有才子八人，世得其利，谓之'八恺'。高辛氏有才子八人，世谓之'八元'。此十六族者，世济其美，不陨其名。至于尧，尧未能举。舜举八恺，使主后土，以揆百事，莫不时序。举八元，使布五教于四方，父义，母慈，兄友，弟恭，子孝，内平外成。"

鉴于拙文主旨不在求索文本出典，故对于"平成"的出处不再赘言。接下来让我们继续关注"平成"的内涵及其波及的效果。首先，"地平天成"是远古的理想和目标，实现理想和抵达目的的领袖是大禹，治水平天下的效果凸显出丰衣足食的可行途径。因之，大禹隐形于"地平天成"之中。

从这个意义来讲，日本的平成年号持续了31年之久，虽然其间没有明显言涉大禹，溯其源便可知其本。

四　"平成"唤醒日本的大禹信仰

（一）考察日本大禹信仰的缘起

对中国史感兴趣的日本人皆知古代中国三圣君"尧、舜、禹"的名字，"禹"在日本的义务教育教科书中被视为是历代王朝中第一个王朝"夏"的创始人，是成功治理黄河的治水领袖和专家。由于他卓有成效的治国理政，为万民所敬仰。同时，日本还基本尊重中国古代史研究的新成果，认为曾经定位为神话人物的禹也可从历史人物的角度予以审视。

曾经详细介绍古代中国史的冈村秀典的《夏王朝王权诞生的考古学》（讲谈社，2003年）中的权威观点认为，夏王朝开始于公元前2070年，夏商交替发生于公元前1600年。夏的中心城市河南二里头遗址的精心发掘，使得夏王朝的存在不容怀疑。与此同时，夏王朝的创建者禹的存在意义必然受到关注。

日本的义务教育阶段的教科书记载，尧、舜之时洪水泛滥，大地荒芜。禹之父鲧受命治水，未能成功，其子禹继承了治水的工作。视禹为理想的仁德之王，赞誉"禹八年于外，三过其门而不入"。还评价禹遍行治水，发展农业，致力于使民众生活富足。自身的生活却极为朴素，谢绝美酒佳肴等等。

近年在日本各地还发现了保存有大量尊禹为治水神并进行祭祀的遗迹和文物。神奈川县地方史研究民间组织“足柄历史再发现俱乐部”是启动日本大禹信仰调查的原动力。在日本民间，禹被称为禹王。相对这一称呼，笔者在拙文中写作大禹。不过，对于日本固有的机构名称或者称呼，依然保持日本的原有说法，如治水神禹王研究会等。

“足柄历史再发现俱乐部”由几位退休老人自发组建。因为他们的家乡神奈川县南足柄地区有座建于1726年的《文命碑》。《史记》等记载，文命是大禹的别名。于是，热爱家乡风土的几位老人以此碑作为第一例调查对象，发现石碑由因治水功绩而为世人所知的田中丘隅（1662—1730）所立，碑文由日本公认的大儒家荻生徂徕①润色完成。

为了更加深入地开展考察工作，2007年，该俱乐部成员专程造访了笔者，表达了希望共同研究的心愿。于是，笔者便走进了考察和研究日本的大禹信仰的领域。受其触动，笔者自2007年起，在《朝日新闻》《东京新闻》《日经新闻》等主要媒体撰文介绍日本的大禹信仰及其相关活动，在2008年7月28日发行的《文艺春秋》第28号上呼吁全国读者共同参加各地的大禹相关史迹考察。并与该俱乐部主要成员一起，于2013年成立了治水神禹王研究会（时任会长大协良夫，现任会长植村善博），逐步向全日本推进考察和研究活动。

以足柄地区的市民研究团队为中心，我们在当地关心历史的民众的支持之下展开了全国性的调查。我认为，日本的大禹信仰文化是经过日本人自主移植和选择，顺应当地的风土和生活，在不断的交融演变过程中自然形成的。因此，它既保留了中日两国混合文化的特色，又在经受日本本土文化的润泽之下逐渐转换身份，完成在日本的土地上的治水神定位的。基于此特征，2010年11月，全日本关注大禹信仰研究的国民汇聚神奈川县开成町，召开了第一届日本全国禹王峰会。第二届于2012年10月在群马

---

① 荻生徂徕（1666—1728），江户中期儒学家、思想家。他是德川幕府第五代将军纲吉的知己。通过当地地方史研究会“足柄历史再发现俱乐部”的调查，部分阐明了他同《文命碑》之间的关系。

县片品村[①]召开，第三届于2013年7月在高松市[②]召开并成立了治水神禹王研究会。第四届原定于2014年10月17日至18日在广岛市[③]召开，但受到暴雨和泥石流灾害的影响未能实现，仅以网上会议的形式得以实施。第五届于2015年9月在大分市臼杵市[④]召开。该市拥有日本唯一一块同源自中国的农业神后稷进行合祀的《大禹后稷合祀之碑》（1740年立）。第六届于2017年10月召开，举办地点是山梨县富士川。第七届即于2019年10月在岐阜县海津市召开。

2015年还成立了鉴定审查大禹相关历史遗址和文物的审委会。在治水神禹王研究会的推动下，截至2021年3月，经鉴定确认日本各地有关大禹仰的史迹和文物已达150处，几乎遍布全国所有都道府县。在大禹文化所滋育的连绵基础之上，其成果惠及异邦的古今。比如，足柄地区300年来从未间断的连年祭祀大禹，学校、水道、桥梁都以大禹命名，无一不在讲述大禹与彼方风土的共生共融。同时为后人提供了分析日本混合文化之现代价值的宝贵实证考查资料。

2015年5月9—11日，在神奈川县开成町成功举办了第七届东亚文化交涉学国际学术会议，来自七个国家的300多名研究人员和市民参加了会议。会议成果以中、日、韩、英文版的形式向世界各地传送，并获得了天皇夫妇的赞扬。

（二）日本大禹信仰考察资料简述

在整理日本部分大禹研究成果的同时，笔者按年代的顺序简略梳理了其中已知“最早期”的相关文物和文字记录。

1. 日本最早的禹王庙

1228年建成的京都鸭川禹王庙，尽管其形态早已不复存在，但是部分

---

① 片品村位于群马县东北部，临接尾濑国立公园。在片品川边有立于1874年的《大禹皇帝碑》。

② 高松市是四国地区香川县县厅所在地，是四国的政治经济中心。栗林公园中有立于1637年的《大禹谟》碑。

③ 广岛市位于中国地区（日本的中国地区位于本州岛西部，包括鸟取县、岛根县、冈山县、广岛县和山口县），当地的宫岛和广岛原子弹爆炸遗址已经列入世界遗产名录。太田川边有立于1972年的《大禹谟》碑。

④ 臼杵市位于九州地区大分县东海岸，以国宝臼杵大佛和酱油而闻名。有《大禹后稷合祀之碑》。

文献中都出现关于“夏禹王庙”的记载，据此可推测位于京都的四条、五条之间的禹王庙一直延续至江户时代前期。

2. 日本现存最早的禹王碑

1637 年制作、香川县高松市的《大禹谟碑》。

3. 日本最早的文献记录

712 年的《古事记》，720 年成书的《日本书纪》中亦有记载。

4. 日本最早的禹祭

据禹王研究会的调查研究，1228 年京都鸭川所建“夏禹王庙”应举行某种形式的祭祀，仍需深入考证。

5. 日本各地现存的禹祭

治水神禹王研究会的调查表明，日本各地现存的禹祭有以下几处：

1708 年建立，琦玉县的文命圣庙；

1719 年建立，大阪府岛本町的夏大禹圣王庙；

1726 年建立，神奈川县酒匂川流域的文命东堤碑和西堤碑；

1740 年建立，大分县臼杵市的禹稷合祀坛；

1838 年建立，岐阜县揖斐川流域的禹王灯笼；

1919 年建立，群马县沼田市的禹王碑；

2012 年建立，兵库县姬路市的鱼吹八幡宫；

2013 年建立，广岛市的大禹谟。

在此，仅对 2014 年 5 月所举办的两项祭祀活动作简介。

（1）岐阜县海津市的禹王祭

当地住民每年都在 5 月 14 日黄昏，集聚在街头的祠堂，面向祠堂正中所供奉的禹王挂轴顶礼膜拜，感谢他除灾祛病，保佑这一方土地五谷丰登，人兽平安。据当地居民介绍，这一祭祀活动至少已经持续了 160 年之久。

（2）神奈川县西部酒匂川流域的足柄地区的文命祭祀

据神奈川县立公文书馆所收藏的 1879 年的“神社明细帐”记载，始建于 1724 年的福泽神社原名取自大禹的别名“文命”，其祭神为“夏禹王”。1841 年的《新编相模国风土记稿》第一集班目村、川村岸之项中也提及了文命神社，明确记载有其祭神“禹”的史实。因此，足柄地区有很多设施以“文命”命名，如文命中学、文命隧道、文命用水、文命桥等

图1　岐阜县海津市祠堂正中所供奉的禹王挂轴

（由大协良夫摄影）

等。自300年前起，当地每年都在5月5日于神社举办丰富多彩的文命祭祀活动。

五　日本皇室与大禹

（一）皇室是引进并传承汉字文明的核心

综合《皇室事典》等内容，近代以前的帝王教育主要由下述内容组成。

①中国传来的帝王学典籍为主。

②儒学经典和汉诗文集。

③大宝令及书纪。

上述古籍广泛并深入地接受了约5世纪传入日本的《论语》和《千字文》的影响。

④清和天皇的侍读大江音人为唐太宗所编的《帝范》所作的注释。

⑤宇多天皇令幼帝诵习魏征编辑的《群书治要》。

⑥平安中期，文章博士经常进讲《贞观政要》。明治天皇和大正天皇也接受过相关教育。

除此之外，天皇还亲自编写备忘和教育子孙的教科书。比如，顺德天皇编撰了《禁秘抄》以及《日中行事》、《建武年中行事》、《当时年中行事》等多部记载宫中活动之书。

宇多天皇编写了《宽平御遗诫》（897年），规定天皇每日晨起整装洗面，拜神。慎重处理政事，认真听取下属意见，多读六经，公平公正，禁大喜大悲，保持喜愠不形于色。

花园天皇在《诫太子书》中指出，愚人会导致政治紊乱，君主如非圣贤必导致日后之动乱。应当勤学，认识儒教的奥义，养成德义。不言而喻，花园天皇对《帝范》《论语》《尚书》等著作十分了解。

然而，近现代的帝王教育开始发生变化。如明治天皇除自幼学习四书五经、《禁秘抄》、《建武年中行事》、《史记》、《神皇正统记》、《资治通鉴》等，还兼学日本与西方的经典。

大正天皇自幼在御学问所接受个别指导，后进入学习院学习。尤其受汉学家三岛中洲影响甚深，创作了两千多首汉诗，居历代天皇之首。

昭和天皇所受的教育范围更加广泛。除了传统的汉籍方面的内容之外，还大量增加了综合教养和近代的内容，如世界人物、时事、社会现象、自然现象、名言警句等。

结合本文的重点，可以说从5世纪汉字与汉籍传入日本，大禹作为中国“三皇五帝”的楷模和儒学所推崇的德治模式，成为日本建国治世之鉴。因此，自古以来天皇就主张引进和推广大陆文化，皇室在不断加深对大禹的认同中折射出他们自身的政治理念。例如最早记述大禹的日本文献、编纂于712年的《古事记》序中，将元明天皇的功绩同禹进行比较，这是将大禹视为地区发展参照的重要佐证。

其文大意是“时元明天皇之名高于夏之文命，德优于殷之汤王”。女帝元明天皇在位时间是707—715年。

720年成书的《日本书纪》在孝德天皇（645—654年在位）条中引证大禹之德，以此赞美孝德天皇。其中明确体现了对于大禹的深刻认识。

在皇室的日常规诫中，大陆文化中的君王和圣人的仁德是座右铭的基础。如《禁秘抄》是顺德天皇（1210—1221年在位）撰写的一本研究古代典章制度的书籍，同时也规定了作为天皇应该铭记的典章制度。这本书如同天皇必须遵守的准则手册，也被认作是天皇的家训。《禁秘抄》中说，天皇治学的目的，就是要通晓历代天皇治理国家的方法，从而更加有的放矢地为政，维系天下太平。这本书以帝王学教科书《贞观政要》中的言行录为标准编写而成。由此可见，中国的伦理道德很早就已融入皇室的教化深层，并发挥着行为指南的作用。

因此，直至今日，内涵中国因素的传统伦理道德更贴近皇室所传承的价值体系，更容易被皇室所理解和接受。

平成世代的天皇与大禹的关联更为密切。平成的年号源于《尚书·大禹谟》中的“地平天成”。大地安定为“平”，万物丰收为“成”，这短短四字昭示了古代贤王为政的目标和理想。大禹是勇于担当责任、以实际行动改善现状的实干家，这也是他为异邦所崇信的要因。

1992年10月26日上午11时，平成时代的天皇夫妇访华，造访西安的碑林博物馆，观赏了《开成石经》，找到了“平成”二字的位置。此时正值中日建交20周年。

《开成石经》被称为是“世界上最大、最重的书”，共用114方巨石刻成，总计65万余字，于唐文宗太和四年（830）完成。收录了《周易》《尚书》等十二经，《尚书·大禹谟》也在其中。

总体上看，大约在汉籍传入日本之时，皇室就在很大程度上了解了大禹。大禹进入日本，依托汉字文典、儒学、帝王学、帝王图鉴的传播得到广泛扩散。随着大禹在日本的时光累加，其治水神的作用深得朝野信赖，便在自然灾害频发的日本本土不觉间演化成为日本的信仰对象，逐渐在日本扎下根来。

但是，治水神禹王信仰虽然成为了日本文化的一部分，但其深层潜在融有“混成文化”的基因。“混成”一词出自老子《道德经》第25章：“有物混成，先天地生。”青木保先生从文化人类学的角度指出，日本文化的特征就是“混成文化”（《异文化理解》，岩波书店，2001年）。他还将此定义用于当代，希望运用“混成文化”的读解，两国之间相互理解修好。

“混成性”应该从皇室主动积极地吸收大陆文化就开始逐步凝聚，发展形成了日本文化的特征。与西方宗教观不同，日本吸收了多元的亚洲宗教和信仰的元素，丰富了混成型的信仰文化。大禹信仰及相关仪式、祭祀、习俗就是其成果之一。

在民间信仰领域，还可看到以中日韩为主的汉字文化圈内持续相互渗透的其他案例和史实。这些都可以理解为与大禹信仰的生成背景同一脉络。从这个角度进行深耕，可以期待相互间的自我认识与彼此间的相互认知的深化，助力加深相互理解。

（二）京都御所《大禹戒酒防微图》及其对于中国古典的借鉴

京都御所位于京都市中心的上京区，原本是天皇的第二宫殿，自 1331 年至 1868 年用于日常起居。不过，随着幕府没落、王政复古，江户改名东京之后，明治天皇移居到了东京。

《大禹戒酒防微图》依然原样保留在京都御所的御常御殿。这是一幅表现酒祖仪狄向大禹献酒场面的内隔扇画。在京都御所生活过的天皇从后醍醐天皇起，到明治天皇止，也就是说，1331 年至 1868 年的 537 年间，历代天皇都与《大禹戒酒防微图》共同生活。

现在的画是幕末时期御用画师、狩野派画家鹤泽探真（1834—1893）于 1855 年所绘。他继承了同为狩野派的父亲鹤泽探龙之技法，代表作有《雨中鹭荷图》等。狩野派是日本绘画史上最大的画派，其繁盛期自室町时代中期（15 世纪）至幕末（19 世纪），长达 400 年。狩野派最大的特色是重视源自中国的伦理道德体系，并将其与日本特色技法和观赏习惯结合，受到各阶层的好评。京都御所内隔扇画中描绘中国古代帝王的狩野派作品，还有《高宗梦赉良弼图》和《尧任贤图治图》两幅。它们分别出自座田重就和狩野永岳之手，与《大禹戒酒防微图》合称御常御殿的内隔扇图三图。

不难看出，京都御所特制《大禹戒酒防微图》的目的即以大禹为榜样，继承自重、自尊、自戒、自勉的传统精神，成为德行兼备的君主。这也是中国古典里圣王之仁德规范的传统。

根据《古事记》和《日本书纪》，5 世纪初五经博士王仁从百济来到日本，担任皇太子菟道稚郎子的老师，当时所用教科书《论语》中多次提及了禹的行为。下面是《论语·泰伯第八之二十一》的原文和译文。

原文

> 子曰："禹，吾无间然矣。菲饮食而致孝乎鬼神，恶衣服而致美乎黻冕，卑宫室而尽力乎沟洫。禹，吾无间然矣。"

现代语意译

> 孔子说："禹这个人，我找不到非议他的地方。自己饮食菲薄，而对鬼神享祀丰洁；自己平日衣服褴褛，而祭祀时则祭服华美；自己住房低湿，而尽力为民疏浚水道。禹这个人，我找不到非议他的地方。"

现在京都御所御常御殿的隔扇画《大禹戒酒防微图》完成于宽永十八年（1641），不愧为狩野派御用画师的杰作精品。笔者认为，该作品借鉴了明朝后期1573年刊行的《帝鉴图说》。

《帝鉴图说》为明代内阁首辅张居正所编，是用来对年仅十岁的小皇帝神宗（万历皇帝）朱翊钧进行帝王教育的启蒙书。明隆庆六年（1572）成书后，根据唐太宗所言"以古为鉴"，命名为《帝鉴图说》。文中采用了117幅插图，深受小皇帝喜爱。

《帝鉴图说》分为上下两篇。上篇题为《圣哲芳规》，收录自尧、舜至唐宋23位古代帝王"其善可为法者"事迹81则。下篇题为《狂愚覆辙》，收录夏商周三代以下20位帝王"恶可为戒者"恶行36则。"戒酒防微"的故事是《圣哲芳规》中的第六则，该书中亦有《大禹戒酒防微》插图，并与京都御所御常御殿的隔扇画场景极为相似。

此书藏于台北故宫博物院，在大陆实现了影印出版。日本国立国会图书馆也收藏有此书。其中与《大禹戒酒防微图》相关的插图还有《揭器求言》、《戒酒防微》和《下车泣罪》三幅。

由于包括《帝鉴图说》在内的明刻插图简洁易懂，表达形式活泼新颖，明刻插图本能够向周边传播，广受欢迎。日本全方位吸收了明刻插图本的特点，以中国版《三才图会》为蓝图，进而编撰出《和汉三才图会》的过程就体现了这一状况。

《三才图会》本是明人王圻同其子王思义所编百科全书类通俗版，含有多幅插图。此书成书于1607年，共108卷，帝王图鉴的部分内容被收录在人物卷中。其中第15卷专设中国帝王图鉴一栏，对日本所藏大禹的碑文进行了介绍。寺岛良安著、远藤镇雄编《日本庶民生活史料集成》第28、29卷和《和汉三才图会》卷15（三一书房，1980年，第296页）所录大禹碑文。可以想象，往昔的日本各地定会竖立更多的大禹石碑，举办过多种形式的大禹信仰祭祀，而明刻本古籍大量流入日本，也被有效运用于江户时代的儒学普及过程中。

（三）天皇与治水

由天皇亲自主导的最早的治水工程始于1500年前的5世纪。在今天的富井县有一条名为九头龙川的大河。由于河流经年泛滥，当地长期处于沼泽地带，民不聊生。幼年丧父，随同母亲生活在母方故乡的男大迹王统领民众，开启了治水的浩大工程。工程告一段落后，他还教授原住民男耕女织，养蚕务农，引进大陆文明，奠基了相对稳定的农耕文明。虽说是残酷的生态孕育出了率民抗灾的治水领袖，但他原本就是应神天皇系统的第五代后人，加之治水功绩盖天，58岁时被拥戴为第26代天皇继位，史称继体天皇（450—531年？），在位期间约为507—531年。

1912年六月，始于继体天皇的治水工程历经时代的洗礼，在后人前赴后继的努力之下，终于得以全面治理。为纪念这千年治水工程的最终竣工，人们在足羽神社内竖立九头龙川修治碑，铭刻记载了继体天皇统领治水之功德，誉其将灾区“变为良田民始艾安称功轶神禹矣”。

根据古籍记载，“继体”主要可归纳为两种含意。其一指嫡子继承帝位。《史记·外戚世家》说：“自古受命帝王及继体守文之君，非独内德茂也，盖亦有外戚之助焉。”司马贞索隐道：“继体谓非创业之主，而是嫡子继先帝之正体而立者也。”

其二泛指继位。《汉书·师丹传》言：“先帝暴弃天下而陛下继体，四海安宁，百姓不惧。”《续资治通鉴·宋英宗治平元年》曰：“仁宗继体保成，致天下于大安者四十二年，功德可谓极矣。”

日本的"继体天皇"大概取自其二，"陛下继体……"之义的语意及其时代背景都与日本的继体天皇的处境相吻合。当然，关于继体天皇的人生记录和抗洪史实的细节尚有待于今后的发掘。不过，据目前现有的古典记载可以发现，该天皇任职期间与汉字文明入主日本的史实密切关联。就此，拙文仅以接受五经博士赴日传讲授四书五经为例加以说明。

继体天皇七年（513）六月，迎来百济的五经博士段杨尔。尽管其背景源出日本割让任那四县给百济后，百济出自对日本的还礼才派遣五经博士赴日之史实，却足以证明具有顶尖智慧的五经博士当时价值连城的时代精神。

继体天皇十年（516）九月，来自百济的段杨尔与新任五经博士、汉人高安茂郑重地进行了工作交接。百济还给日本赠授了感谢状。

钦明天皇十五年（554）二月，百济再次派遣马丁安前来对接五经博士的交接工作，并为此专派王柳贵访日，提前做好相关准备。同时，百济还提出了希望日本派遣援军的请求。以上三次派遣均为正史所提及的五经博士赴日传授汉字与儒教的记录。之后五经博士的派遣依然不间断地持续，但周期性并不明显。不难理解，由于派遣五经博士事业的继续，儒学建筑起主导日本教养的历史框架，汉字与汉文即中国古典自然融入日本精英的血液，造就了日本精英的价值体系并传承至今。

六　"平成"年号的当代价值和意义

（一）日本的地理环境和自然风土需要大禹信仰

日本被称作灾害博物馆，经常遭遇自然灾害。特别是河流涨水引发的水灾和山体滑坡，每年都有不少人因此失去宝贵的生命。在科学技术高度发展的今天依然不能防止自然灾害频发，不难想象自古以来日本列岛频繁遭灾的惨重程度。面对目不忍睹的现实，人们自然会对往昔的治水体系予以关注，那就是来自中国的古籍所揭示的参照内容，以及在中国大地上成功治水的先行经验。日本世代认真专研《尚书》和《史记》中的记述，必经大禹模式的熏陶。因此，在江户时代结束之后，尽管日本全方位转向西化，但在纪念大阪淀川治水、广岛市太田川治水、爱知县木曾川治水等纪念碑上，依然刻写进大禹治水的事迹，展现出榜样力量。

位于太田川右岸的广岛市安佐南区佐东町的《大禹谟》，就是一例。

“蕴藏人生悲欢的太田川清澈的流水极大地滋养了我们町的政治、经济、文化，给我们和父祖的生活带来富裕和安宁。但是长年的浊流创造了人们与水斗争的苦难史。元和、宽永、承应、嘉永、明治七年、明治十七年、大正八年、大正十二年、大正十五年、昭和十八年、昭和二十年的水祸严重，特别是在承应二年（1653）的洪水中有500余人丧生。昭和十八年（1943）的大洪水距今不久，八木村、川内村、绿井村决堤，浊水流入全村，夺走了许多宝贵的生命，带来了严重的财产损失，其悲惨状况难以用语言形容。居民深苦于水患。当时以三村的财政力量，无法建设基础性的治水设施。幸运的是，通过居民的努力，自昭和七年起获得国家经费进行翻修，经过40年辛苦劳动，投入30余亿日元，终于完成了太田川中游部分的改修，又于昭和四十四年三月实现了人们迫切期盼的旧河截流，近来还建成了高濑堰。父祖的努力和我们的愿望历经多年终于结出硕果，成就伟业，全町欢喜，正如夏禹王之远略，立《大禹谟》，思太田川之历史，称颂治水大业。昭和四十七年五月二十日佐东町长池田早人。”

此碑立于1972年，相对较新，但其背负的治水历史则极为深重，即从江户时代以来就是一部受灾史、受难史。改善生存环境的愿望通常会成为对治水成果的期待。遍布日本全境的大禹信仰史迹展现了民众同大禹的相互依存关系，使我们得以一窥坚实的治水信仰民俗的风土。基于这一物理性的现状，大禹信仰自然而然在精神层面得以不断拓深纵横。这种状况也从民风民俗的角度反映出古往今来的中日之间文化关系的一种特点，即在共同拥有的“知识”的历史积累之上，大禹信仰循环转世，从结果上将其独具的治水功能投射到应对灾害的现实生活中。

2013年冬天，根据时任天皇的生日讲话制作的NHK电视节目①中，天皇谈到日本遭受自然灾害时的刻骨铭心的感受，令人难以忘怀。NHK还制作了介绍“平成”词源相关的纪录片。2014年4月21日，当时的皇太子今日的天皇到访千叶县佐仓市的国立历史民俗博物馆，参观了介绍日本从

---

① 电视节目《天皇诞生日迎来伞寿》于2013年12月23日播出，时长45分钟，结合对相关人员的采访，介绍了平成天皇相关经历、支援受灾地区的活动以及对于和平的感想等。

古至今地震灾害的专题展览“历史中的震灾”。

（二）汉字文明的互动

信仰的主体是民众。民众所规定的精神方向性经常同皇室、统治阶层进行联动，这是日本的特征。之所以这么说，是因为史实表明，以皇室为首的统治阶层一直牵引着精神文明的启蒙和进化过程。16世纪以来西洋文化传入之前，以皇室为中心的主流社会的教养内涵基本上建立在中国古典的基础之上。可以说，由于中日之间具有这样一种特殊的文化关系，中华文明得以有效推动了日本的发展，特别是江户时代的德川政权，在精神文明的传承方面发挥了不可低估的作用。其成果体现于各种政策中，并促进了教育体系、藩校的兴盛。例如，全国各地都曾经隆重地举办儒学相关祭典。由于这方面的研究层出不穷，本文在此无须赘言。

与江户时代的精神步伐相向而行，日本各地还举办不同形式的大禹祭祀。目前可知的日本最早的“禹王祭祀”是1228年在京都鸭川岸边所建的“夏禹王庙”。其详细情况可参见大协良夫和植村善博的《寻访治水神禹王之旅》（人文书院，2013年）。现在虽然尚未发现相关遗迹，但既然以庙的形式存在，当以某种形式进行祭祀。不过，有必要进行进一步的考证。

形成大禹祭祀和信仰的背景之一，还有《和刻帝王图鉴》中的人物并非日本本土的天皇或将军，而是诸如《大禹戒酒防微图》中所见的中国圣君。与《论语》等经典相同，日本人对古代中国的贤人政治怀有憧憬。与抽象的圣人相比，他们更易于接受了有“治水”之功的“禹王”，将其奉为接地气的“神”。因此，从北海道到冲绳，与大禹相关的史迹遍布各地，这表明日本民众自发选择并创造出了与大禹共存的生活文化土壤。同时代日本人还描绘出包括大禹在内的帝王图鉴，无一不在折射反映中日混成文化的精神结晶。闻名海内外的葛饰北斋笔下的大禹画像可谓参考佳作。

这种现象与当时儒学渗透及民众需求有关。特别是对于帝王图鉴或圣贤图的需求，同江户时代以尊王思想和儒学为中心发展出来的价值观，以及为了统一内政而竭尽全力的官学结构是相互重叠的。自不必说，日本人并非只在这类经典中遇到大禹。这是因为江户时代的精神滋养了那个时期的文明特征。思古观今，可以发现过去的日本人拥有的中华文明式的教养，其程度之高甚至难以想象。可以说直到百年前的日本人与汉字文明、大禹信仰的关系出乎意料的紧密。

在日本，虽然大禹的流传和信仰早已经获得共识，并演化为生活中的默契价值，但由于其流于日常并分解于各个地区，从而忽视了对于大禹文化体系的整理和分析，更没有在日本、中国和亚洲开展相关交流和传递。不过，这种状况自2006年以来发生了根本性的变化。如拙文所述，日本大禹信仰研究的发展、相关地区的市民联动，启动了挖掘日本大禹信仰文化圈的新局面。一些地区还将结合对中国等地的大禹文化的考察成果，与地方志、地方史研究挂钩，选其中的内容纳入本地区义务教育的辅教材，自发地参与以大禹为切入点的东方文明建设。

由此看来，大禹信仰和汉字文明，并非只是一个知识考古的话题，而有其现实的应用意义。当今东北亚局势复杂，国家之间急需相互理解和交流共识，其间也不乏相互误读。毋庸讳言，误读本就是“混成文化”的副产品，但是如果放置不问，那么各文化之间只能渐行渐远，而汉字作为联结各国的纽带，却是可以为亚洲和平乃至世界和平做出贡献的。例如2007年，中日韩三国文化部长举行高级别对话，签署“南通宣言”，提倡加强文化交流，并于2012年启动了三国文化古都交流事业。2014年，三国会议正式宣布共同使用808个通用汉字。在人民出版社于2017年发行的《十国前政要论“全球公共伦理”》是对各国前政要一致公认并提倡的全球公共伦理的有力呼应。该书强调的“金律”是“己所不欲，勿施于人”，源于汉字文化的经典——《论语》。这也意味着，从大禹信仰到全球公共伦理，都明白昭示了汉字文明不仅具有强大的生命力，更有着现实的感召力，也可以服务于人类命运共同体的和平之道。

（三）和平的正能量是安全保障的基础

在现存大禹遗迹统计表中，有18处建于甲午战争以来直到1972年中日邦交正常化期间，即在1894—1972年的78年之间，大禹的形象突破国与国之间的战火重围，源远流长于日本民间，根植于风土民情深层的历史文化血脉经久不衰。这一事实明显地证明了国与国/国与民/民与民/文化与政治军事诸种关系之间的走向规律与特点，提示我们，在中日交流的长河中，和平、正面的选项可以跨越政治障碍，人文交流和朴素的民俗的魅力可以链接人心所向，前人的智慧与方策令今人深思、反思、引以为鉴。

（四）了解日本中国观的一扇窗口

由于近代以来日本的国家价值观在实现富国强兵的过程中趋向脱亚称霸，以西方合理主义和实用主义为核心标准，16 世纪前以中国伦理道德为参照的观念发生了根本性的转型。尽管日本致力于战败后的和平建设，为改善日中关系而积极努力，其结果难免导致了国民关注重点的移位，与中国相关的各方面的知识无形中被淡化，中国观的内涵也随之逐渐发生了演变。因此，提到“中华”二字，当今日本年轻人最先联想到的大概就是“中华料理”了，而昔日日本人所关心和热衷的中国的文史哲方面的知识框架已成为古董。但是，一经追宗求源、以史为鉴的文化清理，当代人大都应运而悟，敏感呼应。拙文所述内容就是力图反映这一倾向。这是认识当今日本对华意识之一角。它不可能笼括整体，也不是天方夜谭。把握时代的变化与时代精神的流转以及生活在不同时代的生活者的价值取向，大概有助于读解日本。对日本进行过调查研究以及生活体验积累的人都有所自觉：读解日本的同时，也在读解中国，这种“双向”过程是一种自发的“对应的相互探讨”。我们期待对中华文明的考察和研究能够对中日当代的战略性互惠关系的发展提供参考，为东亚和平做出独特的贡献。

七　结语：让大禹说明东亚的文化关系

毫无疑问，21 世纪是东亚的时代。如果东亚各国在所有领域都不断加强合作，那么发展势头将会越发迅猛。对于今后进一步的合作，我们应当发挥怎样的作用？笔者认为，历史文化方面的携手并进将先行于其他领域。上述大禹信仰的研究成果便是有力的证明。

古代中国史上的先民领袖大禹信仰远渡日本后，在这片土地上被拥戴千年之久，时至今日。这个事实可以说明东亚文化间的和平交往不仅曾经在历史上，而且在当代也具有不可替代的价值。日本传承大禹信仰受惠千年的实践，早在古时就已经互联互通扩展到整个东亚了。这个事实可以说明东亚间的历史文化交往不仅曾经在史前，而且仍然“活在”当代，与现代人的社会生活息息相关。日本的大禹信仰出自日本人的主动移植和自觉选择，并逐渐融入日本的风土和民众的生活，在不断的交融演变过程中立足生成。因此，日本的大禹信仰具有中日以及亚洲混合文化的显著特征。

以境外大禹信仰文化为切入点，让我们追溯历史，展望未来，将有另一幅画卷映入眼帘。那就是东亚间的多元交流历经相互接触、渗透、演变、融合，在历史文化的时空纵横延伸、循序渐进的过程中，共同构建起具有浓郁的东亚特色的原生态。而今，在大禹信仰所滋育的连绵基础之上，其成果也润泽着现代人的日常生活。比如，日历中的大禹祭祀日、神奈川县开成町的中学校名——文命中学、文命水渠；各地的桥梁与水坝等建筑物的奠基文中对治水先贤大禹的赞扬等等，无一不在述说大禹与彼方风土共生共存。来自大禹信仰的恩惠为广泛的区域和民众所共享。

我相信，与此相关的研究成果，不仅可以广泛运用于对中日文化关系的参考，也能够在东亚文化交涉等学术领域做出重要的贡献。特别是从作为东亚知识结构的基础、汉字文明的链接的角度来审视大禹信仰，我们将倍感在 2013 年的中日韩三国政府会议上，由福田康夫前首相主导提出的推广 808 个共同汉字使用的三国协议的深远意义。在东亚共享的大禹信仰底层，贯穿着互联互通的智慧循环，动态地把握其间的多维视角参照，势必汲取正能量的启示，捕捉到健康走势的方向。因此，境外大禹信仰研究将成为一种参考、一种借鉴，可推动境内各项研究的建设性发展。与此同时，也会反哺境外，不断推进互学互惠，内外联手共进。让我们走近日本的大禹信仰，共同探索汉字文明的智慧，共同打造“多彩平等融合互惠”的地球。

中国当代日本神道研究

赵　刚*

一　关于神道

神道是日本独特的传统民族宗教，崇尚自然崇拜，视自然界多样物体为神祇，属于多神信仰宗教。

在日本古典书籍中首次使用神道名称的是《日本书纪》。《日本书纪》的《用明天皇纪》章节中如是说："天皇信佛法，尊神道。"神道起初没有正式的名称，为了表示与"佛法"一词的区别，当时的日本知识阶层借用"神道"一词来区分日本固有的神道与由大陆传入的佛教。

在中国古籍中介绍日本的"神道"一词的内容最早出现于《后汉书·东夷列传》，书中云："桓、灵间，倭国大乱，更相攻伐，历年无主。有一女子名曰卑弥呼，年长不嫁，事鬼神道，能以妖惑众。"因此，日本的"神道"二字虽源自中国的古典，但是概念却大相径庭。

在中国，神道又被称为天道，语出《易经》："大观在上，顺而巽，中正以观天下。观，盥而不荐，有孚颙若，下观而化也。观天之神道，而四时不忒，圣人以神道设教，而天下服矣。"汉代以后，神道又指死者墓前的道路。《汉书·霍光传》记载："太夫人显改光时所自造茔制而侈大之。起三出阙，筑神道。"《后汉书·中山简王焉传》记载："大为修冢茔，开神道，平夷吏人冢墓以千数。"李贤的注中指出："墓前开道，建石柱以为标，谓之神道。"

* 赵刚，中国社会科学院日本研究所副研究员。

值得注意的是，日本在导入汉字之前没有文字，诸多传说是以口头形式传承的，汉字被引进以后，对于词本身的含义，中日两国的理解不尽相同，以“神”为例而言，在日语中“神”被称为“KAMI”，其概念包罗万象，不仅有神佛的意思，更广泛地含有灵魂的意思。此处的灵魂不仅是指生命体的延伸，也包括了非生命体，诸如山川岩石土木等。神道认为，800万神是经过不断延续而成的，人与世界万物也同样如此。因此，神与人和万物是相通依存并且是一体的，由此而推断出“神人一致”的理论。与其他宗教（如基督教）的造物主（上帝）与被创造物之间的创造与被创造、决定与被决定的关系不同，在神道看来，神不但给了人以神圣的生命，同时也给了一切存在物生命。人生到世界上即具有某种神圣的使命，即具有本身的自觉。

神道按其性质可分为神社神道、教派神道、国家神道、宫廷神道、学派神道、民俗神道六大类别。其中民俗神道无严密组织，一般在农村由农民自行组织祭祀农神和路神。而其他各流派又可分为伊势神道、两部神道、吉田神道、垂加神道、吉川神道、复古神道六大部类。在历史发展的过程中，神道各流派又分别形成了神道大教、黑住教、神道修成派、出云大社教、扶桑教、实行教、神道大成教、神习教、御岳教、神理教、禊教、金光教、天理教等神道十三派别，每一流派均有自己的创始人。神道思想主张多神论、主神与众多神并存、自然神与社会神结合、神格神与人格神相结合；认为神人一致、神与人和自然和谐一体、互相依存；“清明正直”“真心诚意”“勤务追进”等伦理色彩浓重。可以认为“现世中心主义”的观点是神道的理论特征，而在神道礼仪中所保留的原始宗教的痕迹则为神道的特质。

明治维新后，日本政府宣布政教合一，将神社神道定为国教，神社由政府出资资助。政府内务省中还特设一部局管辖全国神社，而神职皆成内务省的职员。在日本军国主义对外侵略的时期，以靖国神社为代表的国家神道成为日本对外扩张的精神支柱。就像村上重良所述：“日本的近代只要是与思想、宗教有关的就都是根据国家神道。”（《国家神道》前言）1945年日本投降后，在盟军要求下，日本政府宣布政教分离，从法律层面上明确政府官方不得资助神社，自此神社变身为宗教法人。当代神道宗教最大的团体组织为神社本厅（加盟神社约8万个），其他还有一些小型团体宗教法人及独立宗教法人。

二　中国的日本神道研究

——神道研究的几个主要“板块”及其观点

作为日本民族独有的宗教，神道披有一层神秘的面纱，不易为国外的学者理解。宗教之所以成为宗教，它应该包括三个层面：其一为宗教的思想观念（表现为经典），其二为宗教的崇拜行为及礼仪规范（表现为仪式），其三为宗教的教职制度及社会组织。然而神道从严格的意义上而言并不具备前述一般宗教所拥有的三要素，因此即便在日本国内对其宗教定义还存在着分歧。这样的现状对于一个外国的研究者来说从一开始就面临很大的难度。

中国的神道研究主要有以下几个板块。

（一）神道与靖国神社

靖国神社问题的研究是我国学界研究日本神道的“第一站”并不为过，其原因在于靖国神社一直处于日本国家神道的中心位置。战后，国家神道被废止后，虽然靖国神社成为了独立的宗教法人，但是，从 20 世纪 50 年代中期开始，以靖国、护国神社宫司会、神社本厅、遗族会、乡友联盟等右翼团体为核心，掀起了旨在使靖国神社国有化的“国家护持运动”。1969 年，来自执政党自民党的议员在议会提出了由国家每年拨款 3 亿日元，将靖国神社作为置于内阁总理大臣管理下的“特别宗教法人”的“靖国神社法案”，该法案虽然最终由于民众的反对未能被国会通过，但是从 20 世纪 80 年代起，为数众多的执政内阁成员，均以公职身份参拜了靖国神社。围绕靖国神社与神道，大多数研究者都将传统神道与靖国神社相区别，强调靖国神社是现代军国主义宗教文化传统的产物。同时也强调日本政治家如何对待靖国神社问题直接反映日本政府对侵略战争的态度，关系到日本能否继续走和平发展的道路。为数众多的研究成果都从靖国神社的历史着手，分析的重点在于说明靖国神社与一般神社的区别，进而分析一部分日本政要参拜靖国神社的原因以及危害性，希望通过对历史事实的解析使更多的读者认清靖国神社的实质。步平的《日本靖国神社问题的历史考察》（《抗日战争研究》2001 年第 4 期）以及陆萍的《试析日本军国主义的历史根源》（《湖南广播电视大学学报》2002 年第 4 期）都属于这一类型。

（二）神道与军国主义以及皇国史观

神道与军国主义以及皇国史观的关联研究是神道与靖国神社研究的发展阶段。日本的传统政治文化最具代表性的体现有两个方面：其一是神道信仰及其实际体现的天皇制；其二是尚武精神及其极端表现的军国主义。同时神道又是影响日本史学界的主流历史观念皇国史观的渊源所在。自公元 7 世纪中叶以后，日本开始了中央集权政治体制的建设。原始神道在向民族宗教的转化过程中结合了儒学和佛教思想的因素，以皇室为中心的神道祭祀制度归结于皇权神授的思想，体现为中央集权制天皇制的形成。近代日本社会民族国家的建设是在“国体论”理论基础上形成的。在国体论的指导下，维持了几百年的旧有的藩国体制被打破。日本近代国家的认同是在排除了独立人格的个人对民族与国家认同的基础上，通过对氏族共同体的扩大从而实现的。日本的民族认同正因为是建立在氏族共同体的基础上的，因此需要借助神道宗教的仪式才能实现对国家和民族共同体的认同。从表面上看，明治维新使日本在经济上走上了西方工业化的道路，在政治上实现了三权分立的资产阶级民主制度模式，但是日本的近代化转型因为缺乏市民社会的参与而没有群众基础，因此从一开始就带有很大的缺陷。其实质是在传统的民族政治上披上了西方政治制度的华丽外衣——传统的神社神道成为了国家神道，作为日本氏族传统代表的天皇理所当然地成为了近代日本政治制度的核心人物。对于神道与军国主义以及皇国史观的关联，中国学者以明治维新以后形成的国家神道对日后的军国主义产生的影响为切入口进行了详细的分析，这在迄今为止的神道研究的论文中所占的篇幅最多，研究也最具深度。其主要观点可归纳为以下几个方面：“军国主义根植于日本近代启蒙思想中；日本国教‘国家神道’的深远影响成为军国主义的社会精神支柱”（陆萍《试析日本军国主义的历史根源》，《湖南广播电视大学学报》2002 年第 4 期）；“经过日本军国主义分子改造后的神道，以其神圣不容置疑的外表，严密系统的论证，阐发了一整套完整的军国主义思想理论体系的实质，并且渗透了日本人精神灵魂世界的深处，成为日本军国主义思想理论的核心和精神支柱，对于日本军国主义思想理论的形成起到了决定性的作用”（刘战、赵朗《神道与日本军国主义思想的形成》，《理论学刊》2006 年第 12 期）；“从尚武精神发展到武士道，再由武士道演变成军国主义，有其内在的逻辑。尚武思想培养了武士阶级。武士阶级的统治需要产生了武士道和武家政治，用武家政治理念治国就不免要走向武国、军国，尤其是在受到外部军事压力、国家面临政治危机的时候，必定会更加强烈地追求军国主义”（管一颖《日本的传统政治文化》，《中国海洋大学学报》2007 年第 2 期）。

（三）神道与外国宗教思想

神道是日本民族固有的传统宗教。尽管诸多日本学者一再强调神道的独特性和民族性，但是从奈良时代起日本受到大陆文化的影响，已经形成了神佛融合的思想，至平安时代出现了“本地垂迹”之说。毫无疑问，中国古代的哲学思想和佛教、道教的理念在神道发展的过程中起到了相当大的作用。就如日本学者村上重良所述：“在六世纪中叶，佛教、儒教、阴阳道自大陆传来，在古代国家的统治阶层当中，尽管仍长期存在着对蕃神的排斥和抵触，但在这些高度发达的外来宗教的直接影响下，神道终于步入了观念和礼仪日趋完备和体系化的阶段。”（村上重良《国家神道》，岩波新书，1970 年）在外国宗教对神道的关联方面，中国的道教和佛教外加儒教对神道的影响无疑是最为深刻的。此外，在历史上基督教对日本人的宗教信仰也产生了一定的影响。同时，日本的神道教在特殊的时期也有过在海外传播的历史。国内学者在研究神道与外国宗教的关系时，侧重于以宗教学和历史学的方法展开研究，主要有以下观点：“中国传来的儒佛思想的影响和渗透对神道学说的兴起、神道理论的发展所起的作用是不容低估的。日本神道的理论体系、理论学说的产生和发展在很大的程度上得助于儒佛二教的教义教理”（韦立新《中日文化关系史上不容忽视的一页》，《日本学刊》2002 年第 3 期）；“神道教以儒教的思想为基础开展自身的道德意识，开始追求‘明、清、诚心’，把统一的道德观念与各个神的意志和行动相结合，并且把各个氏族的神话统一在皇室的传说中，形成了具有系统性的民族神话”（刘金鑫《浅析外来文化对日本神道教的影响》，《安徽文学》2008 年第 2 期）；“神社一词源于中国，大陆移民参与了神社的建造，并且把祖神置于神社中进行祭祀，其信仰礼仪、建筑式样及祭祀的神灵与中国有渊源关系，神道教是在不断吸收、改造外来文化的过程中，充实、发展而成的‘杂种性’宗教信仰”［葛继勇《试论日本古代的大陆移民系神社》，《华南农业大学学报》（社会科学版）2004 年第 1 期］。在论证上述神道与佛教道教儒教等东方宗教哲学等关联的同时，中国的学者的视野还涉及了西方宗教对神道及日本社会的影响——“基督教与神道之间的交锋主要表现在对上帝与神的观念上，彼此各有一说，论争也比较温和……基督教同神道的初次交锋就这样在幕府剧烈地禁教中而搁置，但基督教教徒在日本的活动，却是埋下了日本再次向世界文明冲击的种子”。（朱靖恒《基督教与神道思想的初次交锋》，《日本研究》2002 年第 2 期）

（四）神道学的哲学内涵

神道作为日本民族固有的宗教，其哲学的内涵受到了中国古典思想哲学的影响，或者说正因为中国文化的传人才使日本人意识到自己固有信仰的存在，并使之理论系统化。《日本书纪》的《用明天皇纪》中所言“天皇信佛法，尊神道”，是迄今发现的在文字上为日本的宗教名称进行的最早的定义。作为自然宗教的神道虽然是自发形成的，但是在其发展的过程中有很多人为因素。首先，神道理论受到来自中国的思想的影响是显而易见的。比如日本神道“土金传”就是来源于中国的阴阳五行思想，吉川惟足在其所创立的吉川神道中做了系统论述。其次，在神社神道的形成过程中，以天皇为代表的皇室氏族神作为中心的祭祀礼仪的最终确立，也离不开外来文化的影响。直至明治维新后的国家神道以政府颁布的“神佛分离令”的形式成为日本的国教为止，神道对外来文化无疑是积极吸收的，而对神道影响最深的外来思想文化无疑是程朱理学。程朱理学是在 13 世纪初期传入日本的。传播途径无非是当时大量的入宋日本僧人和从宋朝东渡的中国僧人。他们将大量有关程朱理学的书籍带到了日本，在宣传禅宗思想的同时也传播了程朱理学。日本儒学的先驱人物藤原惺窝和林罗山最初也都是在寺院里接触和学习到程朱理学的。日本的儒学者在对待宗教的问题上态度是明确的——排佛、排西方宗教，独尊儒术。但是日本的儒学家并不排除神道，非但如此，以林罗山为首的日本儒学者以“理当心地”为核心思想，主张“神道即王道”，为近世以后日本的神道理论的发展做出了积极的贡献。此后山崎暗斋在垂加神道中把“土金传”与朱子学的“敬义内外”思想相结合，把儒家“敬”的观念神化并提升到政治统治的高度，通过宣扬对神的敬来达到敬畏最高统治者的目的。中国学者在对神道学的哲学内涵的解释中有很多独到的见解，也出现了一批优秀的学术论文。

诸如牛建科《试论国家神道之思想理论渊源》[《山东大学学报》（哲学社会科学版）2002 年第 6 期]、王维先《试论神道“土金传”与朱子学的关系》（《齐鲁学刊》2003 年第 5 期）、韩东育《日本“京学派”神道叙事中的朱子学》（《求是学刊》2006 年第 4 期）等等，围绕朱子学思想对神道的影响，从思想哲学角度进行了阐述和论证。

在国内最早从哲学的角度谈及日本神道的论文当首推王守华的《神道哲学刍议》（《日本学刊》1988 年第 6 期）。该论文虽然属于一般介绍性、启蒙性的文章，但是与以往国内学界仅仅把国家神道当作全部神道和单纯地进行政治性的批判不同，较为详细地介绍了神道思想的形成和发展 2000 多年的历史、神道各派的思想，比较客观地总结归纳了神道哲学思想的内容和特点。以此为契机，王守华在参与编写的《日本哲学史教程》（山东大学出版社，1989 年）第四章《神道哲学思想》中，论述了神道思想形成的历史过程，具体地论述了天台神道、两部神道、伊势神道、吉田神道、理学神道、垂加神道、复古神道等神社神道的各个派别，以及教派神道的各个派别的哲学思想，并将神道哲学思想归纳为“功能论是神道哲学思想的理论基石”“神人一致、祭政一致是神道的中心观念”“明和善是神道哲学的重要内容”“肯定现实是神道的根本目的”“不断顺应时势的变异性是神道思想发展的规律”等，揭示了神道哲学思想的内容、主要特点及发展规律。这是国内首次论及神道哲学思想的书籍，也是国内外首次赋予神道哲学思想在日本哲学史上的地位，并将其归类于日本哲学史。

王守华在神道研究方面最为突出的贡献在于：迄今为止对于神道的历史分期的问题，日本的学者对照日本历史的习惯分期，将神道分为古代神道、中世神道、近世神道、近代神道，或是将神道分为原始神道、皇室神道、神社神道、理论神道、教派神道、民俗神道等等，缺乏统一的标准。但是王守华运用历史唯物主义的方法，按照社会历史发展阶段，将神道分为原始神道（公元前 3 世纪—公元 3 世纪）、神社神道（3 世纪—1868 年）、国家神道（1868—1945 年）、神社神道和独立神社并存（1945—）

四个大的历史发展阶段。其结果使神道的历史分期更符合社会历史发展规律，更便于从社会历史的发展来观察和分析神道的发展特点和变化的规律。王守华的这一研究方法对其后的中国研究者的神道研究产生了较大的影响，是中国的神道哲学研究的重要成果。

（五）神道与日本文化

神道是日本文化最重要的组成部分之一。作为一种自然宗教，大凡日本人从出生那一刻起都自然而然地接受了它的影响。因此神道与日本文化的关系，是神道研究中的一个重点。同时日本民族的发展又是与神道的发展息息相关的，其表现不仅限于日本国家意识的形成和政权的建立，也体现在日本家庭构造以及个人的信仰归属、思维方式、情感表述乃至价值观和认同感。日本文化中的神道是最近几年中国日本神道研究界出现的一个新的领域，可归为以下几个方面。

1. 与纯日本神道文化关联的研究

近年的代表作有柳肃的《日本的神社建筑及其文化特征》（《中外建筑》2002 年第 1 期）。该文围绕日本神社的基本构成建筑式样、神社的建筑环境选择以及环境营造，就神道的文化特征进行了探讨。王蓉的《神道神馔——日本食文化的原型》（《民俗研究》2007 年第 3 期）。该文从对神馔——日本神道食文化的古老原型的研究推及到了对日本饮食文化以及意识生活史的归纳。

2. 从神道与自然的关系的角度探讨人与自然的关系

英国历史学家汤因比在参观伊势神宫后，感慨地说："在这圣地里，我感得了所有宗教根底里的统一性。"日本现存的原始森林大部分是神社林。之所以神社能拥有如此众多的原始森林，其原因与神道的自然观有关。以"生"为媒介的神道的自然观认为，神与人和万物是和谐的亲子、同胞关系。常绿的树木是神灵依附之处，森林是神和祖灵居住的地方，是"千古不入斧"、神圣不可侵犯的"圣域"。有的还被直接当作神体加以崇敬。王守华在该领域进行了大量的研究，主要成果有《日本神道的现代意义——从中国人的视角》（《中日关系史研究》1996 年第 1 期）、《日本神道的现代意义——从中国人视角出发》（《自然与人的结合》，农文协出版社，1996 年）、《日本神道的现代意义》（农文协出版社，1997 年）、《东方传统环境思想的现代意义》（《东方文化的现代承诺》，沈阳出版社，1997 年）、《环境与东亚文明》（山西古籍出版社，1999 年）、《关于神道的自然观的现代意义》（《皇学馆大学神道研究所所报》第 58 期；《神道学会会报》第 22 号）、《“人喜欢的，神也喜欢”——神道自然观和环境保护再诠释》（《杭州师范学院学报》2006 年第 6 期）、《关于神道的自然观和环境保护的再解释》（《挑战现代的哲学——站在亚洲的视角》，东京学文社，2007 年）。上述论文和著作从神道宗教的生灵观的角度出发阐述了神道对环境保护的作用。

3. 从比较文化的角度研究日本

这部分的论文占大多数，表现为研究的领域以及涉及的时间跨度大，空间广阔，也是目前日本神道研究的一个热点。诸如宋嘉扬的《日本神道与郭沫若早期诗歌》。该论文从郭沫若早期诗歌创作中多次出现与太阳相关的内容，以及郭沫若诗剧中有关祭祀祖先的描写中发现其受神道祭祖活动的影响，并从这一角度分析了构成郭沫若早期诗歌作品的主要框架。陈小法的《日本神道对茶道的影响》则从茶道的形式和内涵两个方面，就明治维新前的神道对日本茶道的影响进行了探讨。该论文指出，作为日本独特宗教的神道对日本的思想、文化、社会民俗等产生了重大的影响，是构成日本社会的思想行为以及生活方式的核心。而朱颖则对民间传说中的徐福东渡与神道的关联进行了研究。其主要论文为《试论徐福文化神佛习合的主客观因素》。该论文从传说中的徐福文化与神佛习合的客观现象入手，列举现行论文中已经被证实了的日本贵族中多数为大陆移民的事实，分析导致人为的“真正日本精神”的徐福文化神佛习合的主观因素，通过神道中的“本地垂迹”与“反本地垂迹”的历史阶段中徐福文化的神佛习合结局的差异，试图理解神道在日本历史发展各个阶段以及促进近代化过程中的作用。

三　中国学界的神道研究代表著作及主要观点

（一）张大柘：《当代神道教》，东方出版社，1999 年

此书以介绍当代神道教为主，同时也在整体上对神道教的发展历程作

了概要的介绍，其中涉及神道教的重要文献、教义、学派、祭祀等；在对战后神道教的介绍中，对日本的社会环境、宗教政策、神社神道和教派神道的教团和宗教活动、属于神道教系统的文教事业和研究等等，都做了考察介绍。

（二）张大柘：《宗教体制与日本的近现代化》，宗教文化出版社，2006年

作为《当代神道教》、《新兴宗教与日本近现代社会》的续作，《宗教体制与日本的近现代化》以翔实的资料为基础，运用历史学的方法，对日本明治维新以来的神道的发展过程做了探讨。本书围绕宗教与政治的关系，用很大篇幅论证了神道在明治维新后从长期依附佛教的地位发展成为主宰日本精神领域的国家神道的过程、国家神道对当时的日本国民思想的侵蚀和危害，同时以历史文献为依据，揭露了国家神道的本质已经背离了日本古代文化传统的事实。此外该书还联系现实，结合日本社会政治背景，对战后日本的宗教体制的形成以及发展进行了考察，阐述了包括传统宗教以及新兴宗教在内的日本宗教在政教分离体制下的存在和发展情况，揭示了日本宗教的特点以及发展趋势。

（三）王金林：《日本天皇制及其精神结构》，天津人民出版社，2001年

本书以探究维系天皇和天皇制的内在同一性和连续性的精神因素为重点，从古代天皇制形成的结构范畴中的政治理念、思想意识、宗教信仰和传统习俗等方面进行了分析。围绕神道与天皇制的关系，该著作最重要的观点有三点。其一，作者指出了神道的存在及其理论的形成是天皇传统地位得以维持几千年的重要原因。其二，作者认为只有神道能唤起日本人的民族意识。其三，作者敏锐地发现了被隐没在明治宪法中的天皇的神圣性和天皇制的神政的特征及其历史文化背景——用宪法的名义对天皇现人神进行法律定义的由来。

（四）王金林：《日本人的原始信仰》，宁夏人民出版社，2005年

本书是一部关于古代日本神道的综述性的专著。主要叙述时期是日本古代至7世纪后叶。主要的研究课题是日本原始信仰向早期神道转变过程中的一系列问题。该书从古代日本人的生殖崇拜开始谈起，涉及了日本人的宇宙观的形成、以太阳神为首的自然信仰的由来、日本巫术的发展以及巫术与祭祀的关系、礼仪制度的初步形成以及原始信仰发展至早期神道的历史演变过程等方面的问题。作者以丰富的第一手资料为依据，以浅显易懂的叙述方法，为包括非专业人员在内的读者叙述了原本颇为复杂的日本古代宗教信仰形成的过程。同时，作者也以上述研究为依据进行归纳总结，指出日本古代律令制度的精神来源是神道宗教。

（五）范景武：《神道文化与思想研究》，内蒙古人民出版社，2001年

长达48万字的《神道文化与思想研究》是迄今为止国内学者对日本神道进行全面评述且篇幅最长的研究成果。作者在阐述神道的基本常识的基础上对神道宗教进行了分门别类的研究。作者认为“神道是日本社会固有的生活习俗、特有的民族文化和自有的民族宗教”。其主要观点为：

①神道是中国与日本、日本与西方文化交流的基础和桥梁，它内含文学、艺术、哲学、伦理、法学和自然科学等思想或知识，塑造了不同时代日本人的宗教意识和民族情结、文化特征和民族形象。

②神道在其历史演进过程中，起初表现为对人与自然的关系的朴素认识，当佛教、儒学近乎同时登陆这片文化相对匮乏的土地时，便开始了日本民族“吸取—变形”异域文化的历史。

③当资本主义制度取代封建专制制度后，神道才有了非理性式膨胀的历史，并极化为军国主义的思想武器和实践行为。

④从神道产生和历史沿革来看，明治维新以前的神道伴随社会历史条件的变化表现出明显的阶段特征、一定的因果关系和内在的逻辑关系，即“原始神道—神社神道—国家神道—神社神道和独立神社并立”。

⑤从神道系统化、理论化过程来看，分为以平安时代为界的非学派神道和学派神道。各个时期出现的神道教派都具备各个时代的特色。

（六）王维先：《日本垂加神道哲学思想研究》，山东人民出版社，2004年

作为日本固有的民族宗教，垂加神道是近世江户时代的重要流派。它

的产生和教义受中国的朱子学派的思想影响极其深刻。垂加神道的思想是建立在朱子学理论基础上的，创始者山崎暗斋就是一个朱子学者。作者在对垂加神道的特征进行详尽考察的基础上，运用比较研究的方法对垂加神道与朱子学的主张进行了分析。本书的特点在于，作者通过对山崎暗斋强调神道与圣人之道在本质上的统一性，但又反对把神道与圣人之学做简单的附会等问题的实证，提出了垂加神道与朱子学的结合是日本文化吸纳改造中国文化的一个典型范例的学术观点。

（七）牛建科：《复古神道哲学思想研究》，齐鲁书社，2005年

复古神道是理论神道中影响力最大的一派。起源于日本江户时代的国学学派，以荷田春满、茂贺真渊、本居宣长、平田笃胤为主要代表。主张复古，用日本的古典（《古事记》《日本书纪》等）来阐明日本的民族精神及文化。作者首先对复古神道进行了理论界定，论述了复古神道与国学的关系。本书建立在阅读大量神道理论知识的基础之上，围绕日本学界的“核心论”“等同论”“包含论”等理论观点，从中国学者的角度进行了分析和论证。其理论贡献在于在中国学界，作者首次提出了“神道的宗教实践性和彻底反本地垂迹说的倾向是复古神道的特征”的观点，并进行了理论分析。

（八）刘立善：《没有经卷的宗教——日本神道》，宁夏人民出版社，2005年

作为“人文日本新书”系列中的一册，作者以深入浅出的手法，对日本神道的历史渊源以及现实意义做了一个全面的铺叙。作者指出：“神道的特质就是宣扬神国观；国家神道是日本发动侵略战争的理论依据。”同时，作者也对战后日本神道的发展进行了考察。认为现在的日本神道已经实现了向朴素的古神道回归，并使传统的民俗内涵得到了发展。本书的理论亮点在于作者在归纳石田良一有关神道特征的研究的基础上，针对日本神道理论更新的特征指出：“神道会脱光当时身穿的一切沾有其他宗教和思想影响的服装，返回神道原质的‘裸体’，然后再换上带有新时代新思想颜色的新衣裳。”

（九）刘琳琳：《日本江户时代庶民伊势信仰研究》，世界知识出版社，2009年

在日本神道教的历史上，乃至整个日本文化史上，伊势神宫在众多的神社中都一直备受瞩目。伊势信仰经过一千余年的发展演变，内涵十分丰富，在神道领域占据了核心地位。本书从伊势神宫的建立和伊势信仰在古代中世的发展轨迹开始叙述，证实了伊势信仰是由天皇独占演变为逐渐扩散到贵族、武士和庶民中间，这是江户时代以前伊势信仰发展的一条基本线索。

本书从组织形态、信仰行为和信仰意识三个层面具体深入描述了江户时代庶民阶层的伊势信仰。

作者的主要观点为：伊势信仰的基本特点是整个庶民阶层重视天照大神而轻视丰受大神，否定了很多日本学者所主张的庶民重心是农业神丰受大神信仰的观点。该书在结论中把伊势信仰放在江户日本庶民的宗教信仰体系中进行定位，发现伊势信仰的特点主要有三：

①伊势信仰所蕴含的民族意识及其与整个日本国家之间的关联是其他任何神佛都不具备的。

②庶民伊势信仰具有自发性。

③伊势信仰堪称最具有广泛性的宗教信仰。

作者最后从伊势信仰的角度透视了日本历史上政治与宗教的关系，认为该信仰包含着威胁幕府体制的因素，但是它构成了执掌政权的武士阶级必须面对、无法回避的文化环境，它对武士政权的走向以及日本社会的近代化道路产生了巨大影响。

该书的主要特点在于，作者从日本民众的宗教信仰的角度解释了德川幕藩政权保留天皇制的原因，有助于认识现代日本的象征天皇制和当代日本人的天皇意识。

（十）王守华、王蓉：《神道与中日文化交流》，河北人民出版社，2011年

该书是《日本神道的现代意义》（日文）（农文协出版社，1997年）的姊妹篇，约38万字，是著者对其日本神道研究几十年成果的汇总。该书

解答了作者为什么要研究神道，以及从中国研究者视角所观察的神道的主要特征等问题。该书由下列内容构成：神道概念的形成和发展、神道的历史演变（两章）、神道的神祇世界和神祇的剖析（两章）、神社、神道祭祀、神道哲学思想、神道与日本文化、神道与环境保护、神道与当代日本社会生活、神道与中日文化交流（三章）。作者的主要观点可归纳为以下四点。

①由以“生”为媒介的神道的自然观所派生的“产灵”思想，是具有蓬勃生命力和活力的自然运动摄理的神格化，历来被作为生产力发展的原点，至今仍被作为现代企业生产和技术发展、企业繁荣的精神基础；人们从四季更迭、草木荣枯自然摄理中感悟到的生命节律跃动的“苏醒”思想，形成了神道独特的生命观，以及日本人独特的“突破现状的再出发哲学”。

②神道的“神人一致”的理论除了有积极的一面以外，也有消极的方面。“神人一致”理论成为军国主义对外侵略的理论基础，以及国家神道成为军国主义对内从思想上控制国民，对外抚慰参加侵略战争士兵的灵魂和奴化被占领地人民的思想的工具。这就是这种理论消极作用的表现。

③围绕靖国神社的暗流其实质在于日本国内的右翼势力试图从宗教侧面复活国家神道，否定侵略战争的性质和战争责任，继续为军国主义招魂。这种思想上、宗教上复活国家神道的活动，与政治上右翼势力的活动相比，更为深刻和根本，它是右翼政治活动的思想基础。从思想上、宗教上彻底批判国家神道是神道研究的重要内容之一。

④神道的自然观中人与自然和谐一体、谐调发展的合理主义成分对今天维护地球生态环境具有现实意义。

作为目前国内第一部完整介绍日本神道的著作，作者在神道的历史分期、神道的自然观、神道哲理、神道伦理、神道对环境保护的作用、神道在日本近代化中的作用以及通过神道来研究中日文化交流等方面具有不少独到的创新观点，为今后的神道研究提供了崭新的思路。

四　中国的神道研究的主要特点以及今后的发展趋势

中日邦交正常化以来，中国的日本研究在数代人的努力下取得了丰硕的成果。但是相比政治、经济、外交等领域的研究而言，中国对于纯日本文化的研究力度稍显薄弱。而属于宗教文化层面的日本神道的研究更是处于起步的阶段。其主要特点如下。

（一）我国学界对于日本神道的研究始于翻译有关神道研究的书籍

代表译著有村上重良著、聂长振译《日本丛书——国家神道》（商务印书馆，1990年）；村上重良著、张大柘译《宗教与日本现代化》（今日中国出版社，1990年）；Helen Hardacre著、李明峻译《神道与国家——日本政府与神道的关系》（金禾出版社，1995年）；子安宣邦著、董炳月译《国家与祭祀：国家神道的现状》（生活·读书·新知三联书店，2007年）；小泉八云著、曹晔译《神国日本》（吉林出版集团有限责任公司，2008年）。这一系列著作的翻译使中国的学者从感性层面对日本的神道有了初步了解，通过对日本哲学宗教界著名学者的著作进行翻译，也培养了一代中国的神道宗教研究人员。前述《当代神道教》的著者张大柘就是其中的一位代表。但是由于时代的局限，中国的日本神道思想研究对日本神道界研究的成果吸纳不够全面，更侧重于关注诸如以村上重良为代表的非宗教界学者的观点，而忽略了出自神道宗教内部的见解；更关注自明治维新以后的神道发展趋势，而忽略了战前一千多年日本神道发展的历史轨迹以及文化渊源。

（二）我国学界对神道的研究从学术意义上来讲，源于21世纪初的反对军国主义势力及其代言人参拜靖国神社

我国学界对日本神道进行学术研究，从真正的意义上来说是始于21世纪初。其主要目的是针对当时的日本政要接二连三地参拜靖国神社，对日本国内随之掀起的靖国神社问题与“日本文化特殊”论相关联的思潮进行驳斥和披露。与当时亚洲各国就日本政要接二连三地参拜靖国神社纷纷提出抗议“针锋相对”的是，日本国内当时流行着所谓“日本文化特殊论”，该论调的主要特征是片面强调日本文化与习俗的特殊性，鼓吹日本的生死观与其他国家有所不同。其目的无非是想假借强调日本文化和神道的特殊性，来掩盖日本对侵略战争反省不足的事实，为日本的政治外交服务。针对这一现象，以张高翔《靖国神社与日本军国主义》［《云南师范大学学报》（哲学社会科学版）2000年第4期］、步平《日本靖国神社问题的历

史考察》(《抗日战争研究》2001 年第 4 期) 等为代表的中国学者的论著，围绕靖国神社与日本军国主义关系，从宗教学、政治学、历史学等角度证明了上述论点的荒谬。上述学术成果引起了国内学术界对神道宗教特殊性质的兴趣，也带动了中国学界对日本神道进行学术探讨的积极性，在日本学界也引起了震动，同时也使日本的民众了解了中国老百姓之所以重视靖国神社问题的原因。

(三) 现阶段，神道与哲学关联的研究是我国神道研究的重点，专题研究系列已经逐步形成

随着对靖国神社与军国主义关联的研究的深入，神道与战争关联的论文也不断出现在中国学者的笔下，诸如刘炳范的《论日本神道教的变迁及其对战争问题认识的影响》(《日本研究》2003 年第 3 期)、高洪的《战争期间日本军国主义法西斯的精神专制》(《日本学刊》2005 年第 4 期)，这些论文从历史层面、精神层面剖析了国家神道与法西斯主义的内在关联以及国家神道对战争所应负的责任。以此延伸，中国学界对于神道的研究随之在哲学、政治、文化以及神道与其他宗教的关联等领域得到了发展。代表作品有王守华的《神道哲学刍议》(《日本学刊》1988 年第 6 期)、牛建科的《试论国家神道之思想理论渊源》[《山东大学学报》(哲学社会科学版) 2002 年第 6 期]、王维先《试论神道"土金传"与朱子学的关系》(《齐鲁学刊》2003 年第 5 期) 等。

(四) 把握运用第一手资料是提高未来神道研究水平的关键

神道虽然没有特定的宗教原典，但是在一千多年来的发展过程中接受了多种宗教因素的影响。神道思想的内容也在不断地发展，形成了诸如神道五部书、《中臣祓训解》之类的有关神道礼仪规定以及思想注释的书籍。不夸张地说，一部神道史同时也是一部日本社会文化史：从前期的伊势神道—佛家神道—吉田神道，到后期的伊势神道—垂加神道—吉川神道—复古神道，各个时代的神道都有着鲜明的时代特征以及代表理论。对刚刚起步的我国神道研究学界来说，如何建立具有我国神道研究特色的神道研究体系，将是一个比较艰巨的任务。尤其是如何系统整理对近代日本神道宗教的形成起了决定作用的江户时代的国学思想，将是对日本神道研究的

关键。

（五）运用多角度切入的方法是今后神道研究的发展趋势

总体而言，中国学界的神道研究还只是处于初始阶段。同时，学界对神道研究也缺乏足够的重视，主要存在着研究课题过于集中、第一手资料欠缺、学科知识的局限、研究深度不够等问题。但是伴随中日间学术交流的深入，以及归国年轻学者加入了神道研究行列，近几年的神道研究已经脱离了以往偏重于日本军国主义与神道的关系等敏感话题的局面，以日本文化宗教为背景，面向学科基础层面的神道研究已经形成了一种新的趋向。代表作品有郑爱华《晚清中国人的神道观——以外交官和考察游历官为中心》（《世界宗教研究》2004 年第 1 期），朱颖《日本神话和神道中的徐福东渡之谜》（《日本研究》2007 年第 1 期，陈小法、陈克林《日本神道对茶道的影响》《中国茶叶加工》2002 年第 1 期），王金林《皇室神道的形成与天皇的神化》（《日本研究》2007 年第 1 期），范景武《论二宫尊德的神道观和价值观》［《内蒙古工业大学学报》（社会科学版）2008 年第 1 期］，王蓉《神道神膳——日本食文化的原型》（《民俗研究》2007 年第 3 期），柳肃《日本的神社建筑及其文化特征》（《中外建筑》2002 年第 1 期），王宝平《神道与日本文化》（北京图书馆出版社，2003 年），牛建科《基督教与神道教的神灵观》（《犹太研究》2008 年第 6 期）等。上述论著围绕日本神道与外来文化的关联、日本神道的哲学理念、神道宗教信仰和佛教的关系、神社建筑文化、神道文化对中国近代文学的影响，或从多方面比较的角度出发，或以社会、历史、哲学、宗教学、音乐学的研究方法对日本神道进行全面的探索，这已经成为中国神道研究学界的一种新趋势。

方志文化的“仙履奇缘”

——在“中日人文对话：神话传说”国际学术研讨会上的发言

管仁富*

中日文化交流在世界文化交流史上堪称典范。多年来中日交流精彩纷呈、生生不息，无论是在经贸领域还是文化领域，以及其他各个领域，都取得了丰硕的成果。我本人曾两次赴日进行经贸、文化交流，日本朋友的热情严谨给我留下了深刻印象。尤其是2017年赴日本国会图书馆，点击“中国河南”目录，首先映入眼帘的就有我们的《固始县志》，当时感觉特别亲切，也深刻体会到日本朋友对中国文化的热爱，体会到文化交流无国界的事实。中国国家主席习近平在联合国教科文组织总部的演讲中曾说过：“文明因交流而多彩，文明因互鉴而丰富。文明交流互鉴，是推动人类文明进步和世界和平发展的重要动力。”我相信，无论是神话研究者还是方志编修者，无论是中国学者还是日本同仁，以这次盛会为契机，大家定能在更广阔的领域开展合作交流，助推人类文明薪火相传。

今天，我作为一名史志工作者来参会，也想结合会议的主题，同时结合自己的工作，谈一点认识。大家知道，方志是“百科全书”，是“一方之信史”，无所不载，中规中矩，就像一位古板严肃的学者；而神话，飞扬飘逸，恰如风姿绰约的仙子。两者似乎没有关系，其实不然。它们不但因缘深厚，甚至从某种意义上，还可以称得上是同根同源。从哪里说起呢？就从大家都耳熟能详的“奇书”——《山海经》说起吧。

我们都知道，《山海经》是现存最早、保存神话最多的上古典籍，被

* 管仁富，河南省地方史志办公室党组书记、主任。

誉为“中国神话研究的基石”。《山海经》全书记叙神话故事400多个，其中包括夸父逐日、精卫填海、后羿射日、大禹治水等经典神话，是研究中国上古神话最重要的母本，也被方志界认为是中国方志的重要渊源之一。其书记载了约40个邦国、550座山、300条水道、1900多位历史人物、400多个神怪奇兽，是典型的“总志”。唐代李吉甫撰修的《元和郡县志》就是以《山海经》体例编纂而成，《山海经》可以称得上是方志的最古模板。宋代学者王存、程大昌、王象之等人就力推《禹贡》《山海经》为方志之祖。因此，《山海经》同时作为神话渊薮和方志渊源的身份是毋庸置疑的，它也曾被中国著名神话学家袁珂先生盛赞为“史地之权舆、神话之渊府”。此外，方志的另一重要渊源典籍《禹贡》中，也存在大量关于大禹治水的记载，也可以作为方志和神话深厚渊源的见证。

其实，日本早期历史地理典籍特别是地方志书，同样也和神话渊源深厚。日本早期著名历史地理典籍有《古事记》、《日本书纪》和《风土记》。其中《古事记》和《日本书纪》记载了日本的国史，而《风土记》则是记载日本各地自然状况、风土人情的地方志书。它们的共同特点是都记载了丰富的神话传说，同时又是重要的史志文化载体。《古事记》成书于公元712年，是日本现存最早的官修史书。同时它又是现存最早的，将日本上古神话非常系统地记载下来的文本文献，可算作是日本的文本文化源头，日本的元典。其中神武天皇之前的历史属于“神代史”，其后则是“人代史”，神话的内容主要集中在神代史，后面的人代史也有神话的成分。《日本书纪》是日本留传至今最早的正史，与《古事记》合称为“记纪”。全书30卷，其中前两卷为神代记，内容包括神世七代、八洲起源、诸神出生、瑞珠盟约、宝镜出现、天孙降临、海宫游行、神皇承运等神话、传说。《风土记》则为元明天皇于713年敕命各地方官编纂的大型地方志书，它是记录日本古代地理、农业、神话和民俗的地志，不仅作为《古事记》的重要补充文献，还是一部文学巨著，被日本文部省定为国宝级文化遗产。在《风土记》的序言中引用《古事记》，记载了天地创世之初、诸神的诞生及其职责、人类的诞生、日本国土的形成的恢宏历程。《风土记》还将当时的世界分为天神居住的“高天原”，人类居住的“苇原中国”和“地狱”三个不同层次的世界，并记载了“三轮山”神人结婚故事等诸多神话故事。

由此可知，方志自诞生之日起，便和神话如影随形，比翼连枝。一方面，作为“传承中华文明、发掘历史智慧”的重要载体，方志天然地肩负着客观记述人类文明成果的责任，而神话作为人类文明的重要内容，方志忠实记录之，也是责无旁贷。另一方面，神话也是汇入方志长河的重要文化清流。神话的诞生离不开缘起地，离不开一方水土一方人。正如著名的日本历史神话典籍《古事记》所记载的，在众神居住的“高天原”上，就有天安河、天香山等地名，而这些地名和日本宫崎县、奈良县的有关地名是完全相同的。日本的地方志书《风土记》也记载“开天辟地之初，天照大神藏身于天之岩户，天地黑暗，八百万神在天之安河开会，立于石窟前载歌载舞。天手力雄命打开岩户石门，天始开辟，万物始明”。这里神话传说中的地点和日本著名景点“天之岩户”和“天之安河”（天安河）也完全重合。而《风土记》之一《伊予国风土记》里面则讲述了神仙大穴持命在爱媛县松山市的道后温泉里面给少彦名命神治病的故事，据说至今温泉里还留有神的足迹。据说著名的日本电影《千与千寻》的灵感就来源于此地。这些记载，均充分说明了神话传说突出的地域特点。同样的因缘，中国上古神话自其呱呱坠地之始，也早已注定要落入方志文化的怀抱，她绰约的人文风姿也势必成为方志清潭里最为美丽的月影。“山不在高，有仙则名”，神话的融入使方志典籍更加全面、客观，方志记录的山光物态因神人神话而愈加灵秀深幽，引人入胜；而民间纪念神话英雄的修庙、立碑、祭祀活动，则为严肃的方志文献增添了人间烟火气，使之更加生动、鲜活。有意思的是，有时候神话也能成为保护地方志书的有力铠甲。比如日本的《风土记》，由于战乱、地震、失火等原因，现仅存出云、常陆、播磨、丰后、备前等五地的方志。其中只有《出云国风土记》接近完整，就是因为出云国、现在的日本岛根县，是众神聚集朝拜之处。据说日本阴历十月叫作“神无月”，是由于这个月八百万诸神都要去出云神社参拜，日本其他地方暂时没有神的存在，可见出云国在神凡两界中的地位。也正因为这个原因，出云国的方志相比起来就显得备受重视，而其他地方的方志则仅存残章或无迹可寻了。

由上可知，神话伴随着方志的足迹一路走来，它们以共同的文化内核相互吸引、相互扶持，在推动人类文明进程中建立了深厚的友谊。具体来说，神话和方志的不解之缘体现在以下几个方面。

首先，方志使神话传说落地生根，有迹可循。比如中国古代神话里举足轻重的神话人物黄帝，其神话传说之丰富、影响之大是其他的华夏诸神所望尘莫及的，但他同时又是方志中有据可查的中华人文始祖。清乾隆四十一年（1776）《新郑县志》卷一《沿革考》“古有熊氏之墟”部分，就引用了包括《山海经》《拾遗记》《舆地志》《史记》在内的诸多古代典籍，作为“黄帝居有熊”的有力证据。该书卷二十一《艺文志》中的《河图挺佐辅》中，有“黄帝游于河洛，至泽鸿之泉，有大鲈鱼，负图以授帝，兰叶朱文，名曰箓图”的记载，还有录《管子·五行篇》中“黄帝得六相而天地治，神明至”的说法，这些本身就是对黄帝神迹的记述。在新郑附近形成的以新郑、密县为中心的黄帝神话庞大的传说群，内容丰富，古朴无华，体现出鲜明的神话特征，成为黄帝在河南新郑一带生活、活动过的远古记载，尤其是今距新郑市四十余里的密县，同样也是黄帝神话传说丰富而集中的地方。清嘉庆二十二年（1817）《密县志》卷六《山水志》篇载：“讲武山在县东南三十五里。按：旧碑谓黄帝常与风后讲武于此，因名。”其《建制志·云岩风后八阵图记》碑文中则详细地说明了黄帝与风后、力牧研制“八阵图”的经过与目的。又《山水志》中有“崆峒山在今平凉府西，其麓有黄帝问道处”和“黄帝登具茨之山，升于洪堤之上，受神芝图于黄盖童子，即是山也”的说法，加之《仙释》篇中又录《庄子》“昔黄帝将见大隗于具茨之山”的整段文字，可知方志已经成为神话人文足迹的忠实记录者，同时也为以新郑、密县为中心的黄帝神话传说群提供了现实依据。

北宋编修的《元丰九域志》中，有“桐柏山，淮水所出。淮渎庙，盘古庙”的记载，清雍正《河南通志》有“南阳府泌阳县南四十里有盘古山，上有盘古庙”的记载，则为盘古神话发源地研究提供了有力证据。《陈州府志》中有关“伏羲氏得白龟于蔡水，凿池养之而画八卦”的记载和“太昊陵在春秋时已有陵，汉以前有祠”的文字，则为伏羲文化的发源地提供了重要依据。清乾隆五十四年（1789）《怀庆府志·杂记》援引《水经注》“昔禹治洪水，观于河，见白面长人鱼身，出曰，吾河精也，授禹《河图》而还于渊”的记载，为大禹治水的历史故事增添了浪漫的神话色彩。

关于神话人物足迹的诸多记载还散见于各地志书之中，有些虽寥寥数语，却一字千金，为神话人物回归人文始祖奠定了坚实基础，也为中华文明探源工程做出了卓越贡献。

其次，方志为神话人文精神赓续传递薪火。比如，关于人文始祖伏羲、女娲的神话传说见于各种古籍，地方志以自己独特的方式将其发扬光大。对伏羲女娲成为人文始祖，唐朝李冗《独异志》是这样记载的：“昔宇宙初开之时，只有女娲兄妹二人，在昆仑山，而天下未有人民。议以为夫妻，又自羞耻。兄即与其妹上昆仑山，咒曰：‘天若遣我兄妹二人为夫妻，而烟悉合，若不，使烟散。’于烟即合，其妹即来就兄，乃结草为扇，以障其面。”这个记载已经非常生动，而20世纪80年代首轮新方志《河南省志·民俗志》，则以口头文学的形式，鲜活生动地记录了民间口耳相传了千年的人文神话：“相传，很久以前，天塌地陷以后，世界就只有伏羲和女娲兄妹俩。两人兄打鱼，妹打柴做饭，相依为命。后来兄妹俩就用黄泥捏泥人。奇怪的是，泥人晒干后，叫声‘爹娘’就跑走了。于是，后人说天下的人都是伏羲和女娲这样创造的，都是他们的子孙后代。因此都称伏羲为‘人祖爷’，女娲为‘人祖奶奶’。”这是前半部分，生动地记述了伏羲女娲捏泥造人的经历，是地方志对于人类起源的独特记载。后半部分则更加生动地展示了民间传说中人类生息繁衍的神话足迹：“据说，人祖爷和人祖奶奶后来还结了婚。一天，兄对妹说：‘这世界上没有生育人的人，日后就会断子绝孙的，咱们就结为夫妇吧！’女娲听后，脸红到耳根，说：‘这世界上哪有兄妹结为夫妻的道理？那我有个条件！’兄点头同意。妹说：‘咱俩各在一个山坡上点堆火，如果两股烟飘在一起，就成亲。’结果，两缕青烟经风一吹合成了一股烟。伏羲说：‘妹妹，这下中了吧！’女娲摇摇头说：‘不中，还有一个条件，咱俩到山上各滚一扇磨，两扇磨从山上滚到山下，如果合为一盘，咱俩就成亲。’两扇磨从山顶始终不离滚到了山下合在一起。女娲咯咯直笑，羞得脸比红布还红，她随手在身边摘了些花草，编了个手帕样的草扇遮住了自己的脸。从此，姑娘在出嫁时，也都用红绫遮脸，称作‘盖头’，日久变成了习俗。”这个故事不仅语言风趣、诙谐，保留了民间传说的原汁原味，而且用“姑娘结婚为啥用红盖头”作为题目，夺人眼球，引人入胜，对神话传说的鲜活传承起到了有力的助推作用。

另一些方志典籍则声情并茂地再现了祭祀伏羲始祖的场景。比如1934

年的《淮阳县志》载："二月二日，黎明用灰圈地作囷仓形，以兆丰年。儿童拍瓦缶唱歌，是日居民诣太昊陵进香奠牲，至三月三日止。"而同年的《淮阳乡村风土记》："男性会员，每人须备一香袋……佩于背上，女则仅制小香袋一个束于纽扣之上，俟到太昊陵时，将所佩各袋之香悉行焚烧""进香者多唱娱神之曲：'南无、天皇、帝皇、人皇、伏皇。'"这些记载更加声情并茂地将祭祀伏羲始祖的场景真实再现。

清嘉庆《渑池县志》所记载的"二十日，撂煎饼房屋上，并置地上，名曰补天补地"，就是从方志的角度记载了民间对女娲补天的一种效仿性纪念，反映了女娲文化在民间经久不息的生命力。

此外，大量方志典籍中均有对于民间拜祭谷神、农业神的记载。这个传统可以追溯到《山海经》，其每记录一地一山之风貌，必然会同时记载下当地的祭祀情况，各种奇异的山神形象也是屡见不鲜。比如《山海经·五藏山经》中所载山神的形象均为半人半兽，除了龙、蛇、鸟类等用于图腾动物之外，还有猪牛羊等比较常见动物形象和人类的融合。其中记载的祭祀山神的祭品，有毛类、精类、玉类及其他祭品。《山海经·大荒西经》中说："帝俊生后稷，稷降以百谷。"讲述中国神话传说中的黄帝的玄孙、天帝帝俊的儿子后稷，自天取百谷而降，植于人间。稷神在中国民间信仰中是谷神，至今仍在中国北方地区流传。清嘉庆二十二年（1817）《密县志》卷九典礼志祝文中记载有《社稷坛祝文》和《神祇坛祝文》，更有"分五色以表封圻，育三农而蕃稼穑"的祝词，表达了对稷神的敬仰，也记录着神话人文精神在民间的活态延续。清《封丘县志》也有同样的记载。

日本志书《风土记》中也有对于祭祀自然神的记述。比如《出云国风土记》中就记载有出云大神占卜和祭仪的场景。此外还有对神的农耕技艺的记载，比如类似于中国神话中教人耕作的人文始祖神农氏，天照大神在高天原上也教大家开荒种地、传授养蚕的技术和织布的技艺，使高天原上五谷丰登，风调雨顺，给诸神创造了富裕美好的生活。天照大神又派他的儿子到人的世界，也就是农作物丰富的"苇原中国"，在这里"苇原"是指适合稻谷生长的水田。也就是说，古代日本人认为，最适宜谷物生长的环境也是最适合人类生活的乐土。谷物不仅是人们赖以生存的食粮，更是具有神力和灵力的信仰对象。关于五谷的诞生，则是起源于一位被杀掉的神，五谷就是从他的眼睛、鼻子等身体器官中生成出来的。这个故事在《古事记》《日本书纪》中也都有记载，从内容上看，除了神的名称不同、细节略有差异外，故事情节几乎完全相同。《风土记》中还记载着有关稻种堕入凡间的神迹，比如《出云国风土记》里面就记载有一个“饭石郡多祢乡属郡家”的地方，“所造天下大神、大穴持命与须久奈比古命巡行天下时，稻种堕此处”。《风土记》中还记录有关神舂稻的活动，比如《播磨国风土记》中记载：“大神之军，集而舂稻之。其粳聚为丘。其簸置粳、云墓、又云城牟礼山。”在这里神灵和凡人一样认真地进行着农活的劳作，生动地展示了神话传说中人类认识大自然改造大自然的瑰丽影像。正如法国政治社会学家迪韦尔热所说的：“土地、树木、植物、动物、河流、湖泊都被看作是可以与之保持人际关系的超自然力量。”地方志书对于自然神的记载，正反映了人类早期朴素的“天人合一”的自然观，对于今天我们“尊重自然、顺应自然、保护自然”，理解习近平总书记在党的十九大报告中提出的“人与自然是生命共同体”仍有积极的意义。清乾隆《怀庆府志・杂记》全文援引《列子》关于“愚公移山”的篇目，记录了人类积极改造自然的经典中国方案。

再次，方志理论为神话传承提供有力支持。明永乐十年（1412）曾颁布修志凡例，其中“仙释”条说：“凡自古所传神仙、异人、名僧、高道、方俗之流，及有奇术、异行显迹可见者，或非本处之人，而尝游历止息于此……时有显验可证者，皆备录之。”该凡例明确交代了方志记载神话的标准。其中值得注意的两个条件，一个是“异行显迹可见”，一个是“时有显验可证”。这些条件也和神话本身的特征相吻合。一般来说，在学术上，上古神话都具有几个条件：一是叙述人类原始时代或人类演化初期的单一事件或故事；二是传承者对这些事件、故事必须信以为真；三是必须是远古族群的人们集体创造并且流传下来。除去第一个条件为神话所独有，其中第二、第三个条件和方志文化信史、众手成志的特点不谋而合。虽然神话之“信”，存在于先民集体的观念中，并通过传承者的“信”加以传递，和方志文化之“普信”在范围上有所不同，但忠实记录人类共同记忆的求真贵本之义，应该是两者共同坚守的准则和初心。从这个意义上来说，“方志”和“神话”是真正的灵魂伴侣。

此外，历代方志编纂者对于神话传说入志，也有独到的见解。清康熙三十七年（1698）《考城县志》“灾祥篇”就有“于以观天道验人事，省德修政，如古者回风息火，荧惑退舍，皆长民者所深念焉”的说法，显示出方志工作者真实客观的史家视角，以及从神话传说中反观人民疾苦，回馈民生的现实主义情怀。清同治辛未年《叶县志·荆山考》中说“然苟无碍于理，亦不妨俱存之，以备参考。固不可妄议以为是，亦不必妄议为非”，则显示出严谨审慎，不随便下结论的可贵的科学精神。《叶县志·序》“远而仙令遗踪，近亦忠魂未泯，地灵人杰，尤表可睹记云”，则显示出对神话传说于地域之人文价值的赞赏。至于《叶县志·录异》说：“政治攸关义严，正史见闻务广。类取稗编，虽事涉神奇，为儒者所弗道，然天地之大，何所不有？必概弃不录，将汲冢石鼓诸书，尽等诸《齐谐》志怪，未免弇陋贻讥，辑而存之，亦足以发耳目之新，资考览之助也。”康熙《内乡县志》之《志杂记》云：“志乘详矣。然或故老之所传闻，齐谐之所缀述，苟可以咨劝戒广异闻，亦采风之所不废也。凡耳目所及，有涉于内乡者，咸辑录之。”这些方志理论都表达了方志专家支持神话入志的理论阐释，显示了方志心系民生的至真情怀和海纳百川的广阔胸襟，对神话人文精神的传承起到了有力的促进作用。

“绵绵瓜瓞，民之初生”，在人类文明的历史长河中，神话和方志血脉交融，音声相和，共同将中华文明乃至人类文明基因传递，直至今日仍如黄钟大吕，弦歌不绝。我们新编方志中的文物志、考古志、年鉴月报，正忠实地记录着每一次神话履迹被考古证实的欣喜；我们的历代方志等地情资料正和神话文献一起参与着每一座文化名城的复兴。尤其是河南方志界，近年来与各界学者同仁携手进行了多种形式的跨界合作，为“华夏历史文明传承创新区”建设和“一带一路”世界文化交流做出了突出贡献。正如2018年3月20日，习近平总书记在十三届全国人大一次会议中指出的那样：“在几千年历史长河中，中国人民始终心怀梦想、不懈追求，我们不仅形成了小康生活的理念，而且秉持天下为公的情怀，盘古开天、女娲补天、伏羲画卦、神农尝草、夸父追日、精卫填海、愚公移山等我国古代神话深刻反映了中国人民勇于追求和实现梦想的执着精神。中国人民相信，山再高，往上攀，总能登顶；路再长，走下去，定能到达。”深情的话语，寄托了中国人民坚守文化初心，实现民族伟大复兴中国梦，打造人类命运共同体的美好憧憬和坚定信念，也鼓舞了无数方志人传承中华文化、共筑世界文明的信心和勇气。“不忘历史才能开辟未来”，站在21世纪世界文明交流互鉴新的历史起点，我们河南方志界将不负文化初心，勇敢担当时代大任，继续和中外各界学者同仁一起，开启崭新的文化旅程。正如我们多年携手助推黄帝故里拜祖大典、淮阳太昊陵申遗以及人祖祭典、祭祀盘古大典一样，我们也将继续跟随“一带一路”国际合作的脚步，助推嵩山论坛，助推中国神话国际学术研讨会等更多国际文化交流盛会的举办，相信通过我们的努力，神话和方志的仙履奇缘，将香飘丝路，远渡重洋，为更多的国家所熟知，为世界人民所共享！

日本《万叶集》中神话传说和歌溯源

张　梅*

日本新年号“令和”英文翻译为Beautiful Harmony（美好和谐），表征着“美丽日本”的国家认同。该年号出自日本古典和歌集《万叶集》大伴家持的梅花歌序中“于时初春令月，气淑风和”。日本政府强调这是首次使用日本古代典籍作为年号的出处：“《万叶集》是1200多年前编纂的日本最古老的和歌集，收录了天皇、皇族、贵族、防人（成边将士）、农民等各个阶层的人吟诵的和歌，是象征着日本丰富的国民文化和悠久传统的国书。”① 作为国家认同的文化符号，《万叶集》意义的形成既有深厚的历史背景，又通过政府的征用、学校教育、学者和媒体的普及性宣讲等渗透到日本国民的日常生活中。本文以《万叶集》中的“传说歌”为例，考察万叶和歌与中国古典文学作品的关联。

一　作为国民歌集的《万叶集》

国家认同是指“具有差异性的族群成员通过相互承认结成‘国家’这种政治共同体作为自己情感和身份归属的自觉认知”。② 在概念化国家认同时，本尼迪克特·安德森的观点值得借鉴，即民族国家不仅仅是地理和政

* 张梅，中国社会科学院日本研究所助理研究员。本文部分段落发表于《东北亚学刊》2020年第4期的论文《传统文化符号与安倍政府对日本国家认同的建构》中，有改动。

① 首相官邸「安倍内閣総理大臣記者会見」、https://www.kantei.go.jp/jp/98_abe/statement/2019/0401singengou.html［2019—04—01］。

② 周光辉、刘向东：《全球化时代发展中国家的国家认同危机及治理》，《中国社会科学》2013年第9期。

治实体，更是想象的共同体。① 杰克·豪根认为，国家认同是一种散漫的想象，它主张共同的价值观、共享的历史和生活方式。关于国家认同的话语本身支持家庭、学校、政府、宗教组织、大众传媒等社会机构，并且得到这些社会机构的支持。② 斯图尔特·霍尔把这些话语的一个侧面称作"国家叙事"，意即一系列故事、图像、风景、场景、历史事件、代表或表征共同经历的国家象征和仪式为国家赋予意义。③

文化为描绘认同群体提供了其所需的符号素材，国家认同感的建构离不开文化符号的运用。"从某种意义上说，国家认同感的建构就是一个创造符号、解释符号、革新符号、运用符号和使符号'物化'的过程。"④ 日本历史性地建构起来的文化符号反映了日本人独特的精神深层，在民间少争议、易于媒体传播、更具有统合性。因此，安倍晋三长期执政期间非常注重通过传统文化符号的再利用来建构"美丽日本"的国家认同。表征日本文化特质的传统文化符号被抽取出来，赋予意义，并有意识地运用于对内国家认同的建构。

其实此次新年号取自《万叶集》并不是偶然的，而是与长期以来《万叶集》作为"国民歌集"的特殊地位密切相关。江户时代，《万叶集》的读者主要是研究者和歌人。日本的国学者贺茂真渊把《万叶集》和歌的特征称作"ますらおぶり（雄浑风）"，对于后世《万叶集》在日本官方话语中的崇高地位起了很大作用。根据东京大学教授品田悦一的考察，《万叶集》获得国家认同文化装置（Cultural Apparatus）的古典文学作品的地位是从明治时期开始确立起来的。

《万叶集》通常被评价为作者层涵盖了上自天皇下至庶民的所有阶层，真挚率直地抒发淳朴的感情。品田悦一认为，"国民歌集观"可以分为两个侧面：第一个侧面是它反映了从所有阶层汲取的古代国民的真实声音，第二个侧面是贵族创作的和歌和民众创作的和歌都建立在同一民族文化的

---

① Benedict Anderson, *Imagined Communities*, London: Verso, 1983.

② Jackie Hogan, The Construction of Gendered National Identities in the Television Advertisements of Japan and Australia. *Media*, *Culture & Society*, 1999, Vol. 21: 750.

③ Stuart Hall, The Question of Cultural Identity. In S. Hall, D. Held and T. McGrew (eds), *Modernity and its Futures*, Cambridge: Polity Press, 1992, P293.

④ 吴玉军：《符号、话语与国家认同》，《学术论坛》2010 年第 12 期。

基础上。第一个侧面是在明治中后期应国家的需要而形成的。第二个侧面是在明治末期构筑起来的，在大正时期和昭和初期就已经在岛木赤彦等民间人士中普及，在二战后被教育界所采用。[①] 在昭和的战时体制下，第一个侧面中所内含的政治性一度被发扬得淋漓尽致，“万叶和歌”成为发扬“国威”的工具。二战后随着民主化改革，因其第二个侧面，《万叶集》被纳入民主化教育的内容，成为重建濒临崩溃的民族自我认同的手段。[②]《万叶集》在日本文学史中成为上代文学的代表性作品，得到很高的评价：“除有名歌人之外，还有防人歌、东歌等民间无名诗人的和歌，这些打动现代人心灵、充满真情的作品，显示了《万叶集》作为国民诗集具有非常重要的意义。”[③]

21世纪初，《万叶集》作为日本文学和文化的原点再次备受瞩目。2008年，日本NHK电视台每周播出《日历万叶集》节目，讲解万叶和歌。2009年《万叶集》成书1250周年、2010年平城京迁都1300年的纪念活动中，政府、媒体、学界以各种形式强调了《万叶集》作为文化财产的价值。与这些活动并行，“JR东海”发布了名为“心灵窗户《万叶集》”的官方网站，定期将万叶和歌放到日本国内的风光明媚的影像中进行介绍。在JR东海途经的主要车站海报上甚至写着“摇滚乐和流行乐也不错，但日本人的话应该是万叶集吧”这样的标语。这些活动都把《万叶集》视为“古代日本人生活和感情的宝库”，视为“日本人的心灵故乡”。[④]

此次“令和”年号的选用是对《万叶集》国民歌集观第二个侧面的重新肯定和延续，带有明显的意识形态属性。新年号确定之后，日本民众间关于《万叶集》的讲座和活动掀起了新的热潮。《朝日新闻》自2019年4月1日令和年号宣布之后至2020年3月底，与《万叶集》相关的报道多达492篇。报道包括中西进、坂本信幸等知名研究者在日本各地举办的

---

① 〔日〕品田悦一：《万叶集的发明》，邓庆真译，香港：香港教育出版社2004年版，第12页。

② 〔日〕品田悦一：《万叶集的发明》，邓庆真译，香港：香港教育出版社2004年版，第12页。

③ 吉田精一・山本健吉編『日本文学史』、角川書店、1982年、第35頁。

④ フォンリュブケ留奈子「『万葉集』に見られる大正・昭和初期の日本人論」、アルザス日欧知的交流事業日本研究セミナー「大正/戦前」報告書、2020年1月20日。https://www.jpf.go.jp/j/project/intel/exchange/organize/ceeja/report/11_12/pdf/11_12_04.pdf.

《万叶集》讲座；地方自治体利用与万叶和歌有关的古迹来振兴地方的旅游业，JR阪东线的车体上绘有与《万叶集》有关的风景与和歌，甚至《朝日新闻》的《天声人语》栏目评论琵琶湖博物馆周围养殖珍珠时也引用万叶和歌，在提到裙带菜时也强调从《万叶集》中看出日本人自古就食用。在安倍政府把《万叶集》这一国民歌集的地位再次加以确认之后，日本知名学者、地方自治体、大企业、传媒与之互动，共同建构"美丽日本"的国家认同。作为日本人心灵故乡的传统文化符号，《万叶集》的意义是被历史性地构筑起来的，通过政府的征用而渗透到地区振兴乃至国民的日常生活中，使抽象的国家具象化，培养了国民的自豪感和在精神上对国家的归属感。

有中国学者从心理文化学视角考察战后日本的国家认同建构特点时，曾指出日本在国家文明体侧面的认同建构主要体现在追求日本独特性和日本文化优越性方面。[①] 安倍政府强调《万叶集》是日本的古典文学作品也是此用意。但是，这样一部国民歌集无法摆脱中国古典文学的影响，反而恰恰彰显了中日之间一千多年前文化交往的传统。《万叶集》本身就是用万叶假名写成的。万叶假名将汉字视作单纯表音符号，是在平假名和片假名还没发明的时候用汉字来音译日语的。此外，《万叶集》中不管是像大伴旅人这样官至太宰帅、大纳言的歌人，还是很多并没有明确记载官职、被推测为微官的歌人，对汉籍的掌握都达到了烂熟于心的地步，其和歌作品在很多方面都明显地受到中国古典作品的影响。

二 《万叶集》的"传说歌"与"传说歌人"

《万叶集》中取材于传说的和歌有松浦佐用姬歌、樱子歌、鬘子歌、竹取翁歌、七夕歌等。歌人高桥虫麻吕（以下简称"虫麻吕"）基于浦岛太郎、菟原处女、真间娘子、珠名娘子等传说创作了多首长歌作品，叙事性强，描写鲜明生动，在《万叶集》中独树一帜。因此，他被万叶研究者们赋予了"传说歌人"的美誉。本文所考察的"传说歌"主要是指虫麻吕

① 张建立：《战后日本的国家认同建构特点研究——心理文化学视角的考察》，《东北师大学报》（哲学社会科学版）2017年第5期。

以日本的传说为基础创作的长歌和短歌。

虫麻吕的传记资料非常有限，仅限于收录在《万叶集》中的歌曲以及题词、左注。研究者武田祐吉从《正仓院文书》中发现了“天平 14 年 12 月 13 日少初位上高桥虫麿贡”的字句，因其与《万叶集》中的《四年壬申藤原宇合卿遣西海道节度使之时高桥连虫麻吕作歌一首并短歌》（卷六·971—972）所显示出的高桥虫麻吕的生存年代不相矛盾，于是认为《正仓院文书》中的“高桥虫麿”与《万叶集》的高桥虫麻吕可能是同一个人。[①] 由于在其作品中并没有记载官位，在《续日本纪》中也找不到其名字，可以推测他官衔并不高。他在《万叶集》中的和歌作品大多只能根据“虫麻吕歌集中出”“虫麻吕歌中出”的左注来认定，共计 36 首。金子武雄把其作品分为“仪礼歌”和“非仪礼歌”。“仪礼歌”分为送别歌和问候歌，“非仪礼歌”分为羁旅歌和传说歌。[②] 他的传说歌集中分布在卷九。

据卷六第 971—972 首和歌中所反映的他与西海道节度使藤原宇合的联系来看，他的作歌时期在日本养老到天平年间（717—749），所以一般把他划为《万叶集》第三期的歌人。那正是日本积极接受中国的政治和文化，日本官员纷纷把中国文学作为必不可少的教养来学习的时期。因此，正如小岛宪之所指出的那样，“以天平期为中心的《万叶集》歌风带有非常明显的中国色彩，山上忆良等人就是代表。虫麻吕也属于那个时代”。[③] 虫麻吕拥有很高的汉籍修养，在他的作品中可以清楚地看到中国式的表达方式，虫麻吕的传说歌与中国文学有着非常密切的关系也就不足为奇了。

三　传说歌与中国古典文学的关联

7 世纪初开始，日本多次派出遣隋使和遣唐使，学习当时中国的先进文化。南朝梁代昭明太子编纂的《文选》、梁代徐陵编纂的《玉台新咏》、唐代传奇小说《游仙窟》等传入日本，对日本上代文学产生了深远的影

---

① 武田祐吉『増訂万葉集全注釋　巻の三』、角川書店、1957 年、第 184—185 頁。

② 金子武雄『万葉高橋虫麻呂ー旅と伝説の歌人ー』、公論社、1977 年、第 139—140 頁。

③ 小島憲之『上代日本文学と中国文学　中』、塙書房、1964 年、第 1107—1119 頁。

响。具体来说，虫麻吕的传说歌在以下三个方面明显体现出汉诗文的影响。

（一）传说歌的叙事特色

虫麻吕的《见菟原处女墓歌并短歌》（卷九·1809—1831）详细讲述了传说的全貌，即茅渟壮士和菟原壮士二人为争夺菟原处女而展开激烈战斗，菟原处女虽然心仪茅渟壮士，但无法如愿而被迫自杀。长歌一共有73句，除最后4句表达作者的惋惜痛哭之情，其余部分都在描述传说故事的来龙去脉，包括两位壮士激战的情形、女子拜别母亲的情形、死后托梦给茅渟壮士、家族如何安葬他们等，叙事成分占比非常高。除他的作品之外，《万叶集》中还有两组关于菟原处女传说的歌，分别是田边福麻吕的《过苇屋处女墓时作歌并短歌》（卷九·1801—1831）和大伴家持的《追和处女墓歌并短歌》（卷十九·4211—4212）。田边福麻吕的长歌一共31句，只有开头两句把传说内容一带而过，其余部分着力描写作者的悲伤心情。大伴家持的长歌一共44句，虽然涉及传说的部分占了33句，但是着力点放在抒情上，惋惜女子本如春日樱花和秋日红叶一般灿烂，却来到海边，看到潮水和海藻，生命如霜露般消失。虫麻吕的《咏水江浦岛子并短歌》（卷九·1740—1741）中，长歌达92句，全部用在了浦岛太郎传说的叙述上。

虫麻吕的这两组和歌里，不仅叙事比重很大，而且都出现了较长的对话，这在和歌里是比较少见的。《见菟原处女墓歌并短歌》里，菟原处女看到两位男子为己相争，便对母亲说：

侬本微贱身，如同手布环，
壮士不相让，争与侬结缘。
侬纵生在世，怎择如意男。
不如舍此命，相期在黄泉。[①]

① 本文中《万叶集》和歌的翻译所采用赵乐甡翻译版本，参见《万叶集》，赵乐甡译，译林出版社2002年版。

然后毅然赴死。同样，在《咏水江浦岛子并短歌》中，浦岛子与海神之女邂逅并结为夫妻，在海神宫殿居住，可是他思念父母，便对妻子说：

须臾归故里，事告我爹娘，
今日省亲毕，翌即还水乡。

妻子则叮嘱说：

若有夫妻意，归来如以往。
万勿开箱箧，重逢副所望。

叙事性强，且和歌里出现较长对话这两点在《万叶集》以及之后的和歌集里非常少见。但是，在《玉台新咏》里却并不罕见。例如，《为焦仲卿妻作》和《羽林郎》等都是讲述故事的诗歌，里面都有大段的对白。如《羽林郎》里，卖酒的胡姬义正辞严而又委婉得体地拒绝一位权贵家豪奴的调戏时说：

男儿爱后妇，女子重前夫。
人生有新故，贵贱不相逾。
多谢金吾子，私爱徒区区。

这样，虫麻吕传说歌里的叙事风格看似突破了和歌的传统，实际上这恰恰是受到中国文学影响的缘故。虫麻吕独特的叙事性歌风引起了万叶研究者们的注意。武田祐吉在《上代国文学研究》中，把虫麻吕视为“喜爱传说的大众化歌人”，甚至从他关于常陆的和歌与《常陆风土记》的关系，推测他是《常陆风土记》的编纂者。[①] 佐佐木信纲在《万叶集讲座》中也评价了其和歌风格的特色、表现技巧，称赞道“在万叶时代，虫麻吕的和歌叙事性描写丰富而精湛，作出了很多优秀的叙事诗”，因此把虫麻吕定

① 武田祐吉『上代国文学の研究』、博文館、1935 年、第 139 頁。

位为“传说歌人、叙事诗人”。[①] 这个评语是用叙事诗、抒情诗等西方概念来评价虫麻吕的歌，通过虫麻吕“叙事诗”的再发现来弥补日本诗歌的缺陷。

（二）对于女性的描绘态度

虫麻吕在对女性的素描式表现态度上借鉴了中国文学作品。在咏珠名娘子（卷九·1738—1739）和真间娘子（卷九·1807—1808）的两组长歌里，虫麻吕极其精细地描写了两位女子的容姿。这在《万叶集》以及日本古典文学作品里都显得非常与众不同，因为《万叶集》以及以后的文学作品里很少见到对女性身体和姿容的详细描写。正如村山出对“咏”这一题词的分析那样，虫麻吕对真间娘子和珠名娘子的容貌具体化、素描风的叙事表达态度与《玉台新咏》的咏物诗的方法非常相似。[②] 而且，除《玉台新咏》之外，在《诗经》等汉籍中具体描写女性容貌的诗并不少见。例如《诗经·硕人》中有“手如柔荑，肤如凝脂，领如蝤蛴，齿如瓠犀，螓首蛾眉。巧笑倩兮，美目盼兮”这样歌咏庄姜美貌的句子。此外，《楚辞》的《离骚》《九歌》，《文选》中宋玉的《高唐赋》《神女赋》，曹植的《洛神赋》等这些中国文学作品中都有精致描写女性容貌的诗。以虫麻吕第三者的立场细致地描写女性容貌这样的表现方法，与中国文学的美人咏如出一辙。大伴家持的《眺瞩春苑桃李花作歌二首》（卷十九·4139—4140）中的“眺瞩”是远眺的意思，也能让人感受到远远眺望女子的视线，这与虫麻吕的上述和歌有共同之处，与《文选》《玉台新咏》等中国古典作品有着千丝万缕的联系。

除对女性的直接描写之外，间接描写手法也与中国古籍有相通之处。例如咏珠名娘子的歌（卷九·1738—1739）中，珠名娘子被男性们争相追求的描写，与《玉台新咏》中《日出东南隅行》等众人看到罗敷美貌后反应的描写非常类似。

---

① 佐佐木信綱「高橋蟲麻呂」、『萬葉集講座』(第1巻)、春陽堂、1933年、第262頁。

② 村山出「高橋虫麻呂—娘子の歌の位置—」、伊藤博・稲岡耕二編『万葉集研究　第17集』、塙書房、1989年、第143頁。

行者见罗敷，下担捋髭须。
少年见罗敷，脱帽著帩头。
耕者忘其耕，锄者忘其锄。
来归相怨怒，但坐观罗敷。

《日出东南隅行》里，男性们看到罗敷美貌，行人把肩上的担子卸下来，少年脱下帽子，在田间干活的人也忘了自己的工作。但是，在虫麻吕的歌中，男性们看到东国女性珠名娘子，甚至到她家里拜访，还有的离开自己的妻子，把钥匙也双手奉上。“钥匙”是财产的象征，这比起“日出东南隅行”，描写手法更加夸张，更富戏剧性。对此一种可能的解释是，虫麻吕在宴席上咏这首歌时，预想到在座的达官贵族对《日出东南隅行》的了解，故意使用夸张的手法来描写这位传说中的东国女性的美貌。

（三）词语用典

虫麻吕的传说歌在具体用词上明显引用了中国古籍。虫麻吕在塑造东国女性时，使用了“腰细”“青衿”“花笑”“望月”等中国式润饰。在咏珠名娘子歌中有一句是“如花笑而立者”。正如小岛宪之所指出的那样，女性笑起来像花一样的表述是参照了《游仙窟》中“中国式的表现形式”。①

眉间月出疑争夜，颊上花开似斗春。细腰偏爱转，笑脸特宜嚬。
华容婀娜，天上无俦；玉体逶迤，人间少匹。

《万叶集》中《游松浦川歌》的序和《竹取翁歌》的序文（而非和歌）中，都出现了相似的表达：

花容无双、光仪无匹。……娘子皆笑答……（卷五·853）
百娇无俦、花容无匹。……娘子皆含笑……（卷十六·3791）

---

① 小島憲之『上代日本文学と中国文学　中』、塙書房、1964年、第1115頁。

这些词句中，“笑”是美女魅力表情的象征。咏珠名娘子歌中运用比喻将女性的笑脸与花开的情景联系起来。《万叶集》和歌中“笑”的用例多出现在相闻（恋爱）歌里，表达恋人相见开心之情的自然流露，给人留下极为鲜明的印象。例如，在“忽来到，阿妹心喜欢；微笑展双眉，浮上两眼间”（卷十一·2546）这首歌中，“笑”是指恋人意料到访之后女性开心地微笑，内心的喜悦表露在脸上。但是，在虫麻吕的这首歌中，“笑”很难说是表达高兴的心情，倒不如说更接近于上述中国文学中“笑”的用法，赋予了该词官能美的要素，成为女性美的类型化表达。顺便说一下，家持的长歌“……眉似青柳叶，一笑两曲弯……”（卷十九·4192）中的“笑”与虫麻吕的用法相似，“洋溢着艳丽的情趣，是感官的表达”[①]，可以说与前面列举的汉籍表达如出一辙。

值得注意的是，咏珠名娘子歌中还出现了“腰细”一词。在《文选》《玉台新咏》《游仙窟》等汉籍中有很多此种用例。“腰细”来源于楚王喜欢腰细美女的典故，在中国自古以来就被奉为美女的标准，可以说类似的审美观至今仍有存留。《文选》中不乏“腰如约素”（曹植《洛神赋》）的表达。在《玉台新咏》序言中，三次出现了类似用词：“楚王宫里，无不推其细腰”“骋纤腰于结风”“纤腰无力”。《玉台新咏》诗词中，“一种细腰身”（《咏美人观画》）这样的例子屡见不鲜。《游仙窟》中也有“细细腰支，参差疑勒断”的语句。由此可见，“腰细”在中国古典文学中频繁出现，是形容美人时的典型表达方式。日本汉诗集《怀风藻》中的“咏美人”中也出现了“腰逐楚王细”的诗句，但是把该词用在和歌中形容女性，却不得不算是虫麻吕的独创。《万叶集》卷十六竹取翁歌中，竹取翁将年轻时的自己咏作“像蜂一般腰细”，将“腰细”用来形容男性可谓别具一格，但与虫麻吕的用法仍有很大区别。虫麻吕敢于突破窠臼，模仿《文选》和《玉台新咏》的表现在和歌中进行了大胆尝试，这从文化交流史的角度来看实在意味深长，凸显了日本知识分子在吸收外来文化时的一种“文化挪用”（Cultural Appropriation）模式。

另外，虫麻吕塑造日本东国女性的和歌中还能明显见到“青衿”（取自《诗经》中“青青子衿、悠悠我心”）等中国式润饰。在描述真间娘子

① 佐佐木民夫『万葉集歌のことばの研究』、おうふう、2004年、第66頁。

的外貌时，把她的脸比喻成明月，这也很可能是借用了汉籍的表达方式。例如，在《艺文类聚》中可以看到“面如明月，辉似朝日，色如莲葩，肌如凝蜜”（《艺文类聚》卷十八・人部二・美妇人）的例子，意思是脸像明月一样明亮发光。除此之外，虽然不是脸，但也有将女性的样态比作月亮的。《文选》中就有“其少进也，皎若明月舒其光”（宋玉《神女赋》）、“髣髴兮若轻云之蔽月，飘飖兮若流风之回雪”（曹植《洛神赋》）等例子。月亮是用来形容美女的。真间娘子的歌中，使用满月的比喻不仅是形容脸的形状，还表达该女子像月亮一样明亮闪耀。日本学者推测这些和歌在宴会中吟唱，听众大多是精通汉文的日本知识分子。

以上所举的例子仅仅反映万叶歌人摄取中国文化的部分片段。《万叶集》所收录的和歌的年代从仁德天皇（313—399 年在位）到奈良时代中期的天平宝字三年（759）。[①] 它从明治时期开始就被提升到日本国民歌集的地位，直到现在仍被誉为日本人“心灵的故乡”，日本年号取自《万叶集》再次宣告了其作为日本经典著作、作为国民歌集的地位。与此同时，它更是中日两国古代文化交流的有力佐证。中日之间一千多年前文化交往的历史真真切切地体现于字里行间。《万叶集》的传说歌生动有趣，现代日本读者也并不一定清楚其叙事风格、描绘态度、用词等各方面都深受中国古代典籍的影响。这昭示着，对于两国古代文化交流历史的再发掘为增进两国国民感情提供了广阔的空间。

四　结语

中日实现邦交正常化之后，两国国民感情经历了友好、冷淡、疏远、恶化的过程。[②] 近些年来，虽然中日关系有明显改善，但是两国的国民感情却并没有随之改善。2017 年恰逢纪念中日邦交正常化 45 年，中日关系好转，2018 年 10 月底日本首相安倍晋三访华，2019 年 6 月，国家主席习近平赴大阪参加 G20 峰会。两国领导人互访的实现为推动中日关系进一步

① 吉田精一・山本健吉編『日本文学史』、角川書店、1982 年。

② 刘德有：《不忘初心，回归原点——文化交流是心灵沟通的桥梁》，载高洪编《不忘初心、走向未来——纪念中日邦交正常化 45 周年学术论文集》，社会科学文献出版社 2019 年版，第 90 页。

向好发展提供了有利条件。日本对与中国在第三方市场的合作转为积极态度，与中国大力发展经贸互利往来。2019年底两京论坛发布的舆论调查结果显示，中国公众受访者对日本持有“印象较好（或相对较好）”的比例达到近年来最高的45.9%（去年为42.2%），日方这一数据也出现好转，今年从为13.1%升为15%。[①] 从这些数字中可以看出，虽然中日双方对对方国家总体印象都有所改善，中方的对日印象好感度比例比较高，但是，日方的对华好感度仍然在低位徘徊，对中日关系看好的比例仍然较低。双方国民感情和相互认知呈现微妙的温度差。这种局面让人有“官热民冷”“经热社冷”之感。如何有效改善日本民众对华感情成为摆在我们面前的一个课题。

新冠肺炎疫情突袭而至，中日两国在捐赠物资时以汉诗文为媒介的互动成为一大亮点。长屋王[②]写下的“山川异域，风月同天”两句汉诗让两国人民感受到文化上的共通性和精神层面的互相接纳，重温了长屋王布施袈裟和鉴真东渡所代表的中日两国自古以来友好交往的感人故事。它彰显出挖掘共通的传统接点对发展新时代的中日关系具有重要作用。诚然，日本在建构一个符合“传统”的共同体的过程中，中国文化对日本文化的影响在官方话语层面受到一定的压制、排斥。但是，从深层来讲，日本被重塑的“传统”与中国文化具有盘根错节的连通性，为中日两国改善国民感情，建构共同的价值认同提供了有利条件。就像前面提到的，《万叶集》和歌中对汉籍的引用就是中日两国古代文化交流的丰富佐证。除《万叶集》之外，有利于促进两国国民在精神层面相互接纳、相互理解的传统文化符号不胜枚举，包括古典艺能、儒学、日本战国时代的小说以及其他包含传统因素的大众文化产品等。

“青山一道同云雨，明月何曾是两乡”“投我以木桃，报之以琼瑶”……正如中日两国人民在疫情期间开“诗词大会”所显示的那样，人类日益成为一个命运共同体，而具有相通历史文化背景的国家间更容易实现精神层

---

① 《“中日关系舆论调查”报告发布：彼此印象呈现回暖态势》，搜狐网，http://m.sohu.com/a/349337692_260616［2020—4—24］。

② 据《续日本记》记载，长屋王生于684年，卒于729年，天武天皇之孙，高市皇子第一子，官至正二位左大臣。由于与藤原氏的对立，被人告密诬陷谋反，被迫偕其妻子和众子自缢而亡，史称“长屋王之变”。

面上的相互接纳和相互理解，团结合作，共克时艰。中日之间有两千多年文化交通往来的历史，尽管近代以来有侵华战争，有不幸的历史，但是总体上讲携手共同走向光明未来是总趋势和主要潮流。疫情当前，国际形势复杂多变，中日两国迫切需要共同承担更多的责任。

2019 年 6 月，中国国家主席习近平和日本首相安倍晋三在大阪 G20 峰会期间达成十点共识，其中特别提到双方要拉紧人文纽带，加强两国青少年交流，促进两国民众相知相亲。在改善两国国民感情方面，今后我们可以从三方面努力。首先，在推动两国人文交流和青少年交流的过程中，应当深入挖掘《万叶集》等日本经典著作中所彰显出来的两国古代文化交流中的细节，积极推动日本民众对于中国传统文化的认知，增进两国国民的相互理解。其次，日本民众来华旅游时，中国相关机构也应鼓励他们加强与当地民众的接触交流，向他们提供深度游、文化之旅，在精神沟通上多下功夫，把旅游变成精神文化沟通的手段。再次，就像李子柒的视频所展示的那样，在媒介高度发达的当今社会，可以考虑将传统文化的厚重内容转化为生动可感的视觉形象，在日本进行推广传播，减少误解和偏见，扩大中国在日本社会中的正面形象。总之，挖掘在日本国家认同建构过程中被隐藏在底部的、更深层次的中日两国文化相通之处，实现两国精神层面的互相接纳，这是建构东亚命运共同体和人类命运共同体的必经之路和必要步骤。

心灵结构的神话溯源

——河合隼雄《神话与日本人的心灵》述评

李书琴*

一　河合隼雄与《神话与日本人的心灵》

河合隼雄，一位出生于战前（1928 年），成名于平成时代，仅仅以身份难以界定的已故的日本文化名人。之所以难以界定，不仅仅由于他先后担任日本京都大学教育学部教授、国际日本文化研究中心所长、日本文化厅长官等多个社会地位极高的固定的具体要职，而且还由于他是日本临床心理学创始人，日本文化厅为数不多的平民出身且被评价为“独一无二、见多识广”①、由素未谋面的小泉纯一郎留任的厅长，是日本首相小渊惠三的私人咨询机构“21 世纪日本的构想”座谈会的主席等，生前拥有极高声誉和诸多重要头衔。

作为京都大学的教育学部教授和国际日本文化研究中心的所长，河合隼雄以学者身份独著的心理学以及心理学视角下的日本文化研究著作，不仅受到日本学界以及外国学者的肯定，而且有近一半以上的著作长期居于日本畅销书之列，如《传说与日本人的心灵》②（1982 年）、《中空结构：

---

* 李书琴，中国社会科学院日本研究所助理研究员。

① 日本文部科学省事务次官评价“あなたほど研究の間口の広い人はいない”。详细参见日本山盛英司『河合隼雄さん　文化庁長官に就任が決まった臨床心理学者』、『朝日新聞』、朝刊 2 総合、2002 年 1 月 5 日。

② 日本原书名为：『昔話と日本人の心』。后文同。——编者注

日本的深层》[①]（1982 年）、《明慧：以梦为生》[②]（1987 年）、《心灵处方》[③]（1992 年）、《孩子与恶》[④]（1997 年）、《日本人的心灵去向》[⑤]（1998 年）、《你了解多少人心》[⑥]（2000 年）、《给未来的记忆》[⑦]（2001 年）、《神话与日本人的心灵》[⑧]（2003 年）等。其中，《传说与日本人的心灵》一书荣获日本第九届大佛次郎奖，《明慧：以梦为生》荣获第一届新潮学艺奖。此外，河合隼雄又凭借其临床心理学划时代意义的研究和以国际视野构建新的日本文化论方面富于创造性的成就获得日本 1997 年的朝日奖和 2000 年的文化功劳者奖。尽管作为日本文化名人，河合隼雄在中国的知名度并不高，但是他所拥有的诸多重要身份和成就使人不得不特别关注这位既是日本平成时代家喻户晓的心理学家，又是致力于从理论和实践上重新建构日本文化论的学者型文化官员。

2007 年，当这位日本平成时代的重要文化名人因病去世于担任文化厅长官的任内时，其追悼会原本定于使其开始蜚声于日本的起点平台——京都大学举行，后来改在了为了创造现代日本建筑代表而建造的内外融合了日本传统和现代风格，形似日本神社，为举办国际会议及全国性会议和交流活动的京都国际会馆。追悼会从京都大学转移到京都国际会馆，这一举动足以显示出日本对这位平成时代的学者型文化厅长官超越学术范畴的成就和功劳的肯定。

河合隼雄的文化成就除了上文所提到的以荣格心理学视角建构新的日本文化论之外，还有他致力于激发日本文化（尤其是地方文化）活力的实践。2002 年，河合隼雄就任文化厅长官之初就在京都设立了文化厅分室这一文化行政机关，位于京都国立博物馆。随后又着手创办了推动日本文化艺术工作的《文化志愿者》这一机关刊物，介绍在日本各地活动的文化志愿者以及希望成为文化志愿者的意向者和协调文化志愿者的工作人员等。

① 『中空構造日本の深層』。
② 『明恵　夢を生きる』。
③ 『こころの処方箋』。
④ 『子どもと悪』。
⑤ 『日本人の心のゆくえ』。
⑥ 『人の心はどこまでわかるか』。
⑦ 『未来への記憶』。
⑧ 『神話と日本人の心』。

2003年，在“激活地域社会从文化开始”的构想之下，这位出生于奈良，工作于京都的文化厅长官以自己长期生活的关西地区为中心，首次提出“关西元气文化圈”的构想，并将这一构想付诸实践，成立关西元气文化圈推进协会，然后相继扩展到东京—丸内和九州—冲绳两个文化圈。著作等身且名满日本的学者身份与其文化厅长官的官员身份相得益彰，而平民出身的社会阶层背景以及吹长笛的业余爱好，使这位身份显赫的日本文化官员显得格外亲民，而且受到日本各界的喜爱和追捧。

河合隼雄的《神话与日本人的心灵》一书于2003年在日本出版。2018年，该著作的中文译本由三联书店在中国出版发行。这本著作是河合隼雄在担任日本文化厅长官之后撰写并出版的，彼时他已经75岁。这位已经功成名就却依然笔耕不辍的日本学者一边忙于有关日本文化的行政工作，一边利用有限的闲暇时间根据自己对日本文化的思考撰写关于日本文化论的著作。从这种“居庙堂之高”却依然审视着“江湖之远”的学术创作行动之中，可以解读到他身兼文化行政官员和学者身份之下矢志不渝地建构新的日本文化论的抱负。尽管这一著作既未成为其晚年的畅销书，更不是他的成名之作，但作为河合隼雄的日本文化论谱系的一部分，《神话与日本人的心灵》充分展现了他以荣格心理学为理论视角来建构国际视野下的日本文化论的远大抱负。

《神话与日本人的心灵》可以视为河合隼雄建构日本文化论的寻根之作，也标志着他对日本文化的彻底回归。20世纪50年代末，河合隼雄带着对被军阀利用的日本神话的深恶痛绝离开日本，前往欧美学习荣格心理学。这段学习经历扭转了他青年时期对神话的态度，他开始认同“神话是文化根基”的说法。在多次论及日本文化之后，他在晚年时期对被其视作日本文化论的建立根基——日本神话做出总结，并以此作为他对日本人和日本文化该如何融入全球化的回应。正如他在该著作的后记中写的那样，“最近，激烈的全球化浪潮高涨，越来越多的人开始思索日本人、日本文化应该如何自处。抛开民族主义的狭隘，放眼整个世界，探寻日本人存在的根基，这在现代变得极其重要。但它不能是封闭的，必须是‘开放的个性’”①。对于日

① 〔日〕河合隼雄：《神话与日本人的心灵》，王华译，生活·读书·新知三联书店2018年版，第222页。

本神话，从深恶痛绝到认同甚至视为根基，河合隼雄在经历了欧美心理学的洗礼之后彻底回归日本文化，只不过这一回归并非带着民族主义的狭隘原路返回，而是以带着与全球化求同存异的态度另辟蹊径地返回。此外，按照河合隼雄在该著作后记中的说法，这部著作也是其《传说与日本人的心灵》这部使他开始蜚声日本的首部获奖作品的“续篇”。

因此，纵观河合隼雄的一生，也许用学术匠人来称呼这位平民出身的日本文化厅长官是合适的，因为无论是“处江湖之远”，还是“居庙堂之高”，河合隼雄始终在思考的问题是现代日本该如何通过文化来确立自身在全球中的位置，探索全球化中的日本文化论，在晚年担任文化厅长官期间也依然坚持撰写并出版了《神话与日本人的心灵》，可见学术匠人才是真正贯穿其一生的身份。那么，在解读这位日本学术匠人晚年的著作《神话与日本人的心灵》时，单刀直入式的解读并不合适，正如河合隼雄彻底回归日本文化时也并非原路返回一样。解读《神话与日本人的心灵》，需要结合河合隼雄的学术匠人这一真正身份，该著作的诞生背景和具体内容，思考这部著作的内在意义及其作为日本文化论一环的意义，并同时思考这两种意义的合理性。对其合理性的思考并非对河合隼雄建构新的日本文化论的动机或者个人抱负进行质疑甚至否定，而是就其论证本身及其作为日本文化论谱系的部分的学术价值进行反思。

二　三元结构：日本人的心灵结构的神话溯源

《神话与日本人的心灵》以日本国土在日本神话中的诞生为主线，并沿着这条主线，根据日本最早的文学作品《古事记》和日本最早的史书《日本书纪》中关于日本神话的记载，罗列从“天地初创”到“国土扩张”的整个过程中出现过的日本诸神，分析日本诸神的罗列结构。河合隼雄的分析并非仅仅限于对神话中诸神结构的介绍，而是通过深层心理学的方法在分析的过程中将日本人的心灵结构与日本神话结构相对应，来阐明其“生活本身就是对神话的探求”[①] 的基本判断。

---

① 〔日〕河合隼雄：《神话与日本人的心灵》，王华译，生活·读书·新知三联书店 2018 年版，第 12 页。

可以认为，这一基本判断是河合隼雄立论的基石，无论是关于心灵结构与神话结构之间的对应关系，还是作为其日本文化论的一环，都是以此创建起来的。这一基本判断也可以明显看出此时的河合隼雄已经完全扭转了他青年时期对日本神话被军国主义分子利用而产生的深恶痛绝之情，将日本神话通过生活这一注解而加以正常化的态度，因为只有经过对日本神话的正常化操作，才能至少以中立的态度对日本神话重新加以审视。在个人情感意义上，这可以看作是河合隼雄对自己青年时期的日本神话认知（确切而言是他认为自己对日本神话的“误判”）的救赎。在他所致力于建构的全球化中的新的日本文化论这层意义上，这不仅是为曾经为日本军国主义分子利用的日本神话以民族文化的一部分进行正名，也是在神话如同故事一般具有“联系”功能①的认识之下，强调日本文化的整体性。

那么，河合隼雄是如何在其论著中完成上述理想的呢？在论述的开始部分，首先是关于“世界初创”的日本神话与世界其他神话的比较。河合隼雄认为，世界初创有两种截然不同的叙述，即世界由神创造和世界自然生成，基督教和伊斯兰教的诸多神话属于前者，而日本属于后者。这种比较不仅仅是在突出日本神话与众不同之处，更重要的是赋予了日本神话以独立的主体性。他又借助荣格心理学的观点，指出“神的三元组合是宗教史上的一种原型”②，强调日本神话在世界宗教史中的主流性。其中不难看出河合隼雄关于日本神话与世界神话的求同存异的态度。基于这一比较，河合隼雄根据日本《古事记》开篇单刀直入式记载天之御中主神、高御产巢日神和神产巢日神三位隐身独神的名字，指出这是日本神话的“第一个三元结构”，本身就代表了一种思维方式，即三元结构的思维方式，按照心理学的说法就是三元结构的心灵结构。之所以能够如此对应，按照河合隼雄的观点，原因在于日本神话的“世界初创”是自然生成的，不是这三位神创造的，在“世界初创”以后最先出现在日本古老文献中的三位神，就代表了一种心灵结构的事先存在，如同日本神话“世界初创”是自然生成的那般原始，不具有可解释性。对于第一个三元结构，河合隼雄的解读

① 〔日〕河合隼雄：《神话与日本人的心灵》，王华译，生活·读书·新知三联书店2018年版，第7页。

② 〔日〕河合隼雄：《神话与日本人的心灵》，王华译，生活·读书·新知三联书店2018年版，第11页。

带有“存在即合理”的意味。

在论述日本神话中日本国土的生成这一部分，河合隼雄又提出“第二个三元结构”说，即日本神话三贵子：天照大御神、月读命和速须佐之男命，并将他们与高御产巢日神、天之御中主神和神产巢日神进行一一对应。三元结构并没有就此完结，在“国土扩张”中，河合隼雄又列举了日本神话中的琼琼杵和木花之佐久夜毗卖所生的三位神火照命、火须势理命、火远理命三位神，指出这是日本神话中的“第三个三元结构”。在日本国土在日本神话中的诞生主线中，三个三元结构分别处于不同的阶段，在河合隼雄的解读中，这三个三元结构实际上又巧妙地共同构成了一个三元结构，形成了日本神话的整体结构。河合隼雄认为，尽管这三个三元结构中的中间一位神高御产巢日神、月读命和火须势理命在日本神话中几乎没有存在感，仅仅出现了名字而已，但是不妨碍日本神话的三元结构模式，他甚至把这种模式称为“中空构造”。[①] 此外，对于日本神话三元结构的“中空构造”，河合隼雄用力学来解释为“均衡”与“回摆”，力证日本神话并不存在极端的情形。如此一来，这就表明他青年时期因日本神话被军国主义分子利用便将日本神话与军国主义的极端特征同质化的看法存在问题。在晚年，河合隼雄通过这部著作还了日本神话一个清白。与此同时，按照河合隼雄的“生活本身就是对神话的探索”这一基本判断，生活从未停止，神话就不应该是停止的，即神话探索应该成为贯穿人的一生的任务，那么，支撑以神话探索为任务的人的一生的心灵结构也就成了贯穿神话的线索，溯源日本神话的结构，实际上就是溯源日本人的心灵结构。换言之，追溯到日本神话诞生的时代，三元结构就已经是日本人的心灵结构。

三　“开放性的个性”：发生学意义下的对全球化中的多元秩序的诉求

如果我们仅仅将通过神话溯源而来的日本人心灵结构是一种三元结构

① 〔日〕河合隼雄：《神话与日本人的心灵》，王华译，生活·读书·新知三联书店 2018 年版，第 183 页。

的观点看作河合隼雄这部著作的主旨是远远不够的。溯源日本神话的结构，并将其与日本人的心灵结构相对应，并不仅仅是为了强调日本人的心灵结构的丰富性，更是为了以溯源神话的方式强调发生学意义下的多元秩序的存在合理性及其对于全球化的意义。这是河合隼雄为了在全球化中建构新的日本文化论的一个重要前提。他认为，如果没有对多元秩序的承认，始终将以欧美为代表的基督教文化或者以中国为代表的儒家文化作为世界文化的代表，那就难以从中为日本文化寻找到合适的位置，新的日本文化论就难有立论基础。

此外，河合隼雄所提出的三元结构是从荣格心理学的视角提出来的，这一理论学派源于西方，自然是以西方的经验为基础。强调日本神话同样是一种世界宗教史中常见的三元结构的原始模型实际上就意味着这让日本神话也获得了与世界宗教同样的主体性地位。但是，这种主体性地位又同时让日本神话面临一个难题，即既然日本神话与世界神话同样是三元结构，那么就可以将其归结到西方神话阵营中，不必单独列出也未尝不可。换言之，这种对主体性地位的强调会带来以同质化的方式使其成为隐身主体的后果。显然，矮化日本文化并不是河合隼雄愿意看到的，也与其抱负相左，正如他在这部著作中强调的那样，他想要寻找的是“开放性的个性”。因此，为了避免当隐身主体的后果的出现，河合隼雄创造性地提出“中空构造”这一概念，既以全球立场强调日本神话在三元结构上与世界神话之间的共通性，又以日本立场突出日本神话的三元结构的“中空构造”使其与世界神话相互区别，以此达到为日本文化寻找其所谓的“开放性的个性”的目的。

然而，在河合隼雄利用荣格心理学的分析方法对日本神话的结构的解读中，对多元秩序的诉求导致了一种削足适履式的分析，片面强调日本神话中三元结构形式的存在，却忽略了这种三元结构形式本身之于日本神话的意义，从而造成按照其所谓的对应的日本人的心灵结构（或者思维方式）来反观日本神话的整体时却难以形成逻辑自洽的解释。例如，在举例论证三个三元结构时，河合隼雄有意地只是选择了日本神话中的某些神，而不是从整体上对日本诸神的结构进行分析。尤其是这三个三元结构中的九位神之中包括的天之御中主神、月读命等都不是日本神话的主角，日本神话的诸神也素来不止包含这三个三元结构的九位神，而是有“八百万神”之说。如何解释这三个三元结构的诸神在日本“八百万神”中的代表性，使之成为日本神话结构性的代表，这一关键问题在河合隼雄的这部著作中并未提及。此外，尽管河合隼雄有意寻求多元秩序的基础，但是，这三个三元结构在神话的不同部分并非贯穿始终的结构基础，而是各自有所演变，有的甚至成为一元的秩序。例如，在第二个三元结构中，月读命除了名字出现过数次以外，在整个日本神话中就没有其相应的位置，毫无存在感。天照大御神成为高天原的主宰神，而速须佐之男命被流放驱逐。如果三元结构是一种稳定结构，那么为什么高天原的主宰神只能留天照大御神一位，而不是其余两位同时主宰高天原？“世界初创”为什么又有三位神并存？《古事记》中最早出现的主角神——伊邪那岐和伊邪那美为什么又是一对，而不是三个？比起第一个三元结构的三位神，这两位神才是日本神话中浓墨重彩描写的神。这些问题都是河合隼雄在为了强调日本神话三元结构时所忽略的问题，而这些问题涉及的却是日本神话中的重要诸神以及构成日本神话完整性的关键。在这种忽略态度中，不难发现河合隼雄为了全球化中的多元秩序的诉求而通过荣格心理学分析日本神话时采用了削足适履的做法。

四　作为全球化与日本文化论纽带的日本神话

尽管如此，在《神话与日本人的心灵》这部著作中体现出来的对多元秩序的诉求依然是全球化中新的日本文化论的外在的立论基础。如果缺少全球化中的多元秩序基础，那么新的日本文化论就难以展开。这种新的日本文化论并非要陷入一种多元主义的相对主义然后重蹈极端主义的覆辙，而是要以与全球化接轨的姿态重新融入世界文化当中，成为其中不容忽视的一元。要实现这样的宏伟目标，仅仅有 80 年代撰写的《传说与日本人的心灵》是不够的，如果不能将日本神话纳入其中，那么新的日本文化论就不是完整的，同时，日本神话作为“日本文化根源”的意义给了新的日本文化论内在的立论之基础。换言之，《神话与日本人的心灵》这部著作要传递的一个观点是，在全球化中，对多元秩序的诉求以及新的日本文化论的建构之间，日本神话才是联结二者的纽带。那么，这根纽带是如何起到联结作用的呢？

首先，河合隼雄赋予日本神话以价值理性，而不是工具理性的地位，并引用日本哲学家中村雄二郎“神话的智慧”来称呼，以体现日本神话作为一种足以比肩“科学的智慧”并能对其进行价值理性补充的对普遍性的解释。“科学的智慧，越向前发展，其研究对象及其自身愈加细化，使得研究对象丧失了它与我们形成有机联系的意识上的整体性，因此其对研究对象的影响也只能是部分的……神话的智慧的基础，源于我们将周围的事物及由其构成的世界作为具有浓厚宇宙论意义的存在来把握的根本性欲求。”① 全球化的发展离不开近代科学，但是近代科学要朝着正确的方向发展离不开人类生活的关怀。能够给予这种人类生活关怀，且又与科学同样具有“宇宙论意义”的关怀，在河合隼雄看来就是神话。科学本身就是寻求一种对世界进行普遍性解释的理论。作为可以对科学进行价值理性补充的神话，可以对人的欲望进行普遍性的把握，不论日本神话，还是世界其他神话都是如此。这样一来就将日本神话纳入了全球化视野之中。

其次，河合隼雄通过故事体系本身所具有的联系功能，强调日本神话之于日本民族所起到的团结作用，来体现日本神话的日本本土性和日本文化论的整体性。河合隼雄在书中提道，“一个部族要拥有作为部族的紧密统一，他们必须共同享有自己独特的故事体系”。② 这种联系功能在他看来不仅仅是使日本人与特定的事物发生“联系”，而且使人们彼此之间因为分享这种联系而产生了日本人的人际关系。基于此，他认为“‘神话的智慧’在现代的缺失，则表现为‘关系丧失症’”。③ 换言之，他认为现代人与人之间的关系的丧失就在于丧失了对现实生活的神话化。所谓的现实生活的神话化虽然在河合隼雄的这部著作中没有明言，但是从中不难看出他将其视为一种可以凝结人与人之间关系的超能量。例如他把这些生活神话称为“亲子神话”“家”的神话等等，甚至指出，“寻找与自己生活相关

① 转引自〔日〕河合隼雄《神话与日本人的心灵》，王华译，生活·读书·新知三联书店2018年版，第5页。

② 〔日〕河合隼雄：《神话与日本人的心灵》，王华译，生活·读书·新知三联书店2018年版，第5页。

③ 〔日〕河合隼雄：《神话与日本人的心灵》，王华译，生活·读书·新知三联书店2018年版，第9页。

的神话性现象”正是个体的责任之一。[①]

由此已经不难看出，晚年的河合隼雄关于日本神话的研究已经不仅仅是为了纠正自己青年时期对神话的误解这样简单了，其关于在全球化中建构新的日本文化论的抱负已经一览无遗。按照他的说法，这是他对于日本文化论的一个总结。即便担任文化厅的长官，彼时已经处于人生暮年的河合隼雄也没有放弃他的抱负。莫不如说，正是由于担任了日本文化厅的长官这一要职，他才更加迫切地期望站在国家的角度在世界文化中为日本文化寻找合理的位置。只有建立起与世界文化之间的联系，才能够有日本文化的一席之地。在河合隼雄看来，没有比日本神话更适合于承担起其中的纽带作用的了，他认为日本神话既具有世界其他神话的普遍结构特征，又是日本文化的根源所在。

然而，正如前文所分析的那样，关于日本神话的三元结构特征这一点尚缺少足够的论证。从逻辑上而言，三元结构很难成为关于日本神话的自洽性的解释。在这一前提之下，日本神话还能否成为全球化中对多元秩序的诉求与新的日本文化论之间的纽带就成为亟须回答的问题。与此同时，尽管人类学家列维·斯特劳斯很早以前就提出过人类的思维方式中普遍存在二元对立的思维结构，但是，河合隼雄期望提出的日本人的思维结构是三元结构，来证明日本人的心灵结构比二元结构“丰富”，也依然是在结构主义的框架下进行的阐述。这种结构主义的思维使他既无法解释既然三元结构是日本文化的根源却又为何还是被后来的军国主义分子所利用，并诞生了日本法西斯？也不能够解释现代日本的文化与古代日本的文化之间的不统一性又是如何形成的？因此，尽管河合隼雄在《神话与日本人的心灵》这部著作中利用了西方理论学派，却同时也被西方理论学派所禁锢。

① 〔日〕河合隼雄：《神话与日本人的心灵》，王华译，生活·读书·新知三联书店2018年版，第11页。

淮河保护神淮渎爷之研究

甘心田　张胜利[*]

淮渎爷是中国淮河流域民间供奉的水神，是黎民百姓对淮河水神的尊称。占全国人口八分之一的淮河流域，古代沿淮河建有好多禹王庙、淮渎庙。经历代至清末战乱大多已无存，可在千百年来饱受水患折磨的淮河流域百姓心中，虽说不清淮河水神是谁，千家万户却知道耳熟能详的淮渎爷或龙王爷。洪患求平安或天旱祈雨时，古代人们到淮渎庙遗址或淮河两岸虔诚焚香祈祷，崇拜淮河水神淮渎爷精神之根深植在百姓心中。

一　巫支祁为淮河水神淮渎爷之根据

《上古神话演义》：巫支祁，又作无支祁、无枝祈、巫支祈等，是出生在桐柏山的水精猴怪。

《太平广记》卷四六七引《戎幕闲谈》（唐韦绚撰），其中讲水神巫支祁，“高五丈许，蹲踞之状若猿猴”“缩鼻高额，青躯白首，金目雪牙”。它神通广大，“力逾九象，搏击腾踔疾奔，轻利倏忽”。

《戎幕闲谈》此段文字出自唐李公佐《古岳渎经》。《古岳渎经》写道，元和九年春，李公佐陪伴太守元公锡游览洞庭湖，登上包山，住在道士周焦君修炼地。他们进入山洞，翻阅古籍，找到一本古岳渎经第八卷。文字古老奇特，有的地方被蠹蛀了，不易理解。书中写道：

大禹治水时，三到桐柏山。桐柏山刮大风，响惊雷，石头呼号，树鸣叫，神怪五伯兴风作浪，天老起兵作乱，大禹调动不了他们很生气。大禹

* 甘心田，河南省桐柏县党史研究室原主任；张胜利，中国佛学文化保护发展中心执行主任。

召集百种神灵，找来夔和龙，桐柏山神千君长也请求参战。于是大禹囚禁了鸿蒙氏、章商氏、兜卢氏、犁娄氏。又捉住了淮河、涡水中叫巫支祁的水神。巫支祁善答别人问话，能分辨长江淮水深浅，平原沼泽地带的远近，形状像猿猴，小鼻子，高额头，青色身躯，白色头发，眼露金光，牙齿雪白，脖子伸出有一百尺长，力气超过九只大象，攻击、搏斗、腾跃，奔跑迅速敏捷，身体轻灵飘忽，只是不能长久地听声音、看东西。大禹奏乐曲给它听，降服不了它；把它交给鸟木由，也制服不了它；把它交给天神庚辰，才打败了它。上千个鸱鸟、脾桓、树精、水神、山妖、石怪，奔跑号叫聚集环绕保护巫支祁，庚辰用武力把它们打跑了。巫支祁力战庚辰等七位天将，庚辰飞到半空中，给巫支祁脖子锁大铁链，鼻子穿金铃，才把巫支祁拿获降服，送到洪泽湖龟山脚下，后转锁于淮河发源地淮渎祠千年淮井中。此后，人们都画巫支祁图形，希望风平浪静，以免除淮河洪水波涛灾难，祈求淮河水永远平安流到海里。

中国现代神话学大师袁珂先生在《中国神话传说词典》水神条称："龙王、共工、应龙、无支祁皆属水神。"袁珂先生在《西游记散论》中考证："《古岳渎经》中的无支祁，这些神话人物，由于塑造的成功，在民间产生了很大的影响。人民信之敬之，甚至为他们立祠造像。"

1915 年版《辞源》中，巫支祁的词条是"淮水神也"。

旧时在河南省黄河附近出土的铁铸巫支祁坐像，曲颈偻背，头有双角，高约一米，背上刻有宋徽宗赵佶"大宋建中元年三月□日造"。"建中"元年，即 1101 年，据今已近千年。考证在黄淮流域，巫支祁已被供奉为淮河之神，即实质上的淮渎爷。

《上古神话演义》："巫支祁独霸淮水流域，已自称为淮水之君了，所以他的儿子都称太子。"巫支祁还在龟山脚下，现在的洪泽湖建了宫殿，俗称龙宫。分别在河南省的光山县北、安徽省的霍邱县西和怀远县东建了三座宫殿，让三个儿子各镇守一方水域。"他又扩张水域势力，振起洪水，将淮水下流与长江下流合二为一。""自桐柏山以南，直至云梦大泽，更通到湘水之源，到处都有他的党羽。淮河流域方圆千里，木魅、水灵、山妖、石怪，都受他的调令节制。"

在淮河中上游的巫支祁神话中，民间传承多称巫支祁为孝子变龙，如桐柏县"淮河的由来""蛟龙探母"等，或称之为良蛟善龙，如信阳"乌龙和乌龙集”“龙蛋”等。在淮河中下游，多称其为水猿大圣、水母或水母娘娘，如淮安市“明祖陵的传说”等。

明杨景贤的杂剧《西游记》，传流到清朝，舞台上的巫支祁，与孙悟空和骊山老母为兄妹关系。

淮河源国家森林公园深峡青峰，有一处古地名叫“二十四扭”。民间传说，当初盘古爷变成太白金星，哄蛟龙吞服用桐柏深山仙树结出的金茶叶后，金茶叶变成了金链环，锁紧蛟龙心脏，太白金星把锁心蛟龙交给了大禹。

大禹牵蛟下山，蛟龙怒气发作、挣扎想飞跑时，大禹就猛勒一把金链子，蛟龙心脏就疼得一哆嗦，打一个滚儿。

蛟龙怒气攻心，想用心头怒火烧化锁紧心脏的金链子，可金链子坚固无比。它挣扎了二十四回，想飞逃，都被以静制动的大禹猛勒金链子，疼痛得陆续打了二十四个滚儿，形成了这曲溜溜的、拐了二十四道弯的古山道。

锁心蛟龙忍痛怒吼咆哮，天上电闪雷鸣，猛雨如盆泼桶倒，更赛天河喷灌，山洪波浪滔天。在轰轰烈烈如千军奔腾万虎齐啸的雷声雨声浪涛声中，慌急的大禹，趁势骑蛟御洪水开淮河，蛟龙一愤怒挣扎，骑蛟大禹就猛勒一把金链子，疼得蛟龙滚一个弯子，就这样形成了两千里淮河无数道河湾。

盘古爷变成的太白金星，手捧拂尘，站在桐柏山云头上，遥望蛟龙导淮入海大功告成，他不放心，为训教神通广大的蛟龙弃恶从善，像孙悟空修成斗战胜佛正果一样，修成护佑淮河水利民安的正果，太白金星就地长久站成了一座高峰，这高峰就是桐柏山主峰太白顶，这拂尘就变成了四季奇势飞动气吞山河的云雾。

从此，蛟龙与大禹成了开出两千里大淮河的功臣。清清淮河波浪欢，风吹稻花香两岸，旱涝保收，物阜民丰，百姓安居乐业。

蛟龙和大禹深受万民万代喜爱，他们把蛟龙看成淮河水神淮渎爷，官府与民间合力建成了淮渎庙与禹王庙，人们顶礼膜拜，祈福求祥。

二　天神庚辰为淮渎爷之根脉说考证

据《山海经》等古籍载，庚辰是威武杰出的上界天神，在万仙之祖西王母的女儿云华夫人东方神主身边做侍卫官长。在洪水茫茫大浪滔天的舜帝时期，大禹受命“敷下土方”，导洪水成淮河入大海。为了使大禹一劳永逸顺利治理天下洪水泛滥，为百姓们水利民安，云华夫人派庚辰等七位本领高强的天将下凡助阵。他们神通广大，移山开河，降妖捉怪，都立下了赫赫战功。庚辰配有上古第一神剑“避水剑”，追随大禹十三年，庚辰先后参与搏杀防风氏，驱逐共工，剿除其大臣相柳，特别是在桐柏山与巫支祁的山精水怪激战中，他大展神威，降服了“千古第一奇妖”巫支祁。这是庚辰建功立业的顶峰，也是他被称为淮渎爷的主要原因。

庚辰为淮河水神淮渎爷之说，主要根据：庚辰曾降服“淮水大怪”巫支祁，有镇妖辟邪之功力，因此舜禹汤周迄今，流域居民为震慑妖邪，弘扬正气，塑其金身，奉为淮渎神以保千里淮河平安。官府文人尊崇代表利民正义降妖除魔的庚辰，怯怕纵洪为患涂炭生灵的巫支祁。明朝凤阳知府，后升吏部尚书唐龙，曾在嘉靖九年（1530）《重修淮渎庙碑记》中说，巫支祁水妖也，如何能为淮神？唐龙想否定巫支祁的水神说，但无典籍可依，他也不便指明庚辰为淮神，这是一种较有倾向性的看法。

日出而作、日落而息的百姓们，既然听文人说庚辰是天降正神，又能降服兴风作浪淹没黎民百姓村庄田地的怪蛟巫支祁，更能震慑其他山精水怪，民间印象，庚辰天公地道就是淮渎爷或龙王爷了。

又传说庚辰是太阳神炎帝的后代，随禹治水，因对淮河源桐柏山感情很深，执意留在淮河源定居，大禹劝说无效，拔剑斩其首，以肃军纪。因他在降伏巫支祁的战斗中有奇功，大禹又将他灵魂封为淮渎神，俗称淮渎爷。

于是，从古至今，盘古爷、淮渎爷、禹王爷，包括庚辰，在淮河源桐柏山，乃至淮河流域口口传承，成了男女老幼耳熟能详的水利民安的保护神。

三 界定淮河水神淮渎爷之考证

研究古籍记载和民间传说，纵观考证比较庚辰和巫支祁，庚辰为淮河水神说，没有巫支祁合情合理。

淮河流域的另一座淮渎神庙，在南北朝以前设在洪泽湖老子山渎头镇，古诗中有“渎头祠下观海潮”句。后因洪水泛滥，渎头祠常遭洪水浸漫，人们认为是水妖兴风作浪，便将渎神祠移建于龟山巫支祁井旁，让淮渎神即淮渎爷监管纵水害民的水怪。

明太祖朱元璋登基，诏封淮渎为东渎大淮之神。每年农历五月十八日举行盛大祭典，祭祀淮渎神淮渎爷。朱元璋还亲临祭拜，以后逐步演变为淮神庙会。

明嘉靖元年（1522）后，重修龟山淮渎庙，淮神淮渎爷像高一丈三尺，比龟山寺佛像一丈二尺还高，也是铁铸的，取金能克木，蛟龙畏金之意。据说神座下就是支祁井，淮渎爷两足踏在井盖上，叩击井盖则嗡嗡作响。

据此，淮渎爷是庚辰，而不是巫支祁了。

明代起将龟山庙濒淮的山坡修成石头岸，保护神殿的灵气，也不泄明祖陵的王气。

明末清初的战乱，尤其是康熙年间的大水，淮渎庙和龟山寺等所有建筑都被滔天洪水冲得荡然无存，连铁佛也沉入水府。

清道光十三年（1833）至清道光十七年（1837），江南河道总督麟庆检阅洪泽湖老子山水师时，至龟山访古，遭受水灾的无梁殿已残破不堪。据渔人指点，淮河的水中有铁佛像，麟庆便派人泅水捞出部分佛像和神器，命筹资建庙，将淮渎庙残存的神像一并供奉其中，奏请道光皇帝题匾“星渎昭灵”，由清朝体仁阁大学士阮元题撰《移建安淮寺碑记》，置于原淮渎庙前。

《上古神话演义》却别有根据：庚辰在功成后已返天界，庚辰是由主管东方之神的云华夫人借给大禹做侍卫的。在大禹治水成功后，帝舜论功行赏，要给七天将晋官封爵，而庚辰和天将童律、大翳、狂章、黄魔、乌木田都毅然返回了天界，只留下贪恋富贵的繇余，被封到吴地做了诸侯。

《博物志·异闻》云“水神乘龙鱼”。袁珂先生考为“则水神与鱼龙有关”。《尸子》称水神之状为：“白面长人鱼身。”如海神禺疆是“鱼身手足”，水伯天吴为“八首人面，八足八尾，背青黄”之兽。长江神奇相，是“马首龙身”。黄河伯是“人面鱼身”。蜀江神李冰，“初为牛形，后为龙身”。

而应龙及龙王都是龙身。《中国神话传说词典》：“水神或为蛇、龙或为牛猴，无非或鱼或兽。”《上古神话演义》形容人形的庚辰“面如满月，束发金冠，唇红齿白，颇有秀气”。既非鱼也非兽。作为早已得道成仙的天神，庚辰不可能降低身份到凡间做地仙，也无欲望在淮河蛟蛇泥沙腥草环境生活。古籍中出现庚辰洪水时期受命佐助大禹治水，功成后即返天界。此后，历代典籍上均无庚辰水神的记载。

《易经》中庚辰为干支之一，顺序为第17个。前一位是己卯，后一位是辛巳。论阴阳五行，天干之庚属阳之金，地支之辰属阳之土，是土生金相生。庚辰有据可查最早见于殷墟甲骨中。

《说文解字·卷十四庚部》："庚，位西方，像秋时万物庚庚有实也。"中国科学院紫金山天文台编撰的《通用万年历》说，传统纪年农历的干支纪年中一个循环的第17年称"庚辰年"。这当然与水神庚辰无任何内在联系。

巫支祁为淮河水神淮渎爷的论据较多。典籍有记载，宋代出土文物铁质神像和广泛民间传说，巫支祁在宋朝为淮河水神淮渎爷，历代就沿袭传承为定制。巫支祁猴形、龙身，神通广大，就是淮河鱼蛟精怪的形状，适宜做水神，他在大禹导淮前已自封为"淮水君"。

自20世纪20年代后，国内外诸多专家学者考证，巫支祁是《西游记》主人公孙悟空的原型。影响海内外的淮河"千古第一奇妖"巫支祁，即鲁迅《中国小说史略》称的孙悟空原型，自唐朝以来，经常出现在诗、书、画和民间的说唱话本中，活跃在金、元、明、清老百姓喜闻乐见的戏剧舞台上。

抚今追昔淮渎庙，庚辰与巫支祁到底谁是淮水之神淮渎爷，迄无定论。《西游记》文化研究会权威刘怀玉等专家教授，学术造诣深厚，他们都明确指出，淮河水神淮渎爷应以巫支祁为主。把巫支祁考证为淮河水神淮渎爷，在淮河流域有土生土长接地气的亲和力。

四　淮渎爷庙宇御封祭祀简述

据不完全统计，历史上对淮渎庙淮渎爷的御封分别是：唐虞朝代赐封"四渎视诸侯"；《史记·殷本记》进一步标清方位："东为江，北为济，西为河，南为淮。四渎已修，万民乃有居。"战国《尔雅·释水》把淮渎列为第三位：江、河、淮、济为四渎。秦始皇统一天下，在传承尧舜夏商周战国敬祀淮渎爷的基础上，在名山大川普遍设立神祠，五岳四渎都有神庙，扩建淮渎祠供奉淮渎爷。汉宣帝下诏建立四渎祠，定为国民正式大典，每年举行隆重祭仪。司马迁《史记·封禅书》载："至秦称帝，都咸阳，则五岳四渎皆并在东方。"汉晋朝代沿袭"位比诸侯"。五代十国南北朝为"淮渎长源王"，隋朝上升为"东渎大淮之神"；唐玄宗下诏封四渎为公，封淮渎神为长源公。宋废祠立庙，宋仁宗封四渎为王，淮渎神叫长源王，品位祀典更是盛况空前。元为"长源博济王"；明为"东渎大淮之神"；清为"淮渎之神"，随即又封为"东渎通佑大淮之神"。从最初的"视诸侯"一直加封到"长源博济王"、"大淮之神"。

这当然是帝王制的观念，其实古人尊重淮渎爷就是尊重淮河，淮河作为世界十大母亲河流之一，对人类万物的生态、经济、社会等贡献，无可限量，不是用帝王将相这个尺度概括得了的。

古代对淮河之神淮渎爷的祭祀是国家级祭祀活动。

据不完全统计，在淮渎庙几千年的历史长河中，皇帝钦命遣官祭淮文字记载较多，有 19 位皇帝登基时举行隆重祭淮活动。历代帝王登基，均选派德孚众望的钦差大臣朝拜，以祈风调雨顺，人寿年丰。明代开国皇帝朱元璋，家系淮河流域凤阳人，他对淮渎爷更是崇拜备至。洪武三年（1370）十一月，朱元璋钦制《定各神号诏》，把淮源列为四渎之首，祭淮隆重而又频繁。清康熙帝是一位勤勉国事的帝王，据不完全统计，康熙帝执政六十一年，祭淮达十二次。清康熙三十三年（1694），康熙帝曾御笔亲书"灵渎安澜"。清雍正八年（1730），雍正皇帝御笔"惠济河漕"。清乾隆五十八年（1793），乾隆帝亲书《淮渎神庙碑记》，淮河"发源桐柏山，经寿凤淮安会黄河入海。两岸为膏腴之地，鱼米之乡"。

笔者谨据《雍正河南通志》《大清一统志》等史料不完全摘记，从汉朝至清朝，历代帝王祭淮达六十六次。这在中国神州大地诚谓蔚为壮观的历史遗迹了，但由于个中年代旷久，史笔遗漏在所难免。

秦、汉、晋、隋、唐、宋的祭淮圣旨想必数目一定浩繁，遗憾已淹没于旷古遥远的历史长河弥漫云烟之中了。据《乾隆桐柏县志》载："国（清）朝祭（淮）文凡碑字残缺剥蚀者从阙不载。"我们掩卷叹息，可见前朝祭淮文失落得该有多少！

自古水火无情，江淮河汉，为大自然亿万年形成，炎黄尧舜朝代之前，大江大河已存在，只是大禹奉舜帝命令，率工匠丁众，把这些淤积堵塞的大江大河，因势利导畅流入海。即使是用高科技、生产力发达的现代的眼光看，这也是功勋卓著的人类奇迹。

历代帝王视桐柏淮渎爷淮渎庙为吉祥祈福之圣地，皇帝派使臣祭淮祈雨以求丰年。皇帝诞生长子，边疆将帅凯旋诸类喜庆事宜，均来淮源拜谒。康熙五十和六十大寿，先后特遣翰林学士与兵部侍郎风尘仆仆前来祭淮，以求延年益寿。朝廷钦差大臣水路舟渡车载轿行，辗转桐柏山野草路，其礼仪之隆重可想而知。

若有幸能从国内外馆存与家藏善本中，搜集到历代帝王们的丰富祭淮资料，从考察古代风物人情，自然演变，社会生态等角度瞩目，请大手笔创作成纪录片或动漫电视剧，对当代和将来由歌颂淮渎爷，到研究淮河生态水利事业，委实具有难能可贵不可替代的社会、生态、文化、经济等价值。

五　淮渎庙淮渎爷建筑与迁移述略

历代治国帝王囿于历史的局限性，迷信自然界的威力。因此，祭祀名山大川，寄水利希望于神灵庇佑，几乎成了帝王治下必不可少的大事，祭祀淮渎爷的淮渎庙应运而生。

据《资治通鉴》载，中国供奉淮渎爷最早的淮渎庙，又称淮渎祠、淮源庙，是否立于尧舜，已无从查考。秦朝立淮渎祠于桐柏山主峰胎簪山，又称太白顶，千里淮河第一井下东北麓的固庙村，最具体记载淮渎爷庙祠的，当数元朝至正四年（1344）前翰林待制吴炳《重书桐柏淮渎庙隶字碑》：“汉桓帝延熹六年（163）正月八日，南阳太守中山卢奴君立淮庙二碑于桐柏西南三十里。”庙宇有“石兽表道，灵龟十四”。《水经》亦载：淮渎爷庙“庙前有碑，是郭苞立，又二碑，延熹中守令所造”。

综上，秦汉已建筑传承祭祀淮渎爷的淮渎庙，乃考之有据。至于淮渎爷淮渎庙因何迁移，亦是脉络清晰，有文字可依。《乾隆桐柏县志》载，宋太祖年间，天下一统，盛世兴庙，皇帝“遣使临视”淮源，因固庙“地方湫隘，渊流阻洳”，朝廷遣臣前来祭祀交通不便，移淮渎庙于“群山峙前，长淮环后”地势开阔，船轿车马有回旋余地的桐柏县城东隅龙潭河畔。从此，胎簪山下的淮渎庙旧址被称为故庙，民间越千年又传称固庙。

清朝《嘉庆南阳府志》载：“自开宝中移淮渎庙三十余年后，至大中祥符七年（1014），圣旨光大庙宇，大兴土木，令翰林画工起草工程图，定八作大匠负责营缮，征发唐、邓、许、颍四州屯兵至桐柏修庙。朝奉大夫、赐紫金鱼袋路振奉旨撰文勒石。”可见当时气象之盛大。

乾隆《桐柏县志》载，宋朝初期后，淮渎庙经历朝历代风雨侵蚀战火兵乱，想必已残缺破旧。因此，至明宣德二年“修补正殿寝殿等处共八十七间，其余香殿碑楼等房共四百三十九间未葺”。明“成化中，工部尚书王复题准。大修淮渎庙，中建正殿七间，翼两宅各十二间，左右钟鼓楼碑亭各二间，前戟门五间，东西各建公馆五间，东翼两厢共十间，中御香亭，左神库，右牲房，门楼西向；又建道房五间，翼两厢共十间，门楼东向。四周十垣计丈百九十，砖券山门三间，东西南门各一间。淮源官田五顷五十亩”。古代一顷为100亩，官田550亩，可见淮渎庙财粮供养之丰盛。

又据康熙三十五年（1696）田雯《游桐柏山记》：“淮渎庙在县城东一里，制如柏梁，温室华宇修整。檐前四柱采八风之黑石，以火齐饰之神严轩冕之容。左列玉磬，右陈龟轮……庙有汉柏六。汉碑一，延熹六年立，剥落欲尽。石门神二，文即奇古，隶书绝工，惜存其半。又铁狮二，盖唐物也。它多宋元碑，不可卒读。”《中国名胜大词典》亦载：“北宋庆历三年（1043），淮渎庙铸一对铁华表，上部及基座饰俊秀朴实的莲花。”“元天历二年，铸一对铁狮子，制作精美，造型奇特，栩栩如生，是元代冶铸精品。”仅从元至元二十二年（1285）至清乾隆五十三年（1788），先后九次大修淮渎庙宇。

当今桐柏县固庙村还有淮源井一眼，神话传说，大禹治水曾锁蛟巫支祁于此井中，被称为千里淮河锁蛟井。1982年国家淮委指定专人专款于此建淮源展览馆，广受五湖四海游客好评。

六　淮渎爷庙宇古柏考证

对敬奉淮渎爷淮渎庙的古柏，史书记载颇雅。《嘉庆南阳府志》载：“淮源庙有汉柏六株，其中有跟斗凤翅鹳嘴玉柱诸名。”康熙《桐柏县志》记述：清顺治十三年（1656）春，因雷电触及，“淮渎庙汉柏焚，香闻数里”。清贡燧《谒淮渎庙》描绘：“铁狮当伏马，怪柏学飞龙。鹤唱千岩绿，鹃啼五夜红。”可见前人对淮渎庙古柏印象之深。善本记，淮庙虬柏，乃桐柏古八大景之一。

宋朝淮渎爷淮渎庙迁移前，汉植柏树，应在城西三十里淮渎故庙才合理。但前人著史倾注心血良苦，断少虚构不实之语。尊重古籍，乃后人严肃缜密修史的起码文德。以上史志皆证城东北隅淮渎庙植有汉柏，肯定是移庙前所植了。宋代移庙，是因为桐柏县城东北隅地域寥廓，前金庭观、麒麟峰、翠屏山列山雄峙，后淮源河、水帘河（又称盘古爷河）、唐冲河（又称银盘河）等淮水捧绕，东南依靠龙潭河，土壤深厚。此处宋朝前大略亦非等闲之地，是否建有庙宇，尚无史料可考。汉时曾于此种植柏树，当在可能之中。

《淮系年表水道论》考证后认定："宋移（淮渎庙）于今处，庙中旧有桐包柏一株，为古代遗物，山与县由此得名，清末毁于火。"这与康熙《桐柏县志》"淮渎庙汉柏焚，香闻数里"不谋而合。但这些记载只说明一棵汉柏焚于清朝初期，一棵宋前桐包柏焚于清末，未言明"桐包柏"是否汉柏，而桐柏山在夏禹时期已由树得名，此柏当在夏朝之前了。对这样神奇的历史之谜，还需专家学者下功夫考证。

如今，淮渎庙为桐柏县学府所在地，书香宜人的校舍之中，健在两棵古柏，一棵在老一高第二进院路西，一棵在老一高第三进院路东，皆胸径丈围，且枝桠遒劲，茂盛葱茏，其古风神韵与县城文化馆（古文庙）的两棵虬龙古柏交相成趣，更壮淮河源桐柏古山城生态文明的文脉神威。

据桐柏县一高中年逾八旬的老教师唐道德回忆，冯玉祥将军当年扒庙改学校，冯将军司令部曾驻桐柏县城淮渎庙，他令精壮兵丁用钢绳铁索拉倒淮渎爷雕像，但费了好大力气，淮渎爷雕像岿然不动。兵丁十分纳罕，扒开雕像看，不由肃然敬重，见一壮汉合抱粗细的五尺高扎根柏树桩，作为淮渎爷雕像内骨。冯玉祥将军亲自观看，据此研究，长在此处的粗壮柏树，当在宋真宗大中祥符年间移建县城淮渎爷淮渎庙之前，已在当地生长茂盛，当时树龄长达五百年左右。皇帝代表国家，肯定聘有国宝级地理勘察专家，到淮河源各地沿淮慎详观察，广泛比较，优中选优择其中吉祥胜地。他们选择的淮渎爷雕像，居淮渎庙中轴线核心位置，而为何这棵古柏恰好生长在此吉祥位置？这一问题令古今中外专家学者感觉不可思议，也给我们留下兴趣盎然的神话考证研究线索。

第三编　盘古神话

中国盘古神话的母题结构与活态传承

王宪昭*

盘古，在中国可以算得上是最知名的创世者，可谓妇孺皆知。许多民间叙事作品的开头也忘不了加上一句“自从盘古开天地，三皇五帝到如今”作为开篇语，表现出中国民众求本溯源的文化传统和对盘古的熟知。当然，神话作为人类最早出现的重要的文化产品和历史记忆的载体，在漫长的多渠道传承过程中具有发散性和变异性。有关盘古的神话在中国不同地区和众多民族中广泛流传，具有活态文化记忆的动态性特征，体现出叙事内容、叙事主题与母题组合的多样性与不确定性。这种现象既反映了不同时代、不同地区、不同民族语境下的文化交流与互动，也体现出中华民族盘古崇拜的经典性与代表性。

一　中国盘古神话传承中的几个基本形态

关于盘古的最早记载可以追溯到三国时期吴国人徐整的《三五历纪》，这本书记载“天地混沌如鸡子，盘古生在其中”，盘古出世后“乃有三皇”。三国时代距离今天已有1800年的历史，但人们普遍认为文献神话滞后于口头神话。关于盘古在民间的出现可能更早。

盘古这个形象，在流传过程中具有多种形态。

笔者通过对各类盘古神话的文本阅读与田野调查发现，有关盘古创世神话的资源大致可以分为如下几类。（1）文献神话。以文字形式记录下来的神话，包括古文献和现当代搜集整理出版的神话。（2）口头神话。民间

* 王宪昭，中国社会科学院民族文学研究所研究员。

讲述人讲述的神话，包括以录音、录像形式记录下来的神话，属于活态神话。（3）文物神话。有关神话的历史遗物、遗迹，包括当今一些民族和地区大量的盘古庙遗存。这是需要再解释、解读的神话。（4）民俗神话。民间祭祀、节日、集会等民俗活动中的神话，属于活态神话。（5）新媒体神话。包括动漫、游戏、景观开发等通过创新性转化产生的神话。

上述各种载体关于盘古的记载与描述，表现出盘古神话的丰富性与多元性。然而，在当今神话学研究的大背景下，如果不对这些资源进行分类，并在此基础上做好定量与定性分析，就难以对盘古神话的体系性做出准确的判断，也不利于对这一特定神话现象的深入研究。对此，本文试图以目前掌握的大量盘古神话叙事文本为基础，借助母题方法，对盘古创世神话的母题类型与构成作相应的梳理。

二　中国盘古神话母题的十大类型结构及层级描述

所谓神话“母题”，主要是指“神话叙事过程中的最自然的基本元素，这些元素可以在神话的各种传承渠道中独立存在，也能在其他文类或文化产品中得以再现或重新组合。母题具有客观性、直观性、流动性、可组合性等特点”。[①] 一般而言，任何类型的神话母题都会表现出如下特征：（1）母题表意的客观性和直观性。尽管不同的神话研究者在母题提取时会带有一定的个体主观色彩，但一般不会完全歪曲神话文本自身的客观性。（2）母题在结构功能方面具有组合性和流动性。根据表现目的或主题的需要，不同的母题可以按照一定的规则组合形成母题链，这个母题链一般具有较为明确的表意，通过观察这些母题链的组合方式，不仅可以考察特定神话类型叙事本身的特点，也可以从中考察文化创造的内在规则。（3）母题是神话分析的特定单位，也是读者从神话叙事过程中可以感知的基本元素，据此可以对不同时间、不同地区、不同民族出现的神话文本进行定量和定性分析。

本文为了表述的直观，将盘古神话中的母题分为十大类型，并细分出

① 王宪昭：《中国神话母题 W 编目》，中国社会科学出版社 2013 年版。

800多个不同层次的母题。其中，关于“母题及母题描述”最大划分为5个层级，采用小数点标示的方法。母题代码中的“数字”可以是自然数，也可以是小数。小数并非按“十进制”的数字系统。不同层次的母题序列能反映出各类母题的层级关系。限于论文篇幅，本文只提取其中一些具有代表性的母题，对中国不同民族和地区出现的盘古神话母题的类型、结构与具体表述，作一些简单呈现，以期读者能够据此对中国盘古神话获得大致的认知。

（一）盘古的产生

关于盘古的产生，既有诸神起源神话类型中一般神话人物产生的基本母题，也有将盘古作为特定的文化祖先和创世大神的特定叙事，体现出盘古产生的丰富性和复杂性。

1. 盘古来自某个地方或自然存在。如汉族神话中的“天降盘古”“玉皇大帝派盘古女娲下凡”，壮族神话中的“盘古被贬人间”等。

2. 盘古是造出来的。如汉族神话中的“大神造盘古”，侗族神话中的“如来造盘古”等。

3. 盘古是生育产生的。这类情况的母题数量众多，又可以划分出许多下一级类型。（1）混沌生盘古。如汉族神话中的“混沌的天地生盘古”“盘古在混沌中经历一万八千年产生”。（2）天地生盘古。如汉族神话中的“像鸡蛋的天地中生盘古”“像大西瓜的天地中生盘古”。（3）地生盘古。如神话中的“地中央孕育盘古”。（4）世界或宇宙生盘古，如汉族神话中的“像鸡蛋和西瓜的世界生盘古”“像蛋的混沌宇宙生盘古”。（5）自然物中生盘古。如汉族神话中的“鸭子潜水取泥形成的泥团生盘古氏”“世界最早产生的大气团生盘古”“昆仑山吐血水生盘古”。（6）神或神性人物生盘古。如毛南族神话中的“盘古是土地神的子孙”，瑶族神话中的“云变成的女子感青草生盘古王”。（7）卵生盘古。如汉族神话中的“混沌聚成的卵生盘古”“混沌的天地卵生盘古”“混沌卵在阳气的作用下生盘古”“九条龙孵龙蛋孵出盘古”“大鸟在天和地合缝处下的蛋生盘古”，土族神话中的“混沌孕育的石卵生盘古”，苗族神话中的“天地生的卵生盘古”“修狃老公公生的修狃蛋生盘古”等。

此外，还有与生育盘古有关的其他一些相关母题，如有的叙述生育盘古的时间，如汉族神话中的“盘古出生用了四十九天”；有的叙述生育盘古的性质，如汉族神话中的“盘古是灵胎”“盘古再度转世”；有的叙述生育盘古的情形，如汉族神话中的“盘古从母亲的腋窝方出生”，白族神话中的“盘古出生时天崩地裂”等。

4. 盘古是变化产生的。如汉族神话中的“女神江沽化为盘古”“猿变成盘古”“龙的血化生盘古”母题，侗族神话中的“蟠桃变成盘古”等。

5. 婚姻生盘古。如汉族神话中的“天地婚生盘古”，瑶族神话中的“女子感生盘古”等。

关于盘古的产生还有许多辅助性母题，诸如“盘古产生的原因”“盘古产生的时间”“盘古产生的地点”“盘古产生的过程”“盘古产生的结果”等，如汉族神话中的“盘古产生在混沌之初”“盘古产生在万年前”“盘古生日是农历三月初三”“盘古与地母同时产生”“盘古出生在王屋山东面的山上”，瑶族神话中的“盘古产生在洪水后”“盘古生日是农历十月十六日”，土家族神话中的“盘古产生在鸿钧老祖之后”等。

（二）盘古的特征

盘古的特征是反映盘古形象的基本母题，不同的神话文本形成了关于盘古的独特体征、性格体征等丰富叙述，这些母题使盘古形象变得非常丰满，并为盘古在不同时空的广泛流传提供了条件。

1. 盘古的身高。如汉族神话中的“盘古身八尺”“盘古身高九万里”“盘古身高几万里”“盘古如天高”，土家族神话中的“盘古身高一丈二尺五寸”，白族神话中的“盘古身高一丈八尺”，侗族神话中的“盘古身高三丈六”等。

2. 盘古的外形。如汉族神话中的“盘古龙首人身”“盘古人首龙身”“盘古龙头蛇身”“盘古牛头马面龙身”“盘古三头六臂两角”“盘古是龙头蛇尾”“盘古鸡头龙身”“盘古是狮头人身”“盘古龙头人身”，仡佬族神话中的“盘古虎头人身”，土族神话中的“盘古浑身长毛”等。

3. 盘古的力量、行为特征。如汉族神话中的“盘古力气巨大”“盘古的声音成为雷”，侗族神话中的“盘古力能托天”“盘古说话像打雷”等。

4. 盘古的性格特征。如汉族神话中的“盘古是个急性子”“盘古心眼好”“盘古性格实在”。

（三）盘古的身份

1. 盘古是神。如汉族神话中的“盘古是天父（天神）”“盘古是地神老地爷”“盘古是盘古山的保护神”，畲族神话中的“盘古氏是开辟首君”，苗族神话中的“盘古是开天神”，毛南族神话中的“盘兄古妹是两个神”，壮族神话中的“盘古是始祖神”等。

2. 盘古是神性人物。如汉族神话中的“盘古氏是天地万物之祖”“盘古兄妹是人祖”“盘古爷是人根之祖”“盘古和女娲成为菩萨”“盘古是神人”“盘古是圣人”“盘古是怪物”“盘古是蚯蚓精”，布依族神话中的“盘古是人的始祖”，土家族神话中的“盘古是神仙”“盘古是仙人”，侗族神话中的“盘古死后成为神仙”“盘古修炼成佛”，白族神话中的“盘古盘生兄弟造天地后成仙”，苗族神话中的“盘古是巨人”等。

3. 盘古是特定的人。如汉族神话中的“盘古是世上第一人”“盘古兄妹是最早的人”“盘古是种田人”“盘古是读书郎”，侗族神话中的“盘古是华夏人氏”“盘古是超人”，苗族神话中的“盘古是帝王的佣人”，白族神话中的“盘古是砍柴人”等。

4. 盘古是动物。如汉族神话中的“盘古是龙”“盘古是蛇”等。

5. 盘古是管理者。如汉族神话中的“盘古的神魂管辖一切神鬼”“盘古是天地万物管理者”“盘古管理婚姻”“盘古是帝王”“盘古治世 19999 年”“盘古管风雨”，布依族神话中的“盘古管理天仙、人和龙”等。

6. 与盘古的身份有关的其他母题。如汉族神话中的“盘古是造物者”“盘古氏被推举为盘古王”“盘古是地上的主人”“盘古为中州之主”“盘古是阳族首领”“盘古是劝婚者”，侗族神话中的“盘古化身昆多崩婆”，壮族神话中的“盘古大帝”等。

在表述盘古身份时，有时会涉及许多可以细化的母题，如围绕“盘古是发明者”母题，汉族神话中有“盘古氏发明卦画”“盘古氏发明结绳记事”“盘古氏发明结网”“盘古发明音乐”“盘古发明制衣”等。

（四）盘古的能力与职能

许多盘古神话在塑造盘古的事迹时，会重点强调盘古的各项能力。由于神话创作的差异性与流传路径的影响，会造成盘古能力与职能的不同描述，由此产生如下不同的母题。

1. 盘古擅长创造。如布依族神话中的“盘古王开辟三界”，土家族神话中的“盘古劈开东南西北中央戊己土”等。

2. 盘古心灵手巧。如汉族神话中的“盘古手巧”“盘古兄妹雕刻石狮子”，彝族神话中的“盘古手脚灵巧会补天地”等。

3. 盘古会变化。如汉族神话中的“盘古见风就长”“盘古在混沌卵中一日九变”“盘古日长一丈”“盘古垂死化生”，彝族神话中的“盘古的耳朵变神王”等。

4. 盘古力气大。如汉族神话中的“盘古力大无穷”，布依族神话中的“盘古担山”等。

5. 盘古能力出众。如汉族神话中的“盘古会飞行”“盘古能上天”“盘古能入地”，布依族神话中的“盘古日行万里”等。

6. 盘古智勇双全。如汉族神话中的“盘古靠智勇打败猛虎”“盘古兄妹战胜怪兽”，瑶族神话中的“盘古王靠智勇取敌首”等。

7. 盘古会幻化之功。如神话中的“盘古的灵魂变成雷神”“盘古会招魂”，瑶族神话中的“盘古化生人”等。

（五）盘古的事迹与经历

“盘古的事迹与经历”母题可以看作是上述盘古特征、身份、能力或职能的具体化，通过这类母题使盘古形象进一步生动形象，变得丰满。

1. 盘古开天地。如神话中的“盘古劈开混沌的天地”“盘古开天地耗尽精力”“盘古斩蟒开天地”，朝鲜族神话中的“盘古既开天又辟地”等。

2. 盘古修整天地。如汉族神话中的“盘古兄妹补天”“盘古奉命补天”等。

3. 盘古造物。如汉族神话中的“盘古氏造万物”“盘古造人”“盘古造动植物”“盘古造山水”等。

4. 盘古见特定人物。如汉族神话中的“盘古发现伏羲”“盘古遇鸿钧老祖”“盘古发现有巢氏”“盘古造访玉帝”“盘古拜见王母娘娘”，侗族神话中的“盘古拜佛祖”等。

5. 盘古的其他行为。如汉族神话中的“修炼功劳深”“盘古为后代操劳奔波”“盘古教化后人”“盘古斗妖”，侗族神话中的“盘古山内练功”，傈僳族神话中的“盘古巡察人间善恶”等。

6. 盘古的其他经历。如汉族神话中的“盘古在混沌中经历一万八千年”“盘古击败对手称王”“盘古兄妹受到妖魔威胁”“盘古上学”“盘古获得经书”“盘古获得太极图”，白族神话中的“菩萨救盘古”，瑶族神话中的“帝王封盘古王”等。

（六）盘古的工具

神话文本中叙述盘古的事迹和生活时，也会涉及盘古使用的工具。这些工具一般是神话讲述人根据叙事的需要或自己的理解创作出来的，有时又会表现出因地而异、因人而异的特点。

1. 盘古的斧子。如汉族神话中的“盘古出生时身边有把斧子”“盘古用土末儿捏成斧子”“盘古从世界卵的外面拿了把斧子”“盘古手持神斧”“盘古兄妹有神斧”“盘古的石斧”“盘古的大阔斧”，土家族神话中的“盘古的开天辟地斧”，布依族神话中的“盘古的板斧”等。

2. 盘古使用两种工具。有不少神话在塑造盘古的工具时，会涉及两种工具的使用。具体情况又有所不同。（1）盘古的斧头和凿子。如汉族神话中的“盘古在混沌中造长凿和大斧”“盘古左手执凿，右手持斧”等。（2）盘古的斧子和钻。如土族神话中的“盘古的开天钻和辟地斧”等。（3）盘古的锤子和钻。如彝族神话中的“盘古一手拿铁锤，一手拿钻子”等。（4）盘古的斧子和锤子。如汉族神话中的“盘古的斧和锤”等。

3. 盘古的坐骑。如汉族神话中的“盘古骑神马”等。

（七）盘古的关系

不同盘古神话关于盘古各种关系的表述，对盘古身份的塑造和盘古神话社会价值的建构具有一定的作用。

1. 盘古的父母。如汉族神话中的“盘古没有父母”“盘古王的父亲扁古王”“盘古王的父亲扁鼓”“盘古的母亲是开天圣母”，土家族神话中的“盘古的母亲是瘪古”等。

2. 盘古兄妹。如神话中的“盘古女娲是兄妹”“盘古与天女是兄妹”“盘古与盘古女结为兄妹”“盘古和盘古妹”，毛南族神话中的“盘兄古妹即伏羲女娲”“古是兄，盘是妹”，壮族神话中的“盘和古兄妹是太白的儿女”等。

3. 盘古的兄弟姐妹。如汉族神话中的“盘古的姐姐古凤”，白族神话中的“盘古的弟弟盘生”等。

4. 盘古的妻子。如汉族神话中的“盘古的妻子女娲”“盘古爷的妻子盘古奶”“盘古的妻子天女”“盘古的妻子太元圣母”“盘古与猿是夫妻”等。

5. 盘古的后代。这类情况比较复杂，可以进一步划分出如下一些次级类型。(1) 盘古的子女。如汉族神话中的“盘古兄妹婚生伏羲氏、神农氏、祝融氏等10人”“盘古有两儿一女”“盘古的儿女伏羲女娲”“盘古的子女东王公、西王母、地皇”“盘古生九千九百九十九胎孩子”“盘古爷兄妹生百对儿女”等。(2) 盘古的儿子。如汉族神话中的“盘古的儿子伏羲”“盘古的大儿子玉帝”“盘古的儿子黄帝”“盘古的儿子神农氏”“盘古的五子葛天氏”“盘古有8个儿子”等。(3) 盘古的女儿。如汉族神话中的“盘古的女儿花神”等。(4) 盘古的孙子。如汉族神话中的“盘古的五世孙是东岳神”“盘古的五世孙金蝉氏”“盘古的孙子五帝”等。(5) 盘古的其他后代。如汉族神话中的“盘古的后代居五岳”，侗族神话中的“盘古的后代人王”等。

6. 与盘古的关系有关的其他母题。这些关系涉及范围比较广泛。如汉族神话中的“盘古的上司”“盘古兄妹与怪牛是朋友”“盘古和老天爷结为朋友”“盘古的对手阴族”，苗族神话中的“盘古是三皇五帝的下人”，侗族神话中的“盘古拜师释迦牟尼”等。

(八) 盘古的寿命与死亡

一个完整的神话不仅会交代神话人物的产生、经历，也会涉及其死亡。盘古的塑造也不例外。

1. 盘古不死或寿命很长。如汉族神话中的“盘古活了十万八千岁”“盘古活了八万岁”“盘古活了一万八千岁”“盘古活了一万二千岁”，畲族神话中的“盘古氏寿命一百零八岁”，侗族神话中的“盘古王是不死的祖先”等。

2. 盘古的死亡。如汉族神话中的“盘古被太阳晒死”“盘古开天辟地累死”“盘古顶天累死”“盘古补天累死”“盘古被天压死”“盘古死而再生”，布依族神话中的“盘古六月初六死去”，白族神话中的“盘古修成天地后死去”等。

（九）盘古的婚姻

盘古虽然是大神，但很多神话中赋予了他人间的生活与情趣，其中关于盘古婚姻的描述就形成其中的代表性母题。

1. 盘古与神婚。如汉族神话中的“盘古与天女婚”“盘古与地母婚”“开天的盘古与补天的女娲婚”“盘古与玉帝的女儿婚”等。

2. 盘古的血缘婚。如汉族神话中的“盘古兄妹婚”“盘古和姐姐婚”，壮族神话中的“盘和古兄妹婚”等。

3. 盘古的其他类型婚姻。如布依族神话中的“盘古和龙女婚”“盘古与美女婚”等。

（十）与盘古有关的其他母题

下面列举的一些母题也可以看作是盘古神话叙事中与盘古形象塑造具有密切关系的母题。

1. 盘古的成长。如汉族神话中的“天地养育盘古”“盘古吸收金银铜铁锡的元气后长大”“盘古成长受到动物保护”等。

2. 盘古的居所。如汉族神话中的“盘古居天上”“盘古居太清”“盘古居大罗天”“盘古住混沌山”“盘古居七宝山”“盘古兄妹住在盘古山”“盘古住玉京山”“盘古居玄都”，白族神话中的“盘古住东方扶桑山”等。

3. 盘古的服饰。如汉族神话中的“盘古不穿衣服”“盘古身披驾云衣”“盘古身上是葛条缠树叶”“盘古兽皮为衣”“盘古脚穿登云鞋”等。

4. 盘古的饮食（盘古的食物）。如汉族神话中的“盘古不需饮食”“盘古吸天气，饮地泉”等。

5. 盘古的名字的来历。如神话中的“盘古名叫祖先”“盘古自号元始天王”“盘古称元始君”“盘古浑沌氏”“盘古真人号盘古”“盘古爷姓古名瑞”，侗族神话中的“盘古又称盘古王”，汉族神话中的“盘古三郎”，畲族神话中的“盘古大王是盘瓠的尊称”，布依族神话中的“盘果王的儿子安王和祖王”，苗族神话中的“盘古阿剖”，纳西族神话中的“盘神”等。

6. 与盘古有关的风物。如汉族神话中的“西洋锡兰山有盘古的足迹”，瑶族神话中的“盘王庙”，壮族神话中的“盘古庙”“盘古田”“盘古洞”“盘古桥”“盘古村”等。

此外，还有与盘古有关的习俗。如汉族神话中的“盘古祭祀”“盘古宴”等。

三 盘古神话传承的活态性

通过上面对盘古母题的不同类型的梳理与呈现，不难发现盘古神话的母题是在活态传承中不断发展变化的，这方面既有旧母题的消失，也有新母题的产生，还有原来母题的变异。特别是从笔者目前采集到的中国各民族400多篇关于盘古的神话或传说看，中华民族中的绝大多数民族都流传有关于盘古创世的母题。不仅有流传于广大汉族聚居区特别是中原地区的“盘古”“盘古出世”“盘古开天辟地”“盘古山的传说”“盘古庙的来历”等神话，还有土家族的“盘古开天，女娲补天”、侗族的“古老和盘古”、壮族的“盘古创世”、毛南族的“盘古的传说”、苗族的“盘皇造万物”等。

在各地的盘古传承中，盘古神话是一个动态变化的文化表述。例如，关于盘古的来历，在各民族神话中也表现出明显的灵活性，其中，汉族神话中就有盘古自然存在、盘古从天上下凡而来、混沌生盘古、卵生盘古、天地婚生盘古、地母生盘古、地中央孕育盘古、江沽变化成盘古、猿猴变成盘古、龙血与天精地灵化生盘古、气的精华化为盘古等不同说法。其他民族如壮族神话说盘古是从天上贬到人间的神，侗族神话说佛祖如来造出盘古、蟠桃变化成盘古，毛南族神话说盘古是土地神的子孙，瑶族神话说云彩生盘古，等等。

关于盘古的体貌特征，说法也同样非常灵活多样。如关于盘古的身体特征，汉族神话有盘古身高一万八千丈、身高九万里、身高十万八千里等不同说法，土家族神话说盘古身高一丈二尺五，白族神话说盘古身高一丈八，侗族神话说盘古身高三丈六，等等。描述盘古的外形时，也有盘古头上生角、浑身长毛、牛头马面龙身、狮头人身、龙头人身、龙头蛇身、龙头蛇尾、虎头人身、鸡头人身、三头六臂、三头六臂两角等说法。上述情形表明，盘古神话与其他神话的传承一样，是一个动态发展的过程。不同时期或不同地区的讲述人，会根据自身的理解，在保持盘古创世基本内容不变的情况下，会增加、删减或更改以往神话的某些内容，使盘古成为一个接地气的创世者，同时也增强了这个神话的文化实践性。

盘古神话母题民间活态传承的本质是保留民间文化记忆。民间传承的“盘古”，是一个开天辟地的大神，是一个文化祖先，是一个文化英雄，甚至也可以说是生活在民间的人，但他又不是一个具体人物的专指，许多文化发明和英雄事迹都会归功到他的名下，因而，这就构成了一个集多种荣耀于一身的“箭垛式”神话人物。古老的盘古神话在中国的不断传承发展和广泛流传说明，不同民族、不同地区或不同讲述者出现对盘古的不同讲述不是偶然的。这一方面反映出各民族间的文化交流与影响，是各民族友好相处、文化共享的必然结晶，展现出民族文化交流的活态、开放与包容；另一方面，盘古神话在民间的生生不息，也反映出人们对盘古创世的高度认可和热爱。

从中国当今兴起的文化遗产保护，也可以看到像盘古开天辟地这样的创世神话，是人类发展历史进程中不可再生的非物质文化遗产，承载着人类最悠久的文化记忆和文化精神，体现出中国人几千年来积累的知识智慧和理性思辨。特别是当今许多关于盘古的母题进入到影视、动漫、游戏、网络段子之中，也反映出先前文化传统与当今文化创造的自觉结合，成为文化产业开发的一个重要资源，也带来相应的社会效益。它不仅能够激活人类对童年的记忆，而且也会在这种追忆人类历史的快乐中，不断培育人们尊崇祖先、敢于担当、奋发有为的人文情怀。

桐柏山盘古之乡神话人文景观新瞻瞩

甘心田　王其然　马利达*

被中国民间文艺家协会授予中国盘古之乡的淮河发源地桐柏山，是神话资源宝库县。桐柏山古往今来出英雄，盘古是原始的神话大英雄，炎帝是上古的神话大英雄。盘古家乡人一身神气英雄气，遇事乐观想得开，因此长寿。桐柏山清水秀，鸟语花香，汉朝张衡《南都赋》称为“列仙之陬”，百岁以上老寿星较多。

一　盘古之乡群仙喜居美丽山麓

据史料载，汉水以北，京广铁路以西，方城舞阳以南，焦枝铁路以东丘陵地区统称桐柏山区。桐柏山老乡敬重盘古之神令人感动，自古有盘古洞、盘古床、盘古磨、盘古井、盘古桥、盘古峰等。桐柏县城古淮渎祠对面茶山的金庭盘古观，为南北朝时中国五大道观之一。农村有盘古乡、盘古村、盘古湾。繁华的大街有盘古宾馆、盘古学校、盘古花园、盘古商场。民间自发的盘古情结撩人衷肠，城乡红红火火皆是盘古礼仪，人们婚喜嫁娶发自心底把盘古爷当保护神，纯民间、纯生态、纯自然。

桐柏山是炎帝诞生地，为中国神农故里。近些年，逐年在桐柏山随州举办祭拜炎帝大典寻根节，五湖四海华侨华商云集桐柏山。《神农本草》载：“神农尝百草，日遇七十二毒，得茶而解之。”日指白天，而非指某一天。茶即古山茶。据地理专家研究，炎帝（神农氏）就是白天遇毒时，靠

* 甘心田，河南省桐柏县党史研究室原主任；王其然，河南省桐柏县地方志办公室主任；马利达，河南省桐柏县统计局会计师。

采集桐柏山野茶叶而得救。如果说炎帝为世界茶祖，桐柏山茶则为全球茶叶之原始发现地。

《尚书详解》卷八载："禹导淮实自桐柏始。"大禹受舜帝旨令，率众匠力士在桐柏山开源拓流，腿上磨蹭得没有汗毛，双脚双手趼子厚，硬得针也扎不透。桐柏山洞天福地，修行九万年的智慧之仙九尾白狐深受感动，向大禹献策九州地图。大禹据此良策，与大将庚辰擒锁淮河水妖蛟怪（即鲁迅称孙悟空原型的巫支祁）于淮源井，导源出海为浩浩荡荡的千里母亲河淮河，划天下为九州，创造出辉煌于地球的华夏朝代。封庚辰为淮渎爷的淮渎庙，自秦汉唐宋元明清，为历代帝王祈求国泰民安风调雨顺的心神寄托。

桐柏更是中国第一古军校摇篮。春秋战国谋略家、军事家鬼谷子王禅在此培养出苏秦、张仪、吕不韦、范蠡、甘茂等大将名臣。其中训授出一代天骄孙膑，《孙膑兵法》威震环球，如今还被海外一些驰名军校奉为经典。

据说，桐柏山毛集牤牛洞是盘古爷盘古奶造天下第一头水牛的地方。牤牛洞古称黄石洞，又是思想家、军事家黄石公隐居地。《乾隆桐柏县志》载，汉留侯张良的恩师黄石公，珍藏天书的神穴就是黄石洞。张良年少熟读黄石公授予的兵书，号称天书，辅佐汉高祖刘邦统一海内，成为汉代开国功臣而万古流芳，从此汉文化传播全球。

张良更是一位急流勇退的清廉君子，他淡泊名利，不受荣华富贵封赏。从长安隐居桐柏深山，跟仙家赤松子游山赏水，以野茶野果为生，以品箫、听流泉林涛为乐。赤松子是炎帝的雨师，辅助神农风调雨顺天下丰收。传说汉高祖先后派八位一品大臣，诚请张良回归京城长安同享富贵，张良均一一婉言谢绝。如今九国公石雕、八访沟、王禅祖洞、张良洞、品箫台、鹿回头、赤松子故居神仙洞尚存。

北京故宫博物院收藏的《元和郡县志》载，汉代医圣张仲景早年在盘古之乡桐柏深山峻岭茶林采药时，遇见被花脚蚊子叮咬，患伤寒的红毛古猿和一群奄奄一息的小猿。红毛古猿悲戚滴泪，抓张仲景裤脚无言哀求，张仲景席地为红毛古猿潜心号脉后，选采当地几味野生药草，和山野泉水为丸，治好了大小红毛古猿。古猿感恩，采悬崖山野老泉茶丛的一节万年枯木梧桐，献与张仲景。医圣张仲景当长沙太守，用此木制作二琴，一名万年，一名古猿。琴音清幽，听者无不心清如水，灵犀顿生。此二琴为中国古琴国宝。

唐代茶圣陆羽，也称茶仙，曾慕名至盘古圣地桐柏，品水审茶。桐柏因陆羽茶而闻名。

桐柏山是道教发祥地，县城淮渎庙龙潭河对岸青山上，南北朝建立的金庭观，为中国五大道观之一。如今祖师顶、姜公殿等仍然古色古香。桐柏山又与佛教文化相关，《西游记》文化古迹通天河、擎天柱、水帘洞、流沙河等古地名魅力四射。在淮河源出家的高僧大德遍布海内外。在桐柏山出家、扬名北京的传奇得道和尚马喝奈，清朝咸丰皇帝赐送他紫金钵、千佛衣。如修大法师在美国旧金山大悲寺，如俭大法师在东南亚弘扬佛法德高望重，他们都是从桐柏山走出的高僧大德。洛阳白马寺方丈印乐大法师，就是在桐柏山淮河源头出生。白马寺农禅并重，很为本分吉祥。

古民谚："走遍天边，不如太白顶圆圈，吃哩细米白面，喝哩山泉茶叶。"五湖四海的朋友们都在为我们喝彩：桐柏神奇十八变，越变越好看！人人都说天堂美，怎比我淮河源鱼米乡？

东南随州乃炎帝神农故里，桐柏山根连神农架，史称洞天福地，出盘古又生炎帝，贤达人才辈出，汉光武帝刘秀，还有帮助汉朝中兴的二十八宿将领大多是桐柏山人。

桐柏山祖师顶道观姜公殿匾额，为中国方志专家刘玉宏赠字，老乡们说，字字如盘龙团蛟。桐柏县淮渎庙前金庭盘古观，《康熙桐柏县志》载为张三丰成神飞举之地。桐柏、枣阳、唐河三县交界的黑明寺，为传承曹洞宗神奇的深山古寺院。桐柏山主峰太白顶云台禅寺，四周连绵百里的森林山水，是古籍记载中赤松子、谋略家鼻祖鬼谷子、军事家孙膑、汉朝开国功臣张良隐居地。

民间传说，老天爷姓张，是桐柏县老湾升天寺人。桃花洞即当年王母娘娘的蟠桃林，桃花洞的桃花生仙香。

桐柏、泌阳、确山三县交界的黄岗万顷红叶林，几十平方公里的石林里，到处可以看到石林、石笋、石崖、石峡，它们有着千姿百态的造型。传说古圣贤仓颉到桐柏山观赏，看到这里到处都有仙鸟瑞兽、神花瑶草，他不禁心花怒放、飘飘若仙，创造了"仙"字，即人在桐柏山，变成活神仙。

盘古爷的家乡桐柏山有金银铜铁锰铀六十余种矿藏。乡亲们都说，盘古爷为后代留下的珍宝，神奇得真是金山银山花果山，富得流油米粮川。桐伯山有全国最大的露天金矿银洞坡，中国品位最高的破山银矿，北京奥运会冠军亚军奖牌，都含有桐柏山产的优质金银。有亚洲最大的天然碱矿，其纯度达99.9%以上，有钻井林立的南阳油田。更有世界最优质铁矿，舞钢由此诞生，其钢耐磨度奇异，神舟六号、神舟七号用之自由飞翔宇宙，北京奥运会鸟巢钢结构用之，百国欣赏。硬到极致也有柔，桐柏山北脉五峰山环抱的舞钢市人工湖，天堂一般，十数里七彩龙舟，人说杭州西湖水美甲天下，我们说舞钢水美甲西湖。

更为神异的传说，六百里桐柏山与八百里伏牛山两条巨龙龙尾，相交出一个平顶山优质煤海，煤脉富及洛阳和山西，老百姓说这是盘古珍藏的火焰珠；桐柏山龙爪与伏牛山龙爪相握，捧出一个独山玉矿，那是盘古造就的美玉珠；桐柏山龙头与大别山龙头相会，二龙戏珠出盘古恩赐的鸡公山这颗生态清凉珠，为避暑胜地。当今鸡公山的山门大气新颖，其实还有更神奇更中华民族式的天然外观设计，那真是说出来雄奇动人、富甲连城。

二　盘古潭盘古庙神话传说回顾

位于桐柏山北杨庄唐冲河下游的盘古潭传说，很神奇。据说这盘古潭有地下河，暗通盘古岭。盘古岭山上突兀着含有黄金和硫黄的黑锈石，东一脉，西一片，有的像祥云吐瑞，有的像玉兽腾跳。盘古岭是千窍玲珑的上水石和钟乳石构造，生有苔藓丝草，杂生各类野花林木。有地下暗河漏流，从盘古潭放进去一对小鸭子，在盘古岭山壳子暗河嘟噜着吃小鱼小虾，几个月后，从大河镇夹山溪流里跑出来，就长成一对大鸭子了。

据说，这盘古岭地下暗河里，鱼虾鳅鳝等水生物杂居，天长日久，有千年修行而成的香龟精、老鳖精、黄鳝精、鲇鱼精、蟒蛇精和盖娲子精即河蚌精，它们得了盘古爷的灵气，会呼风唤雨，有喷虹吐彩的仙家本事。

桐柏县城郊乡北杨庄紧邻楚长城的盘古岭，又称盘古寨，山顶平坦有十亩方圆，古人在周围砌有丈把高石头寨墙，盘古庙就建在这盘古岭脊正中盘古寨圈里。传说盘古庙为汉朝初年建立，有近三十间庙宇殿房，墙体为石块砌成，庙顶为人工雕切的石板严密扣合，冬天冷风吹不透，庙内点灯不会被风吹灭，有庙里藏避风珠的传说。盘古庙山西坡下就是盘古潭。

古时候，每年春口三月三，秋后九月九，这里兴盘古庙会，随州市、枣阳市、唐河县、桐柏县、泌阳县等地父老乡亲，像蜜蜂朝王般登盘古岭赶庙会。南北朝唐宋元明清香火延续，民间谚语说“爬爬盘古岭，发财能过瘾”“盘古庙里上炷香，风调雨顺不饥荒”。

据当地85岁老汉牛金生讲述，经历代战乱兵燹，盘古庙时兴时毁，时大时小。1940年后残留的盘古庙，仅有一间屋大小，庙门朝南开，神坛有三尺高，上立盘古爷、盘古奶泥身神胎坐像，身穿藤织树叶。庙不在大，有仙则灵。有求官的、求子的、求长寿的，也有求平安发财的，大都灵验，因此，带果品等到盘古庙谢恩还愿的人很多。1958年前，盘古庙还有一位海量和尚主持香供。《明一统志》与清乾隆五十三年（1788）《桐柏县志》载“境内有盘古庙”，据考证即此庙。

盘古岭是一座神奇的独山，左边隔峡谷弯转起伏的几峰青山，横亘着楚长城，是一道盘古龙。右边隔溪流高低蜿蜒着的一架架翠岭是女娲凤，龙凤呈祥捧出盘古岭这颗祥瑞龙珠。

盘古岭西北东南走向，仿佛一条厚重龙头鳄，龙嘴头亲吻出北杨庄这美好古村落，龙尾巴甩打出万古千秋楚长城。

盘古岭为石质结构，亿万年落叶朽木腐殖质，积累为珍贵的岩隙土壤，俗称“香炉灰土”，传说这是人们千秋万代给盘古庙盘古爷磕头烧香，香炉灰掺和腐殖质土变成的。据植物学家考证，盘古岭的罗汉松等树木根须能分泌出一种酶，当地老乡们称盘古酶，这盘古酶具有化学渗透性，可令岩石变软，大岩砾侵蚀成沙子，沙子再侵蚀成酥沙土，顽强不屈地为植物开拓出旺盛成长的生态土壤地盘，这诚属生物奇迹。

如果把这种植物酶命名为盘古酶，研制盘古酶扩大成绿化造林新产品，作为立体绿化淮河源，生态绿化大西北，沙漠变绿洲的首选科研新产品，这样，我们祖国裸露的沙漠戈壁滩，将能逐年变成茂密的绿叶花草立体绿洲大森林。

盘古岭蓬蓬勃勃窜长出既耐旱又耐贫瘠，生命力异常旺盛的罗汉松、麻栎树、黄荆条、葛藤架、垒毛墩等立体草木苔藓。这些野生草木的根须，在岩缝里百折不挠地奋力猛扎，不舍寸土地吸取营养。巴掌厚的土层，能长出几丈高的绿树，坚韧的根扎在石层里，穿山甲般不舍昼夜地钻进，随石就形地成就了这伤痕累累、曲曲折折、粗粗细细的棱形、扁形、绳形和多边形树根。一棵绿树，其地下根系向四面八方扩张，发展成十几平方米、几十平方米的横向根系。它们向下岩石太硬扎不动，主根就顺势横向扎根。盘古庙周围一丛三尺高的黄荆条，割了又抽条，长大又被割，割后又抽条生长，地下根系螺螺凸凸，横向自然长成佛器神雕般的千奇百怪。

盘古岭东南坡，有一盘古龙骨石，起伏隐现十几丈长，古时老百姓有病痛灾异，到盘古庙跪地诚心祷告后，转而到盘古龙骨石刮一点儿细面，回家用清水溶化后涂在刀箭红伤上，立刻不疼，几天后愈合。有五内痛疾的，喝点龙骨水，求盘古爷保佑，多可逐渐康复。几千年传承刮取，如今盘古龙骨荡然无存，只留其遗址还可怀旧观赏。

三　仙人摆布溪传说参考

清朝乾隆《桐柏县志》中，写的盘古天然卧像西边太白顶下仙人摆布溪古地名，其传说很美丽，可供海内外神话研究专家参考。

天堂的七位仙女，也是七位仙公主，她们很寂寞，很想到盘古之乡桐柏山轻松轻松，愉快愉快，听说那里是花果山洞天福地，奇丽美景甲天下，但都害怕奶奶王母娘娘的天条管教森严。

七位仙女一直心驰神往地冲动了好些年，终于在一个美丽的夏天，六位妹妹推着扯着大姐，乘着七彩祥云，悄悄来到山清水秀的桐柏山。七位仙女七嘴八舌快活得像一群画眉鸟：“哎呀，越往人间来天气咋越热哩？”“是哩，天上离太阳那么近，反而冷些。凡间离太阳那么远，反而热些，真奇怪！”小仙女忽然喜气洋洋地喊道：“嗳！看这溪水好清好清，我身上汗津津的了，咱们洗个澡吧？”

众仙女齐声附和。于是，她们飞到桐柏笔架山峡谷东龙潭溪，踩下云头，七位仙女很是喜爱这山谷里清澈见底的溪水，但她们天性高洁，不想在一起洗澡，便各自选好地形，在光溜溜的溪底石板上，根据自己的身段，各自用仙力奇妙的手指一点，石板上便出现了七个大小不一的石浴缸，七位仙女轻呼一声“水！”清纯的溪水就神奇地溢满浴缸，水浪如冰花雪珠飞溅着。她们放好衣裙，七个仙女轮流放哨，然后小心翼翼取下金钗玉簪，跳进浴缸里细细洗起来，那个美妙、清爽劲儿呀，一直美妙清爽到骨头缝儿里！

洗好后，她们舍不得采集野花，只是赏花闻香。为了让野鸟野兽们有食物，舍不得摘食野果。仙女们在桐柏山兴高采烈，玩得几乎忘掉了一切。

这件事不知被谁打了小报告，王母娘娘知道了，大怒，老太太不禁气得老泪纵横，埋天怨地，一连几天心情沉重。想老人家对七位孙女从小到大爱如掌上明珠，训育她们珍惜名节比珍惜生命还重要，怎敢随意偷出天界？万一出了闪失如何得了？想来慈不掌兵，必得严中透爱，才能令这些胆大妄为的女孩子们知道天堂律条的厉害！

王母娘娘下令关了七个仙女的禁闭，锁在月宫里让嫦娥严加看管，每天让她们各自织出七彩布帛，作为天堂云布。每月令她们作七行诗文一首，且要读之令人耳目一新。老王母迁怒于大仙女，认为她当大姐的放纵了六位妹妹，实在是罪加一等！勒令众仙婢监管，呵斥大仙女："大胆奴才，可知伤透了奶奶心肠！你不是贪恋桐柏山水吗？好！从今之后，你每天到桐柏山主峰太白顶下的桃花洞峡谷河里，去洗洁你六个妹妹织出的天堂云布，不得有星点闪失！"

大仙女最为绵恬仁厚，她不小心惹怒了奶奶，痛悔得心如刀割，决心将功赎罪。大仙女累得腰酸背疼，日复一日地在这弯弯曲曲的溪水里，捶洗七彩云锦，凡在天堂铺设三天的，必得清洗一遍。这段溪水，被富有诗意的太白金星起名为仙人摆布溪。七个仙女在仙人摆布溪洗过的七彩云锦飘到哪里，哪里就人寿年丰。

人们仰视九霄色彩绚丽的云锦，那都是仙女们下苦功夫细心织出来的。大仙女责任心又强，她再累也不叫苦。六位妹妹勤劳读书织布，又会对奶奶殷勤撒娇，说几天不见奶奶慈颜，不听奶奶笑声，她们就魂不守舍。如是一一获得老王母谅解，把她们放出月宫正常生活，让天堂众仙姝代替她们细织云锦，只让六位孙女当质检员奖优罚劣。老人家心想，小女孩家也是在天堂闷得慌，今后老身看来要抽出时日，领孩子们到海外去周游观光，旅游散心。天堂好，好在永远不能落后嘛！不然可要让人间耻笑了。让孙女们的爹多拨几个盘缠钱，常出去转转，也算女孩儿家有才又有德，读万卷书，走万里路哇，令众神仙看看，也颂扬俺文明祥和，奶孙同乐嘛！

六位仙女天天早晚不但给奶奶请安问好，还争着给奶奶搔痒捶背，剪指甲洗脚，越加获得老王母宠爱，老太太成天慈眉善目地微笑得意：常言说棍头出孝子不假哩，我对这些小丫头训教越严切，她们越孝顺哩！

六位仙女潜移默化了王母娘娘，她们不忍大姐一人劳累，就经常偷偷化作清风，到百鸟交鸣、花木葱茏、流水欢笑的桃花洞峡谷河里帮助大姐洗晾七彩云锦。

仙女们感情丰富专一，又典雅高贵，她们像凤凰非梧桐不栖，非醴泉不饮一样，洗好了云锦，不禁凡心萌动，心血来潮，又忍不住化作清风，向东悄悄飞到笔架山峡谷东的龙潭浴缸里洗浴。

独有大仙女对奶奶的训教刻骨铭心，虽经六位妹妹纠缠拉扯，但她心如磐石，守身如玉，不敢想也不肯去凡间洗浴。她苦劝六位妹妹，六位妹妹反而苦劝她，结果呢，谁也劝不转谁。

如今，桃花洞山谷里大仙女洗布，众仙妹帮忙的仙人洗衣石、仙人摆布溪、仙人晾布台，令古今中外游人赞不绝口。笔架山峡谷东龙潭七仙女的七口石浴缸，润滑光洁，圆溜溜玲珑可爱，还依然如初地天然保存在桐柏山里。只是一口浴缸生着墨绿的苔藓，另六口浴缸却光洁如初，那是大仙女从此在凡间戒浴，又劝不转六个妹妹的缘故。老人传说，三伏天，六位小仙女时常来龙潭石缸洗浴，她们有仙人障眼法，凡人想看也看不到罢了。

人们传说，女孩儿家在七位仙女的浴缸里洗浴过，会格外贤惠聪明，且人生美满如意。在仙人摆布溪洗过的衣物，清淡的雅香会经年不褪，穿着在仙人摆布溪洗后的衣物，天赋深高勤奋笔耕的学者会妙语连珠，妙笔生花，神思泉涌。

众仙女帮大姐在仙人摆布溪洗云锦时，百鸟飞来赞美，百花感动得露泪芬芳。如果小蜜蜂这时候采集花粉，即可变成美好的神蜜。仙人摆布溪水里的鱼儿噙住仙女们累掉的汗珠，如能千般辛苦、万般曲折地游到东方大海里去，就可成龙哪！

四　盘古女娲造日月传说参考

很久很久以前，天地宇宙黑暗混沌，亿万年在宇宙中心中国中原桐柏山内外，混沌之中长成了盘古与女娲。女娲就是盘古奶。他们是宇宙间天生的一对人祖，不但是人祖，盘古女娲还是一切生物的祖先。

他们又在黑暗混沌中煎熬了八千万年，盘古右手里金光紫气闪烁，长成了一把神斧，女娲左手里珠光宝气四射，长成了一支仙簪子。

盘古嗷嗷怒吼着用金光闪闪的神斧开天辟地，一斧子下去一道闪电，一斧子下去一声炸雷。轻扬的东西惊慌得上升为天，浊重的东西惶恐地下沉为地。

女娲飞动珠光闪闪的仙簪子划分四海九州，一簪子伸出去一道彩虹，一簪子收回来一串霞光。女娲长得很漂亮，乌黑的长头发，油亮亮披散到地，笑盈盈看盘古一眼，盘古高兴得忘了透骨的劳累；女娲伸出细长的指头抚摸盘古开开辟地流血的伤口，盘古感动得就忘了所有疼痛，很快愈合好了。

盘古女娲又合力奋斗了八千万年，天越来越清高，地越来越深厚。桐柏山大洪山天地间的阳刚之气突然热烈地凝聚成了一只九头火焰鸟。这九头火焰鸟，长着朱雀头，麒麟身子，蛟龙爪子，凤凰尾巴，眼看要把大地烤焦。

盘古抡起神斧激战九头火鸟，女娲挥舞威力无边的仙簪子助战。九头火鸟怒气冲冲，吐出烈焰团团围绕着他们俩，盘古女娲浑身烧得伤痕累累，他们挥汗如雨大战九头火鸟。盘古一斧子闪电猛雷砍上去，女娲一簪子霞虹四射地击过去，九头火鸟羽毛身子就缩小了十倍，向云天逃走一万里，就这样拼命激战，九头火鸟身子缩小了九十万倍，拼命向天空逃跑了九百万亿里，就形成了天上的太阳，再也不敢飞下来。

盘古女娲伤痛钻心，双双晕死过去，化作了桐柏山崇山峻岭的云气。就这样昏睡了八千万年，天地间的元气养好了盘古女娲的战伤，天地间的阴柔之气却凝聚成了一个冷冰怪物，这冷冰的怪物从左面看是一只冰兔，从右面看是一只三条腿的冰蟾，远远看去，又是一棵冰枝冰叶开着细碎冰花的桂花树。

那冷冰冰的桂花树，冷冰冰的桂花香，香到哪里，哪里的石头就都香酥了，大海里结着成千上万丈厚的冰壳子。盘古女娲都被冻醒了，他们冷得直打颤，冻得骨头痛。哎呀，再这样冻下去，天地间都冻成一块冰疙瘩了，万物都要冻绝种！

英雄的盘古、英武的女娲奋起打响第二战役，何等可歌可泣！

看吧！盘古怒挥神斧，冰碴子随猛雷四溅，冰冻随闪电熔化。女娲飞仙簪攻击，冰星子随彩虹撒落，冰壳子顺红霞消退。冷冰怪被砍杀得东躲西藏，冰伤累累只顾逃跑，冰魄惊恐魂飞天外，冰胆惊吓得支离破碎。冷冰怪没想到这英俊的盘古和美丽的女娲，仙簪神斧这么厉害无敌，冷冰怪逃到天外云彩里哆嗦得骨头打颤，再也不敢到地面上作怪了，就变成了月亮。这冰怪月亮吓得只有夜里出来露脸儿，月亮牙儿就是盘古女娲砍伤的，一旦月亮伤长圆了，又会缺下去，这种神伤永远不会好。

月亮里那棵冰香四溢的桂花树，一年四季都开着细碎的桂花。若是那桂花树长出了月亮，冷冰怪又要冰封天地冰冻人间，因此盘古把神斧借给了仆人吴刚，令他天天不紧不慢砍桂花树。吴刚一斧子起来，砍伤的桂花树又长好了，于是，吴刚就擦把热汗，再一斧子砍下去。女娲呢，把仙簪子借给她的仆人嫦娥，嫦娥喜欢桂花树，不忍伤害桂花树，什么时候想起来了，就用簪子扎一下桂花树。仙簪子比神斧厉害千万倍，簪子一扎，月亮就熄火了，这就变成了月食。

万物有功也有过，人无完人，神大概也无完神吧，我们不喜欢看月食，嫦娥啊！你把簪子还给女娲吧，月亮不是变得柔和了吗？

桐柏山主峰太白顶，古老善本称胎簪山，传说那就是女娲的仙簪子化成。

盘古和女娲如今还昏睡在桐柏山的天边上，他们太累了，让这一对世界的保护神酣睡吧，他们呕心沥血，大智大勇，造福万物！

五　盘古神话产业好戏连台

盘古神话产业好戏连台开了个好头，这得力于决策者千辛万苦的心血灌溉，得力于国内外仁人志士同胞朋友的厚爱鼎助。正如中国盘古专业文化委员会主任马卉欣所言，桐柏山是盘古之神赋予的特大神话资源宝库。

地球上的自然矿藏资源总是有限的，而桐柏山古色古香的淮河源盘古神话生态文旅资源，却是取之不尽如昆仑，用之不竭赛江河，可持续发展良性循环的神话聚宝盆、绿色摇钱树。牛郎织女的银河传说，龙凤呈祥的中国特色，《西游记》中的悟空、八戒让海内外少年儿童们欣喜入迷，黄鹤楼的神话不但迷醉了诗仙李白，更缔造出一个辉煌于古今中外的经济繁荣的武汉。

神话成现实，现实如神话。桐柏已成为淮河源国家森林公园、国家文明县城、国家卫生县城、国家园林县城、中国人居环境范例奖得主，这是对盘古之乡桐柏园林绿化生态文明的高度肯定，又是国家对桐柏顺天时据地利得人和振兴生态经济的善良仁厚褒奖。

深山出俊鸟，列仙之陬美丽桐柏，将乘生态旅游浩荡东风，以古色古香撼人心魂的青山绿水神话美，华丽如凤，唱响全国全世界！

此凤不鸣，一鸣惊人；此凤不飞，一飞冲天！桐柏山淮源水孕育的桐柏人，是开放包容、担当干事、创先争优、振翅翱翔的一群群金凤凰，正在群策群力，构建生态攻坚脱贫致富奔小康的神话梦想！世人瞩目，列仙之陬桐柏，正在晨光灿烂处！

盘古神话的桐柏遗存及影响

李修对*

盘古神话是中国著名的创世神话，它反映的是生民初祖盘古氏开天辟地、创世生人及洪水遗民、再造人类的原始故事。引用鲁迅先生谈文学时说“有地方色彩的，倒容易成为世界的”见解，我们也可以说，中国盘古创世神话也是世界上不可多得的民族优秀传统文化瑰宝。豫南桐柏山盘古神话遗存及遗风遗俗极为丰厚，成为中原乃至全国盘古神话的核心流传区。2005 年 5 月，中国民间文艺家协会正式命名桐柏县为“中国盘古之乡”。2008 年 6 月，桐柏盘古神话被国务院批准列入第二批国家级非物质文化遗产名录，成为国宝级非遗项目。

一　丰厚遗存与广泛传播

在中国中部，包括河南省全部、陕西关中地区、山西南部、河北南部、山东西部、安徽大部、湖北西北部在内的广大中原地区，上古时代历史遗迹众多，古籍记录的相关史料内容比较丰富，考古发掘揭露文化层相对集中，历史地形成了上古至汉唐时期的文化高地，被我国史学家称为中华文明的发祥地。其中引人关注的盘古神话集中流传区或者叫核心区就在豫南桐柏山，这个地区包括豫鄂两省的南阳、驻马店、随州等市的桐柏、泌阳、西平、遂平、随县等十几个相邻县、市、区，面积大约为 30000 平方公里，覆盖人口在 2500 万人以上，千百年来盘古神话在这一带的流传一直没有间断过，自然形成了桐柏山盘古文化圈，也可以说是中原神话特别

* 李修对，河南省南阳市民间文艺家协会副主席。

是盘古神话的代表性区域，由此引起全国神话学界和国内外有着强烈寻根问祖意愿的人们的广泛关注。

在桐柏山区民间流传的盘古神话除了与古籍中相关记述能够相互印证之外，这些至今仍“存活”于民间的创世神话、洪水遗民传说成为广大民众了解人类滥觞事象的口承经典，因而这些盘古神话传说受到中国神话学、民间文学、民俗学、人类学等专家及普罗大众的普遍关注。在中原神话的丰富遗存中，出自豫南桐柏山的盘古神话以其内容丰富、故事神奇和富有人情味备受世人青睐是有其深层原因的。这些盘古神话在当地已经流传很久，自古以来代代相传，经受了岁月的淘洗、筛选和打磨，愈见其金子般的珍贵。此外，当地还有盘古山、盘古庙、盘古祖殿、盘古洞、盘古磨、盘古溪、盘古井等遗迹与盘古神话传说相印证，还有结婚送竹叶帐、门前安放石狮子、玩狮子吞小孩、耍龙灯、跑旱船、祭祀盘古、祈福求子、唱戏还愿、祷祝风调雨顺等遗俗融入民间习俗之中，可见其影响深远。可以说，桐柏山区的盘古神话不是孤立的存在，更不是像有些仅知皮毛、不知底里的人随便指斥的胡编乱造的所谓“瞎话儿”，而是有着大量盘古神话、盘古遗迹、盘古遗风做依据，以及与古籍记述相表里、相印证的创世神话完整体系的传统文化精髓，是民族文化瑰宝，也是光耀于世的国粹。因而，桐柏盘古神话极具挖掘、整理、传承、研究和保护的文化价值。

20 世纪 80 年代，国家加强了对民族传统文化遗产的抢救、收集与保护，在全国范围内开展民间文学三套集成搜集整理工作，也就是在这时候，从事桐柏县民间文学三套集成组织工作的文化馆民间文学专干马卉欣，参与此事的薛远增、甘心田、周君立等同志及笔者做了大量田野调查工作，在组织普查、搜集、整理中发现桐柏山民间流传的盘古神话传说文本量较大，可以说是丰富多彩，神奇瑰丽，报告上级主管部门后，受到国家、省、市民间文学专家的高度重视，中国神话学会原会长袁珂先生、河南大学教授张振犁、省民协原主席夏挽群、省民协秘书长程健君等专家相继来桐柏县指导、参与盘古神话的收集整理工作，深入盘古山地区调查走访，了解盘古神话现存状况，记录了不少盘古神话传说第一手资料，在整理编辑桐柏县民间文学集成《神话卷》时，开卷立篇，收入盘古神话传说数十篇，成书上报后，立即引起省、国家民协专家的高度关注，并给予充分肯定和高度评价。20 世纪 90 年代初，桐柏学人马卉欣经过对全国 19 个省区的盘古神话的考察和比较研究，先后出版了《盘古之神》《盘古学启论》两部论著，认为盘古神话在炎黄时代于豫南桐柏山一带开始流布，趋于成熟，经过口传演绎，盘古神话逐渐定型，在当时生活在桐柏山南北的神农部落中扎根开花，传播开来，并逐渐辐射到周边的聚落人群，由这些人群把盘古开天辟地的文化信息传到四面八方。这种由中原地区向全国扩散的文化传播现象应当是符合文化发祥地辐射周边、影响全国的传播规律的。所以，全国各地历史上遗留下来的盘古神话绝大多数带有中原盘古神话的创世神奇和生态原始的特性，也就在情理之中了。

二　“血为淮渎”与根在桐柏

2004 年冬、2005 年春中国民协专家组相继莅临河南省桐柏县考察盘古神话，经过实地勘察、座谈讨论、理论分析，最终认定“盘古神话根源地”应在桐柏县。可靠佐证主要有：

①三国吴人徐整著《五运历年纪》曰：“盘古之君，龙首蛇身，嘘为风雨，吹为雷电，开目为昼，闭目为夜。死后，骨节为山林，肠为江海，血为淮渎，毛发为草木。”“血为淮渎”之说，就是盘古神话诞生在古时就建有淮渎庙的桐柏山淮河源一带的有力佐证。

②唐代地理书《地理坤鉴》云：（盘古氏）“‘龙首人身’，而今成都、淮安、京兆皆有庙祀。”所记“淮安”当指唐时淮安郡，郡治在今泌阳县，所辖范围包括桐柏县，“皆有庙祀”是说唐时淮安郡内即有盘古庙及其祭祀活动。《全唐诗》第二十一卷李白作《相和歌辞 · 上云乐》：“不睹谲诡貌，岂知造化神。……抚顶弄盘古，推车转天轮。”唐代大诗人李白当年曾游桐柏山太白顶，留下诗作《登太白顶访元丹丘》，还写出《相和歌辞 · 上云乐》，道及人祖盘古。

③宋朝编修的地理著作《元丰九域志 · 唐州》中记载：“桐柏山，淮水所出……淮渎庙。盘古庙。”由此可知，唐宋时期桐柏山淮河源头即建有盘古庙，与淮渎庙并存，在那时就有民间祭祀盘古活动，这是作为礼仪之邦的华夏民族礼敬天地、缅怀祖先的具体表现。

④元朝《元诗选二集 · 丙集》载有诗人鲜于枢的《黄河谣》：“长淮

绿如苔，飞下桐柏山。黄河忽西来，乱泻长淮间。……黄灵奠四渎，各剖盘古髓……”诗人咏唱盘古，不在别处，就在中原桐柏山。鲜于枢，字伯机，渔阳郡人。至元间，官至江浙行省都事，以词翰屡荐入馆阁，迁太常典簿。当年游历中原，便留下这首长长的歌谣。

⑤明代“前七子”之首李梦阳曾游历桐柏山，挥笔作《大复山赋》（大复山即桐柏山的古称），在这篇名赋中记载了当地民间的盘古神话：“昔盘古氏作兹焉，用宅。是以浊清判，三纪揭，澒洞开。明划日月，厥山既形，余乃发。……”李梦阳此赋把盘古开天、胎簪（桐柏山主峰太白顶）和神瀑（桐柏水帘洞）一起并书，相互交融，形象生动，有力地说明了此山就是古人所指盘古以此为宅的盘古山。

⑥清朝乾隆十八年（1753）编修的《桐柏县志》收入了桐柏县令贡愈淳所作的《桐柏山赋》，其中载有“慰山灵之寂寞，请为援诸昔而酌诸时，曰：系阴阳之茫沕兮，盘古开天而首出……”的记述，可知盘古开天辟地与中原桐柏山有着极为密切的关系。

⑦《大清穆宗皇帝实录》卷八十九“又谕：张之万奏，皖匪由桐柏南窜随州，派兵追剿，并飞咨楚省拨兵夹击等语。皖匪于上月二十七日，窜扑桐柏固县寨地方，分股由小林店窜赴楚境，另股三四千名，进薄桐柏县城，被该处兵团击退，遂由盘古山等处拥众南走，与前窜楚境之股会合，窜扰随州之新城集。”此处“盘古山”就是指桐柏县城西南6公里水帘洞南“盘古卧像山”，即桐柏盘古山。古时从桐柏城到湖北这里是必经之路。

⑧桐柏山盘古遗迹众多。自秦汉时期，在桐柏山淮河源就建有淮祠、淮渎庙、盘古庙，历代朝廷都要派官员到此隆重举行祭奠活动，祭祀淮渎并祭祀盘古，除少数特别时期外就没有间断过。21世纪之初，桐柏县在淮河源国家级风景名胜区中心地带复建了古朴典雅的盘古祖殿，还建有盘古石牌坊、盘古步游道、盘古文化广场、十二根盘古图腾柱、盘古大道等富有深刻内涵的盘古文化标志建筑，供世人参谒人祖，瞻拜圣灵。

⑨盘古神话深深影响着桐柏山的民间习俗。这里的群众亲切地称呼盘古氏为“盘古爷”“盘古奶”，认定盘古氏就是“人根之祖”“开山鼻祖”“创世第一人”。古往今来，当地人总在念叨盘古创世功德，口口相传盘古故事，沿袭盘古遗风，形成勤劳淳朴的民风民俗。逢年过节众多善男信女都要朝山拜庙，祭拜盘古之神，焚香烧表，虔诚祷告，祈求福佑。

⑩理论著述，立论有据，令人可信。笔者与桐柏学人丁严冰的论文《盘古之根在桐柏》（发表于《南阳日报》2004 年 11 月 10 日）运用《盘古学启论》（马卉欣著）提供的“五把尺子”，即图腾标准、地理标准、民俗标准、敬祖标准、活化石标准，反复衡量了桐柏山盘古文化圈及全国各地盘古神话流传区的遗存情况，最终得出“万代盘古，根源桐柏”的初步结论。这一结论，曾得到我国民间文学、神话学、民俗学专家袁珂、白庚胜、夏挽群、张振犁、程健君、陈江风、高友鹏等名家的充分肯定和称许。

20 世纪 90 年代初，中国神话学会原主席、神话学大师袁珂先生曾亲临桐柏县考察盘古神话，所见所闻，感铭颇深，为桐柏县亲笔题词：“中原神话，文化之根，采风寻根，寻到了根。”给桐柏学人以莫大的鼓励和鞭策。当他看到桐柏出的专著《盘古之神》一书后，发现其中南召、方城、社旗、唐河、泌阳等地的民间神话中，盘古神话居多，由此推断南阳地区的盘古神话影响之大。

2004 年冬，时任中国民间文艺家协会分党组书记、驻会副主席的白庚胜先生亲临桐柏县考察盘古文化，情不自禁地赞叹道：“桐柏县真不愧为中国盘古之乡！”这是 2005 年 5 月中国民间文艺家协会发文命名河南省桐柏县为“中国盘古之乡”的重要原因。笔者曾撰写过论文《桐柏县被命名为中国盘古之乡的由来》，详细介绍了实际过程，在网络上广为传播，较有影响。

此外，盘古神话根源地问题还有着“中原、南方之争”“桐柏、泌阳之争”的说法，在此一并交代清楚。根据我国历史上数次民族大迁徙、大融合的史实，迁往南方的中原人把盘古神话带到那里，与当地民族文化相融合，这应当是不争的事实。上古时期中原地带出现盘古开天辟地的神话，盘古之后有三皇五帝，赓续其事的是夏、商、周、秦、汉、晋、唐等朝代，即使从大禹王建立夏朝开始算起，至唐代也有 3000 多年的文明史，在这数千年的历史嬗变中中原地区一直是我国的政治、经济、文化中心，这个“中心”具有文化的辐射、融合功能应当符合历史运行真相。南方少数民族畲族、瑶族、苗族等先民的图腾崇拜是“盘瓠”，他们的主体信仰是以“盘瓠”为祖，千百年来的文化融合，盘古文化、盘瓠文化发生互融也是有的，但盘古文化根脉在中原、盘瓠文化根脉在南方应该是历史事实，争也无益。至于“桐柏、泌阳之争”，本是因图书抄袭事件引发的知识产权之争，却被不知实情的人误以为两县之争，如有争议也纯属两县旅游资源之争，事实上两县相邻、同处桐柏山区，应该同属一个盘古文化圈，即桐柏山盘古文化圈或者叫中原盘古神话核心区，这是客观存在，而非主观臆断。

三　盘古神话堪称“活化石”

一个多世纪之前，马克思在《〈政治经济学批判〉导言》里就曾说过：“任何神话都是用想象和借助想象以征服自然力，支配自然力，把自然力加以形象化；……也就是已经通过人民的幻想用一种不自觉的艺术方式加工过的自然和社会形式本身。”（《马克思恩格斯选集》第二卷，第711页，人民出版社2012年版）马克思关于神话的定义，不仅强调了“任何神话都是用想象和借助想象”，还补充说明神话是“用一种不自觉的艺术方式加工过的自然和社会形式本身”。因而，神话具有了想象和实践的特性。中原盘古神话因为具有这种被人称道的丰富想象和社会形式而备受世人垂青。

盘古神话被专家学者称为东方神话的“活化石”，可见其在我国神话学、人类学、文化学、民俗学、历史学中有着极其崇高的地位和重要价值。桐柏山盘古文化圈蕴藏的盘古神话内容极为丰富，至今在民间流传着上百个版本的盘古神话传说，在桐柏山中星罗棋布的村村寨寨都有人讲述盘古创世、洪水再生、人类繁衍等传说，其中包括：宇宙形成，天地开辟，洪水遗民，人祖造人，万物起源，肇始文明等等，可谓是包罗万象，古朴瑰丽。例如：

远古洪荒。茫茫世界，洪水滔滔。天连水，水连天，一个球状物滚来滚去。突然，这个球体爆炸，内中出现两条鱼，两条鱼变成两只猿，两只猿又变成一男一女两个人。这就是盘古兄妹二人。

开天辟地。盘古二人处在一片混沌中，黑暗一片，东奔西走，忽然盘古将斧一挥，劈开混沌，眼前清清一片向上变成了天，混浊一片向下成了大地。

盘古兄妹。盘古将天顶着，一边清天裂了缝，雨雪飘落，妹妹忙用石头去补天，补上了裂缝，止住了雨雪，世间才有万物成活生长。《补天化雪》说的就是这个故事。

石狮做媒。盘古兄妹俩朝夕相处了很多年，忽然一石狮子出现面前，对着他俩说起话来："天下就你兄妹二人，不如结为夫妻，好延续后代。"二人听了，心里害羞，都没答应，说"不中，不中"。

滚磨成亲。石狮子撮合不成，就向盘古爷、盘古奶提出滚磨成亲定姻缘，两扇磨滚到山下，要是合上了就成亲，合不上就算了。盘古爷、盘古奶一听，世上哪有这么凑巧的事？都说："中。"二人各取一扇石磨，一个站在东山，一个站在西山，磨一出手，滚了起来，只见两扇磨"咔嚓"一声，合在了一起。二人手拉手，跑到石狮跟前一看，只得结为夫妻。这就是盘古庙遗存的古碑上刻下的："盘古氏夫妻，阴阳之始也。"

捏泥巴人。盘古夫妇捏泥人的传说很广。说是二人担心人间没人烟，就捏泥人做后代。捏得多了，下雨了往家里收，收不及，就顺手抓了两根竹竿当扫帚往屋里扫。这样，算是竹扫帚救了人。延续至今桐柏山人在结婚送亲时，还有送竹叶帐的习俗。此地流传较广的"盘古爷与盘古奶""盘古造人七千"等神话传说，讲的就是这个故事。

盘古制衣。从盘古神话、甲骨文字、汉画中我们得知，盘古时期的所谓衣服有三种：①据桐柏县城关镇方家义老人讲：最初的盘古兄妹全是光身，一丝不挂游走天下。一次看水影时，发现光着身不好看。后来有树叶飘落下来贴在了盘古爷、盘古奶身上，给他们以启发。从此，二人用藤条穿树叶缠身遮羞。②月河镇民间故事家曹衍玉说，盘古穿的是兽皮。盘古爷和盘古奶在山上到处走，没地方住，山上的树给他俩遮阴、挡露水，狼虫虎豹卧一圈，围着给他俩取暖。他们想，兽皮挨着挺暖和，就打死了野兽取皮毛做衣取暖。③汉画中有人首蛇身二人，有人认为是盘古夫妻，也有人认为是伏羲女娲，反正他们都有"人首蛇身"的记载。我们认为这是盘古二人在对舞作戏，所谓"蛇身"不过是取来蛇皮穿在身上当衣御寒或是乘兴游戏呢。

盘古造酒。关于酒的酿造史可以追溯到夏禹时代，但在桐柏山有一个目不识丁的农民给我们讲了"没酒不成天下"的神话，说明了酒的奥秘早被远古先民的生活实践所揭示。他讲的大意是：天下人少，只有盘古爷和盘古奶，他俩感到很寂寞，愁得盘古爷吃不下饭，时间长了不吃饭，高粱籽放在石窟里也发酸了。盘古爷饿了，抓起高粱籽就吃，连水也喝了。就这样连吃带喝地晕倒了。盘古奶忙找来山上一种叫拐枣儿（即山枣）的野果，挤水给盘古爷灌醒。二人一合计，有办法了，让盘古爷上天，说盘古奶给童男童女做好吃的啦，让童男童女好下来尝尝，吃了喝了，盘古爷再送他们上天。盘古爷上天对那一百对童男童女说，专门为这事来请他们的。盘古奶在地上又用高粱籽一泡，泡酸了，正好盘古爷领着一百对童男童女下来，一吃一喝，果然都晕倒了。盘古爷和盘古奶忙将他们的登天鞋、升仙衣收走藏起来。从此，这一百个童男童女都留在了地上，人这才慢慢多起来。直到现在人们还说“没酒不成天下”“无酒不成席”呢。

盘古驯牛。盘古开始耕种的时候，让老扒子（桐柏俗语，即豹子）给他套犁耕地，老扒子受不了那苦，就找来老水牛，说是给盘古爷拉犁，啃嫩草、喝糖水、吃甜草，美得很。水牛一来，盘古爷弄个了弯棍穿在了水牛鼻子上，当了牛鼻圈。老水牛自知上了老扒子的当，叫声“哞——”震天响，吓坏了来人间看景致的老天爷。王母娘娘在天上打个了喷嚏，知道老天爷有难，忙下凡唤醒了老天爷，又用裹脚布将水牛脖子缠了一圈，勒住，说：“看你还叫唤那么大声不?”从此后，水牛脖子就有道白印。盘古让水牛上天给老天爷赔不是，水牛上天又遇上了黄牛，水牛也用老扒子那话劝黄牛下到地上，一块儿给盘古拉犁。盘古同样给黄牛也扎上牛鼻圈，为了奖赏请黄牛有功的水牛，盘古不让水牛上山吃草，奖赏它在河边啃嫩草，在塘边喝“糖”水，在田边吃“甜”草。

盘古造字。盘古时候，男女还不知交媾成婚，男女双方见了面，虽彼此爱慕，但无法表达心意。男的把双手一伸，喊声“rua”，女方如点头，二人就好上了，女的若不点头就是不愿意。后来，男的觉得不方便，就不大声喊“rua”了，只是往女方身上指一下，比画一下希望结合的手势，女的只要一点头就成了。再往后，男女见面，不比手势，嘴里也不喊了，只是含蓄地在地上画个形似“与”字的符号，对方同意了就点头一笑，二人就可结为夫妻。这个符号念“rua”，就是人类第一个字，造这个字的人就是盘古。

关于盘古神话的口传和记录还有很多，在此不再一一列举。盘古神话被专家称为东方古老文明的“活化石”是有其深刻含义的。

四　影响深广的古老民俗

清乾隆十八年（1753）编修的《桐柏县志》记载："此地有古君子遗风。"这话也是在肯定桐柏地区人民自古保持了古老淳朴、底蕴深厚的民风民俗。值得注意的是，当地有许多遗风遗俗都与盘古神话传说密切相关。比较典型的有：

嫁女送竹叶帐。桐柏山的婚俗中，女方出嫁时送竹叶帐是引人注目的。扛竹叶帐的一般是新娘的弟弟，所扛竹竿，是双竹，必须是青枝绿叶、带根连梢的全竹，系上红绫帐，人称竹叶帐，远看像把大扫帚。花轿一到婆家，第一等的事当然是接新娘子进门啰，紧接着就是安置打发扛竹叶帐的送亲人。送竹叶帐的习俗非常古老。究其根由，还是盘古老祖先留下来的。人们知道，盘古爷、盘古奶抓了两根竹子当扫把扫泥巴人进屋的传说。延续到现在，人们还效仿盘古爷，想要子孙满堂，就离不了竹子。竹子谐音足子，足子离不开竹子，意思是有了竹竿，就会多子多福。故而扛竹叶帐送亲的习俗一直流传至今。

洞房抢尿罐。在桐柏婚俗中，新娘迎进门，小孩们赶忙去伢子床下抢尿罐。因为新尿罐里装有花生、栗子、枣和红鸡蛋。人们说，吃花生盼新娘花花搭搭地生，栗子是婚后要立子不绝后，枣寓意早得贵子，红鸡蛋也是图个吉利，蛋是圆的，还是古老的蛋生盘古、蛋生万物、蛋生福气遗俗之延续。

门头挂太极。桐柏山民俗中，流行在门头上挂太极图或镜子。太极图里的阴阳鱼，与人祖盘古生活有关，是生物进化论的体现。不管太极图如何挂、如何用，都是原始思维的遗存。人们告诉外界，这里有人祖庇护，一切安宁。

锻磨匠敬磨盘。在豫南桐柏山，古来就有锻磨匠被请来锻磨时，先焚香烧表、三叩首来奉祀盘古之神，因为磨是盘古兄妹滚磨成亲的圣物，不予奉祀就会遭灾遇难，虔诚奉祀，人神两安。当地还有大人、小孩不准上磨、爬磨、坐磨，在磨上放物、晾衣的习俗。每逢春节还要贴上"青龙大吉"的报条，祈求神灵保佑平安。

门前安放石狮子。这个民间遗俗流传到全国。不管是衙门官府、大户人家门前，还是市井住户门口，大多习惯上要安放两尊石狮子，这叫石狮子把门，平安大吉。这也是源于盘古开天时，石狮子救护盘古爷、盘古奶，后来重开世界，繁衍人类，人们从那时起就对石狮子敬若神明，留传下门前安放石狮子的习俗。

民间玩狮子吞小孩。在春节习俗中，桐柏地区民间有玩狮子的表演，深受群众欢迎。这是演绎盘古神话中，石狮子张开大嘴，让盘古兄妹钻进去躲过了天塌地陷的大灾大难的故事。其中，有玩狮子吞小孩的表演，随着铜器鼓点节奏，把用红布蒙头的小孩慢慢吞进狮子嘴里，扭三圈，打个滚儿，再从狮子嘴里吐出来，只有技艺高超的艺人才能完成这项高难动作，说是被狮子吞过的小孩可以免灾免难，将来长大成人大富大贵。

正月十五玩龙灯。每年正月十五，在桐柏城乡有民间艺人扎彩龙、耍龙灯的传统习俗，既展现玩龙人的技艺风采，又在腾龙飞舞、千变万化中舞出气势，愉悦群众，是正月十五踩街活动的重头戏，备受人们喜爱。这是演绎当年盘古降伏九龙、平复水患的故事，桐柏“盘古降龙”的神话反映了这则古老的故事，演成习俗，流传至今。

桐柏皮影戏唱盘古。皮影戏在桐柏流传已有近千年的历史。据老艺人岳秀良讲，他们师徒几代人都曾传唱《盘古歌》，录其唱词：想当初天地未分一片混沌，盘古爷开天辟地才有如今。人称是盘古爷姐弟两个，天意缘盘古山滚磨成亲。成亲后育儿女九州分居，同甘苦共劳动呼风唤云。普天下众人等同是一祖，到如今干何事都该一心。当年人全能活三百往上，如今人修养好寿活为春，盘古歌当初是古人所编，唱一代传一代莫忘根恒。

民间盛行祭祀盘古。自古以来，在桐柏山盘古庙，或者是家堂之上，都安放有盘古神主之位，每逢初一、十五，过年过节都要焚香祷告，虔诚祭拜，祈求盘古老祖保佑全家平安，人丁兴旺，五谷丰登。当地传说，盘古爷每年给桐柏山圆圈下三场私雨，惠顾苍生。正是心诚则灵，有求必应。在桐柏山敬祖之风甚盛，久沿成俗，至今盘古香火不断，不过是广大信众求得心灵安慰，表达向善盼好的虔敬之意。

以豫南桐柏山为中心的中原盘古神话群是中国及世界文明古国创世神话中最古老、最淳朴、最神奇的神话，代代相传，记颂先祖。现代人可以盘古神话为载体，搭建研究盘古文化的独特平台，以此为基因，探索史前文化奥秘，寻找人类早期社会文明曙光。这些久存民间的盘古神话、遗迹遗风，使原始社会早期源流、分期断代有了可资凭依的参照系。

通过盘古神话的启示，人们发现神话既是人类早期历史的浓缩，更是自然力人格化和抽象概念的具体化的展现，它体现着人类对宇宙起源、生命肇始以及劳动、爱恋、疾病、死亡和真、善、美、假、恶、丑的朦胧体认和含蓄表达，博大精深的中原盘古文化集中反映了我国农耕文明的原始风貌，是其精神象征。

中原盘古神话的基本特征与保护利用

李修对*

中原神话在中国神话学系统中居于重要地位，这是中原地区作为中华民族文化发祥地、文明发源地之一，以其文化承载厚重、远古遗存丰富凝重所决定的。河南大学文学院教授、著名神话学家张振犁，以及程健君、陈江风、闫德亮、高有鹏等一大批神话学、民俗学、民间文学知名专家集数十年之功，以繁富著作《中原神话研究》《民间神话》《东方文明的曙光》《中国古代神话文化寻踪》《神话 神话》等作支撑，开门立派，创立中原神话学派，其学术根基是极为深厚的，学术观点独到而鲜明，也是令人信服的，在全国神话学术界影响很大。2017 年，张振犁先生在他 94 岁高龄时出版 170 余万字的《中原神话通鉴》，赢来八方喝彩。其中，中原盘古神话就是中原神话系统中首当叙述的闪耀原始神话光辉的优秀传统文化遗产之一，而桐柏盘古神话就是中原盘古神话的杰出代表作。

一

神话是人类原始社会流传下来的古老记忆和精神遗产。盘古神话作为一种反映中华民族起源的古老文化事象，表达了远古先民原始记忆、探索宇宙奥秘和人类起源的愿望，生动而艺术地反映人类最初的生活情形与理解能力，属于人类口头与非物质文化遗产之一。长期以来盘古神话成为学术界关注和研究的对象。

---

* 李修对，河南省南阳市民间文艺家协会副主席。

自从盘古开天地，三皇五帝到如今。这句民谣千百年来一直在民间流传。经过多年田野调查、发掘、探索与研究，我们发现在广大群众中流传着的“盘古开天”“盘古创世”“盘古兄妹”“洪水泡天”等大量盘古神话传说，像璀璨群星一样点缀着广袤的中原大地。自 20 世纪 80 年代初开始至 2000 年近 20 年的时间里，河南大学教授张振犁先生带着“中原神话调查组”成员，先后十多次到全省神话蕴藏的重点地区桐柏县、泌阳县等 23 个县、市进行了深入考察，发现活态的“中原神话群”，收集到大量第一手盘古神话等资料，用事实诠释中国古典神话与民族精神，形成了体系完整而富有特色的中原神话学。同时，在豫南桐柏山区、豫北太行山区、豫西地区等三个盘古神话传说流布、遗迹留存集中区域收集到上百个盘古神话，看到了盘古山、盘古庙、盘古洞等许多历史文化遗迹，最为难得的是在古代典籍有关盘古的记载中发现不少信息与桐柏山、淮河源、太行山等具体地名相关联，挖到了中原盘古神话的宝藏，经过深入挖掘与研究，使得中原盘古神话在全国，乃至全球神话学界大放异彩，成为中国神话学王冠上的一颗璀璨明珠。

鉴于篇幅所限，在这里我们仅就桐柏盘古神话这个在中原盘古神话系统中具有代表性的学术话题进行交流讨论。桐柏盘古神话，是指千秋万代在豫南桐柏山区广大群众中流传的有关盘古开天、洪水遗民、人类重生的神话传说。在桐柏地区，不但有盘古神话，还有盘古遗迹、遗俗相印证，它是历史的馈赠，是人类记忆的持久延续，是东方礼仪之邦慎终追远、缅怀祖先、敬奉膜拜的永恒故事。盘古神话被业内专家誉为揭示人类滥觞之源的“活化石”，受到国内外神话研究专家的青睐。中国民间文艺家协会原书记处书记、中国民间文学三套集成办公室主任贺嘉先生曾于 1987 年 3 月来到桐柏县探访盘古神话，留下了“桐柏有先声”的题词。中国神话学会原主席袁珂先生于 1987 年 10 月莅临桐柏县专程考察盘古神话，并欣然题词“中原神话，文化之根，采风寻根，寻到了根”。俄罗斯神话学家李福清对包括盘古神话在内的中原神话给予高度评价，称之为当前神话研究的新方向。我国著名民俗学家钟敬文先生给以称许，认为中原神话的发现是文化史上的奇迹。

二

在此，我们有必要了解古老质朴的桐柏盘古神话所具有四个基本特征及其梗概内容。

一是在桐柏山民众中流传较广。盘古神话在桐柏有其深厚的民众与社会基础，内中蕴含着中原汉族先民对自然界的探索与想象，具有重要的历史、文化和科学研究价值。盘古作为一个神话的标志性人物，古往今来在民俗信仰中的知晓度相当高，盘古开天辟地之后倒在大地上尸化万物、孕育人类的奉献精神感召后世，创新创业。自 20 世纪 80 年代开展民间文学三套集成工作以来，我们为丰富神话传说故事内容，发动全县各乡镇文化站工作人员、各学区中小学生，参与搜集整理大量神话传说，还多次举办“盘古神话说讲会”，邀请民间故事家刘国山、刘中林、李敬义、曹衍玉、赵琢坤、戴立荣等到会说讲盘古神话，现场听讲、录音，整理成文，先后记录整理出 120 余篇。其中有盘古创世神话，如盘古开天地、盘古破鸿蒙、宇宙起源等；洪水遗民神话，如洪水泡天、盘古兄妹、盘古爷造人七千等；万物起源传说，如盘古驯兽、粮食的来历、盘古制衣等，内容非常丰富。这当中，最具典型意义的是盘古开天地，说：很久很久以前，宇宙像一个大鸡蛋似的混沌一团，有个叫作盘古的巨人在这个大鸡蛋中一直沉睡了 18000 年后醒来，他凭借着自己的神力挥动大斧，劈开混沌，完成开天辟地的工作。他倒在了大地上，他的左眼变成了太阳，右眼变成了月亮；他呼出的气息，变成了四季的风和飘动的云；他发出的声音，化作了隆隆的雷声；头发和胡须变成了夜空的星星；他的头部、四肢变成了五岳；血液化为淮渎，变成了江河；牙齿、骨骼和骨髓变成了金珠宝藏；皮肤和汗毛变成了大地上的草木；汗水变成了滋润万物的雨露。自此，天底下有了人烟，有了世界。

二是桐柏山与盘古有关的历史文化遗迹众多。例如：盘古山、盘古庙、盘古祖殿、盘古洞、盘古磨、盘古碾、盘古根、盘古井、盘古船、盘古墓、磨山、猴山等，每处遗迹都有与盘古繁衍人类有关的传说故事。这些盘古遗迹与故事始于何时？见于古籍记载的有唐代《地理坤鉴》记载桐柏地区“皆有（盘古）庙祀”；宋代《元丰九域志》记载“桐柏山……盘古庙”。若以徐整《五运历年纪》记载“盘古之君……死后……血为淮渎”为据，则可上推至三国时期。若以南朝梁任昉《述异记》记载“吴楚（桐柏地区属楚）间说：盘古氏夫妻，阴阳之始也”可知，春秋战国时代吴楚之地已流传盘古神话，盘古创世之后，其后世子孙就在此地建起了纪念祖先的祭祀场所。值得一提的是，在桐柏县城西南部6公里处，著名景区水帘洞南边有一座人形躺卧山，头部面貌、眉头、鼻子、嘴巴、下巴颏，以及胸部、腹部、腿部特征形象逼真，这座山很久以来被当地群众称为盘古山，传说是当年盘古开天辟地，死后尸化成山，灵魂永生。

三是在桐柏山区世代沿袭着盘古遗风遗俗。例如：①女子出嫁时，娘家陪送竹叶帐的习俗，出嫁时要有两根带根带梢的活竹子，绑上水红帐子叫竹叶帐，反映的是当年盘古捏泥人遇雨，搬不及就用竹子扫泥人进屋的传说，送竹叶帐表示全始全终、有根有梢、子孙满堂。②民间有玩狮子吞小孩的习俗，反映的是天塌地陷时，石狮子救下盘古兄妹，人类重生的故事，谁家小孩被狮子吞过就可以祛病消灾，健康成长。③狮子镇宅习俗，石狮子威风神气，当年为盘古救灾救难，自古以来官府及大户人家于门前安放两尊石狮子镇宅，求得避邪安详。④“太白顶上挂苄草”，是一句流传很久的民间俗语，说的是大洪水时期，盘古兄妹坐木盆漂流到桐柏山主峰太白顶落脚，繁衍人类的故事。⑤在桐柏山区有“三月三，去朝山；九月九，祭盘古”风俗，朝山拜庙，人山人海，络绎不绝，祈求风调雨顺，国泰民安，五谷丰登，平安吉祥。⑥盘古庙里烧香拴娃，祈求添丁增口，人丁兴旺。⑦盘古大神在桐柏城南祖师顶三清殿被道教信众尊奉为三清之首元始天尊，成了此地民间的精神信仰。

四是古代典籍相关记载印证桐柏山区的盘古神话古老而神秘。譬如：①三国吴人徐整《五运历年纪》记载，盘古开天，死后“血为淮渎”，意思是盘古的血液流成了淮河，淮河就发源在桐柏山主峰太白顶北麓，淮河源头于汉代建有淮渎庙。②唐代《地理坤鉴》记载了当时隶属淮安郡的桐柏地区“皆有（盘古）庙祀”活动。③宋代《元丰九域志》记载：“桐柏山，淮水所出……淮渎庙，盘古庙。”可见此地千年之前就有盘古庙宇及其祭祀活动。④明代“前七子”之首李梦阳《大复山赋》（桐柏山古时亦名大复山）记载：“昔盘古氏作兹焉，用宅。是以浊清判，三纪揭，澒洞开，明划日月。厥山既形，余乃发。”可知，盘古开天地，把桐柏山作为他的宅院生息其间，后开三皇世纪，日月轮替，乾坤洞开，其余的由此发源，脉络绵长。⑤清代桐柏县令贡愈淳《桐柏山赋》说："慰山灵之寂寞，请为援诸昔而酌诸时，曰：系阴阳之茫沕兮，盘古开天而首出。"也记述了桐柏山盘古出世传说。⑥南阳汉画像石馆收藏有"盘古怀抱伏羲、女娲""盘古繁衍人类"两方汉画，分别出土于南阳市魏公桥附近、唐河县城原棉纺厂，表明汉代在南阳、唐河、桐柏等地就盛传盘古神话，故而留下盘古石刻，使得今人也能知晓：不仅三国时期有盘古神话的记载，汉代就有盘古神话流传了。

三

作为中原神话的代表作，神奇蕴藉的桐柏盘古神话引起自上而下的主管及业务部门领导与专家的高度重视，相互配合，立项打造，其目的就是弘扬盘古文化，振兴文旅产业。

第一，重视保护，奠定基础。桐柏县于 2005 年 5 月开始于淮河源国家森林公园中心地带的盘古溪上游恢复建成古朴庄重的圆顶式石砌墙盘古祖殿，殿中安放着高大魁梧的盘古铜像，四周墙壁上镶嵌着一块块盘古开天神话图案及古文记载摹本，殿前下方斜卧巨型大理石九龙壁，两边设有层层石阶通往大殿。殿下分左右建有伏羲堂、女娲堂，殿前设有祭案、香炉，以及祭祀广场。沿盘古溪通往盘古祖殿还建成了盘古开天石牌坊，以及 4000 米的石砌步游道，沿途分布众多景观，工程总造价 2000 余万元，于 2006 年 8 月竣工即投入运行。2005 年 5 月桐柏县被中国民间文艺家协会正式命名为"中国盘古之乡"。2008 年 6 月桐柏盘古神话被国务院批准列入第二批国家级非物质文化遗产名录，为地方文化资源整合利用和经济社会发展发挥了积极促进作用。

第二，建立机构，开展活动。2005 年，中国民间文艺家协会批准在桐柏县设立盘古文化专业委员会，明确了一批学有专长的专兼职人员，健全机构，职责到位。在县内成立了"桐柏县盘古文化研究会"，每年组织盘古文化研究和盘古祭祀活动。自 2006 年农历九月九日桐柏县隆重举办"首届世界华人祭祀盘古大典"之后，当地每年都要在盘古祖殿开展盘古祭祀典礼，至今已连续举办 14 届，参与活动的除当地及周边邻县的群众之外，还有来自北京、上海、广东、广西、湖北、台湾及海外寻根拜祖人士，累计人数已超过百万人次，群众参与广泛，社会影响面大，桐柏县已成为海内外华人寻根谒祖的圣地之一。

第三，深入挖掘，推出成果。桐柏当地一批热心盘古研究的学人马卉欣、薛远增、邓学忠及笔者等多年坚持不懈地进行深入挖掘、整理和研究，相继出版《盘古之神》《盘古学启论》《万代盘古论》《桐柏山盘古神话集》《盘古神话研究》等多部专著，反映出当地目前盘古神话研究成绩，得到业内专家肯定。此外，笔者的《盘古文化的永恒魅力与历史价值》《盘古文化的研究与开发利用》《盘古：刻进中华文化源头的不朽碑铭》《盘古神话的桐柏遗存及影响》等论文先后被《炎黄天地》《炎黄文化》《寻根》等杂志发表，反响较好，有的被收入《河南文化文物年鉴》。薛远增的《桐柏山盘古文化的属性及价值刍议》被《炎黄天地》杂志刊发；邓学忠的《盘古沙漏及其演变》《盘古时期的年代框架初探》论文被《华夏文化》刊发，同样受到人们关注。

第四，扩大宣传，推进交流。2006 年 10 月 20 日，全球华人首祭盘古大典新闻发布会暨盘古文化研讨会在北京人民大会堂隆重举行，一批国学知名专家在会上联合发出倡议：全球华人代表每年于农历九月初九聚首中国盘古之乡桐柏县，隆重祭祀中华民族的共同始祖盘古，领略沉雄博大的盘古精神。伴随祭典多次举办“盘古文化高层论坛”或“盘古文化研讨会”活动。2006 年 8 月 11 日至 16 日，中国文联、中国民协与河南省文联等单位联合在河南省举办了“中国河南 · 神话学国际学术研讨会”，来自芬兰、比利时、美国、德国、日本、墨西哥等国家的专家学者和中国（包括港澳台地区）150 余人参加了会议。会间，中外专家一起莅临桐柏县实地考察盘古神话，拜谒盘古祖殿……许多中外专家学者惊叹：“没想到淮河源头的风光这么秀美，没想到盘古之乡的神话资源这么丰厚!”时任中国民协负责人的白庚胜先生说：“以桐柏山为中心的中国盘古神话群是世界文明古国创世神话中最古老、内容最丰富的神话，现代人可以以盘古神话为载体，搭建研究盘古文化的平台，以盘古文化为基因，探索史前文化奥秘，探寻人类早期社会文明曙光。”

盘古，人根之祖。桐柏盘古神话是中原神话之精华，是中国盘古神话之浓缩，也是中华民族文化发祥、文明发源的重要标志性文化符号。盘古创世神话，传播生民初祖的传奇故事，同时承载着神话学、人类学、民俗学、民间文学、文化学、历史学、社会学、宗教学等诸学科宝贵信息，非常值得探索与研究。在大力弘扬中华民族优秀传统文化的今天，传承保护优秀传统文化基因，以同根同源、和平和谐的广泛认同来凝聚人心，增进团结，为实现中华民族伟大复兴中国梦做出不懈努力！正是：中华文明五千年，上推万载有人烟；盘古创世日月久，世界大同好梦圆。

桐柏山盘古文化的属性及价值刍议

薛远增*

盘古是中华民族民间广为流传的人类始祖。盘古文化由盘古创世神话传说衍生，与西方基督教中的上帝创世神话异曲同工，深深根植于百姓之中，代代口耳相传，有着经久不灭的生命力。

盘古神话流传很早，但“入籍”较晚。最早的典籍见于三国吴人徐整所著的《三五历纪》和《五运历年纪》。《三五历纪》是这样描述盘古的：天地混沌如鸡子（这里的“子”作“卵”释），盘古生其中。万八千岁，天地开辟，阳清为天，阴浊为地。盘古在其中，一日九变，神于天，圣于地。天日高一丈，地日厚一丈，盘古日长一丈，如此万八千岁，天数极高，地数极深，盘古极长，后乃有三皇……故天去地九万里……死后骨节为山林，肠为江海，血为淮渎……

这段语言通俗易懂，后民间在口耳相传中，稍微细了点，说是很早很早以前，天地像鸡蛋内一样混沌，没有上下左右和东西南北。盘古在这个浑圆体的核心内经过18000年孕育，有了知觉。睁眼看时，四周一片黑暗，急切间他拔下自己的一颗牙齿变成利斧，劈开浑圆体。浑圆体分成两部分，一部分清亮，飘移上升，为天；一部分浑浊，厚积下沉，为地。盘古头顶天，脚踏地，挺立于天地之间。天每日升高1丈，地每日沉厚1丈，盘古随之生长，一天数变。就这样又过了18000年，天地相隔9万里，终于分开了。之后才有人类，才有了三皇五帝。盘古也累倒了，死后骨节化为山林，肠子化为江海，血液化成了淮河的源头……

到了南北朝时，著名学者任昉在其著《述异记》中，对盘古死后化为

* 薛远增，中国民间文艺家协会会员、河南省桐柏县旅游局原副局长。

天地万物做了进一步描写，大意是盘古在倒下的那一刹那，把身体奉献给了天地：左眼变成了太阳，右眼变成了月亮，眼眶内的液体溅向天空，变成无数繁星，汗水淌下来变成了地上的湖泊，血液变成了江河，毛发变成了草原和森林，呼出的气变成了清风和云雾，声音变成了雷鸣。头化为东岳泰山，脚化为西岳华山，左臂化为南岳衡山，右臂化为北岳恒山，腹部化为中岳嵩山……这种说法在我国流传广泛，无论是大江南北还是长城内外，在民间都把盘古崇奉为开天辟地繁衍人类、造化万物的华夏民族的始祖。中原是炎黄文化的摇篮，桐柏山则是盘古文化最为集聚的地方。根据有关专家和学者考证，桐柏山是中原盘古神话的原生地。1985 年至 1987 年，河南省开展民间文学（神话传说、民间故事、民间歌谣）三套集成时，笔者参与桐柏县域的普查，发现全县农村甚至一些厂矿企业 50 岁以上的人，几乎都知道盘古，而且知道盘古是人类的祖先，多数称其为“盘古爷”“盘古奶”。桐柏县和相邻的泌阳县，在不足百里的范围内拥有很多盘古风物传说和盘古文化遗迹。桐柏境内有盘古殿、盘古卧像、盘古奶岭、盘古洞、盘古斧、鸳鸯池、盘古八王子坟等风物景观和农历九月九日祭盘古活动，民间还有结婚陪送竹叶帐、大门上挂太极图等习俗，桐柏山歌、皮影戏中也有关于盘古的段子，如山歌《山里出了个盘古爷》：“三百里的桐柏山，像条巨龙卧豫南，山里出了个盘古爷，在此劈地开了天，他是我们的老祖先……”所以其影响比较广泛。泌阳县（虽属驻马店市，但位于桐柏山脉）则有盘古山、盘古庙、盘古磨和农历三月三盘古庙会，民间有盘古滚磨成亲的传说和节日舞狮时狮子“吞”小孩、称夫妻俩谓“姊妹俩”的习俗。这些习俗源自盘古神话的“洪荒说”。

盘古神话纷繁多彩，但归纳起来无外乎两种。一种是“鸿蒙说”，即前文所讲的盘古力破混沌开天辟地、创造万物。另一种是“洪荒说”，也就是兄妹滚磨成婚说。这两种说法在中原地区都有流传。桐柏县偏重“鸿蒙说”，泌阳县似乎偏重“洪荒说”。“洪荒说”的故事很凄婉：说是盘古爷和盘古奶本就是兄妹俩，他们一块儿到村外上学，途中路边有个石狮子，高大威猛，盘古爷很喜欢它，经常爬到它身上玩。有一天，一个白胡子老头儿对盘古爷说：过一段要天塌地陷发大水啦，从今个（日）儿起，你每天悄悄地往石狮子嘴里塞个馍，等到石狮子两眼泛红时，赶紧钻进石狮子肚里。那些馍供你在狮子肚里躲灾时吃。盘古把这件事告诉了妹妹，兄妹俩商量决定每天给狮子塞两个馍，如有可能他俩就一块儿钻进狮子肚里。果然有一天，他俩正给狮子塞馍时，天空突然乌云滚滚、电闪雷鸣，下起瓢泼大雨，瞬间，洪水卷土而来，冲得房倒屋塌。吓得他俩正不知所措，只见这时石狮子两眼血红，浑身一抖，变成了活狮子，随之大吼一声把盘古兄妹吞进肚子，飞奔到一座山顶上……

兄妹俩不知在狮子肚里过了多长时间，当被吐出来时，只见山半腰的树上都挂满水草，山下房毁路断，面目全非，无声无息地一片凄惨！兄妹俩无家可归，不由失声痛哭。正哭着，那个劝盘古往石狮子嘴里塞馍的白胡子老头儿从天上落下来，原来他叫陆压道人，是个神仙。他告诉兄妹俩：这次洪灾很严重，世上已没有人烟啦。并劝盘古兄妹俩结为夫妻，繁衍人类。兄妹俩自然不好意思，陆压道人见身后有盘石磨，就叫兄妹俩各抱一扇，一个站东山，一个站西山，同时住下滚，若两扇磨滚到山下自动合在一起，便是天意，应结为夫妻，合不在一起就算了。于是盘古搬着上扇磨站东山，妹妹搬着下扇磨站西山，同时往下滚，陆压道人暗使法力，使两扇磨滚到山下时合在了一起。兄妹俩无话可说，只好结为夫妻。从此，生男育女，繁衍人类……

兄妹俩滚磨成亲的山，后人叫“盘古山”，并在山上建了座“盘古庙”。合磨的地方叫大磨村。泌阳县盘古山周围民间至今把夫妻俩称“姊妹俩”，把狮子作为避灾驱难的吉祥物供奉在门前，这种习俗甚至影响到了全国。

总之，盘古文化无论是鸿蒙说，还是洪荒说，归根结底是同一属性，即盘古文化是华夏民族由盘古创世神话衍生的人类起源文化，是炎黄子孙几千年来世代相传、有着深厚的民间基础和广泛社会影响的中华史前文化，是我国优秀传统文化中不可割舍的重要组成部分。

盘古文化的属性决定了它不是一个地区、一个民族的特产，而是属于整个中华民族。它在漫长的历史传承中，有过停滞，走过弯路，尤其是西汉政权倡导“独尊儒术”后，这位生于混沌之初的人祖盘古氏，几乎长期在文人的笔作中被忽略。正如明弘治十七年（1504）正月，时任谏议大夫、左长史翰林检讨的马政在为青县盘古庙撰写的碑文中说的，“盘古氏，人祖也。生于混沌之初、鸿蒙未判之先，穴居而野处，草衣而木食……盖自是而人极始立，人道始明，人文始著……史弁三皇，书冠五帝，古今上下知有三皇五帝，而不知有盘古氏，其荒远在所略邪？侧闻：万物本乎天，人本乎祖，不有我祖，何开我人？岂可使古今上下知我人而不知我祖也？……”

当然，我们今天研究开发盘古文化，并不是单单为“知我祖”，而是它具有多种利用价值。2004 年 11 月 24 日，时任中国民间文艺家协会分党组书记白庚胜在桐柏县盘古文化研讨会上指出，盘古文化具有政治、社会、文化、学术、产业和教育六种价值，并分别给予精辟阐释。与会的专家学者也认为盘古文化是流传在桐柏山地区的一笔宝贵的文化遗产，应及时抢救、挖掘、整理、开发、利用。2005 年 5 月 30 日，中国民协授予桐柏县“中国盘古之乡”的称号，并把盘古文化专业委员会设在桐柏；后又授予泌阳县“中国盘古圣地”称号。2008 年 6 月 7 日，桐柏山“盘古神话”项目被国务院列入第二批国家级非物质文化遗产名录；中原“盘古庙会”也随之进入国家级非物质文化遗产。泌阳县农历三月三日的盘古庙会，影响到周边县市；桐柏县农历九月九日举办的“世界华人祭祀盘古大典”吸引了全国各地的神话学学者和盘古文化研究者云集桐柏山谒祭祖先并开展盘古文化学术交流。文化搭台，提高了地域美誉度，凝聚了人气，活跃了旅游业，也带动了地方第三产业的发展，已初步显示了其社会、文化、学术和产业价值。

目前，正值清明盛世，盘古文化的挖掘、研究、开发、利用也进入了一个空前广泛和深入的阶段。党的十八大报告中指出，文化是民族的血脉，是人民的精神家园。全面建成小康社会，实现中华民族伟大复兴，必须推动社会主义文化大发展大繁荣，兴起社会主义建设新高潮，提高国家文化软实力，发挥文化引领风尚、教育人民、服务社会、推动发展的作用。健康优秀的传统文化对人们的社会价值观的确立及民族精神的形成起着潜移默化作用，而且对各个时代的文学发展往往也起到推进和促进作用。盘古文化反映了我国古代先民对世界起源、自然现象及社会生活的原始理解，表现了古代人们对自然力的斗争和对理想的追求，既不是宗教，更不是迷信，有着广泛的社会基础，所以有着特殊的利用价值和广阔的开发前景。我认为研究开发盘古文化，首要的是传承盘古不畏艰辛、开拓创新的优秀品质，弘扬盘古鞠躬尽瘁、死而后已的献身精神，用优秀的民族文化作为精神动力，引导“同根同祖”的华夏各族人民，同心同德，同心同行，在中国共产党的领导下，团结一致、努力奋斗，早日实现“中国梦”！——这是盘古文化应有的政治价值，也是我们广大文化工作者研究从事文化工作的初衷和夙愿。愿盘古文化的研究开发工作深入推进，使其能在我国社会经济发展和时代前进中发挥正能量，展示出其积极的综合的利用价值，为构建中原文化发展的新格局做出贡献。

图书在版编目(CIP)数据

中日神话传说比较研究 / 刘玉宏主编. -- 北京 :
社会科学文献出版社，2021.10
ISBN 978-7-5201-8839-5

Ⅰ.①中… Ⅱ.①刘… Ⅲ.①神话-对比研究-中国
、日本 Ⅳ.①B932

中国版本图书馆 CIP 数据核字（2021）第 162998 号

中日神话传说比较研究

主　　编 / 刘玉宏

出 版 人 / 王利民
责任编辑 / 俞孟令
责任印制 / 王京美

出　　版 / 社会科学文献出版社 · 国别区域分社（010）59367078
地址：北京市北三环中路甲 29 号院华龙大厦　邮编：100029
网址：www.ssap.com.cn
发　　行 / 市场营销中心（010）59367081　59367083
印　　装 / 三河市尚艺印装有限公司

规　　格 / 开　本：787mm × 1092mm　1/16
印　张：19　字　数：306 千字
版　　次 / 2021 年 10 月第 1 版　2021 年 10 月第 1 次印刷
书　　号 / ISBN 978-7-5201-8839-5
定　　价 / 128.00 元

本书如有印装质量问题，请与读者服务中心（010-59367028）联系